Regina Faerber
Der verdrängte Tod

Von REGINA FAERBER
ist bisher im Ariston Verlag erschienen:

Die Ästhetik des Alltags
Über Sinn und Wesentlichkeit unseres Tuns

Regina Faerber

DER VERDRÄNGTE TOD

Über die Unkultur
im Umgang
mit unseren Toten

Geistige
und praktische
Hilfe

Ariston Verlag · Genf / München

Die Deutsche Bibliothek – CIP-Einheitsaufnahme

FAERBER, REGINA:
Der verdrängte Tod : über die Unkultur
im Umgang mit unseren Toten ;
geistige und praktische Hilfe / Regina Faerber. –
Erstaufl. – Genf ; München : Ariston Verlag, 1995
ISBN 3-7205-1851-5

Gestaltung des Einbandes:
Studio Höpfner-Thoma, GraphicDesign BDG, München

Satz: Holdenried, Füssen
Druck und Bindung: Wiener Verlag, Himberg bei Wien

Erstauflage: März 1995
Printed in Austria 1995

ISBN 3-7205-1851-5

Inhalt

In unserer »mainstream«-orientierten Gesellschaft schreibt einer vom anderen ab. Auf diese Weise entsteht fast nichts an wirklich notwendigem Neuem. Die eigentlichen Fragen werden vermieden. Wissenschaft und Spezialistentum gehen ähnlich vor. Es ist ein langer, linear verlaufender Weg, der durch seine Ausschließlichkeit blind machen muß und wirklich neue Ansätze verhindert.

Dieses Buch meldet keine professionelle Kompetenz an. Es ist das Dokument einer zweijährigen Unternehmung, einer Erfahrungsreise durch die drei Bereiche des Todes – nämlich das Sterben, den Umgang mit den Toten und die Bestattung –, wobei die selbstgestellte Aufgabe war, die letzte Wahrheit über unsere Gesellschaft beobachtend niederzuschreiben, in diesem Zusammenhang die richtigen Fragen zu stellen und richtige Anregungen zu geben zu versuchen.

Einige Male bin ich seitens der Ärzteschaft, seitens eines Teils des Bestatterverbandes und der Kirchen dazu aufgefordert worden, das Buch vor seinem Erscheinen »gegenlesen« zu lassen, jeweils mit dem Hinweis, mir läge doch gewiß daran, mir als Schriftstellerin nicht selbst Steine in den Weg zu legen.

Eine solche »Korrektur« ist nicht erfolgt. Ein Buch, das auf solche Weise entstanden wäre, hätte seinen Sinn verfehlt.

Während meiner Arbeit an diesem Buch sind viele Menschen meiner Umgebung vorsorglich auf Abstand gegangen, oder sie vergaßen unentwegt, an welcher Arbeit ich saß. Auch das hat meine Sicht für Wahrheit in unserer Gesellschaft geschärft und vieles in mir verändert.

Ich danke meinen engsten Freunden und Vertrauten um so mehr für die Hilfe zur Überwinterung in den zwei Jahren Eiszeit, die hinter mir liegen, in der Zeit der extrem schwierigen Arbeit an diesem Buch. Ich danke den Bestattern, die kooperiert haben.

REGINA FAERBER

Einleitung

Das Thema Tod war noch bis vor kurzem gänzlich tabuisiert bei uns. Sterbende – das waren immer die anderen: die aus den Krimis, aus den Zeitungen, aus den Fernsehnachrichten. In unserer in vielen Bereichen kränkelnden Kultur galt der Tod als Verschlußsache. Denn: So wie wir lebten und leben, darf es den Tod eigentlich gar nicht geben!

Inzwischen ist aber einiges in Bewegung geraten. Äußerlich hat es zumindest den Anschein. In letzter Zeit artikulieren sich immer mehr Stimmen, die die »Abwesenheit« des Todes in unserer Gesellschaft als einen existenziellen Makel unserer Kultur benennen und beklagen. Der Tod, so ist vielenorts zu hören, sei »ausgelagert«, es werde ihm »viel zuwenig Beachtung zuteil«; gestorben werde gerade in den »friedlichen und hochzivilisierten Teilen Europas menschenunwürdig«.

Wohl wahr! Doch man läßt es bei einigen halbstündigen Features oder halbseitigen Berichten bewenden. Genaueres ist selten zu erfahren. Das Thema wird aufgegriffen und wieder fallengelassen. Fast drängt sich der Gedanke auf, es handle sich in den Augen einiger Zeitgenossen nur um ein kurzlebiges Reizthema. Ein paar Fach- und Sachbücher erscheinen auch – dies übrigens schon seit Jahrzehnten; teilweise sehr spezielle Arbeiten, die schwer zu verstehen und im Konkreten wenig hilfreich oder aber von allzu christlicher Prägung sind. Manche Gurus sagen – in Anlehnung an ferne Kulturen – wesentliche Worte und breiten Visionen aus, die sich rasch wieder vernebeln; Rechtsprobleme des Bestattungswesens und der Erbschaft werden diskutiert, Glaubensfragen gegen Glaubensfragen abgewogen, »Erfahrungsberichte« verschlungen. Einige sehr gute und fundierte Bücher zum Thema gibt es auch: allen voran das *»Tibetanische Totenbuch«* (Walter Verlag) – für Uneingeweihte jedoch schwer verständlich.

Das Thema selbst aber, obwohl allenthalben diskutiert (oder konsumiert), kommt im alltäglichen Bewußtsein der Menschen so gut wie nicht vom Fleck, es dreht sich um sich selbst, es bedient sich auch selbst – und macht oft genug kräftig Kasse dabei.

In manchen Städten entstehen auch in wirtschaftlich schlechten Zeiten teure Hospize: Sterbehäuser, in denen vielfach gar nicht gestorben wird, kleine Ghettos zunächst, deren Einrichtung überall erleichtert begrüßt wird: kann man doch mit ihrer Hilfe ein so unumgängliches wie beklemmendes Thema – Sterben und Tod – an Zuständige verweisen, delegieren, wiederum abgrenzen, ausgrenzen, wenn auch nach reiflicher Diskussion. Eine Entwicklung ist da im Gange, die ihre eigenen Fragen aufwirft. Die Hauptfrage aber bleibt unbeantwortet: Was tun *wir selbst* eigentlich *vor der Zeit*, um diesem unserem wichtigsten Thema nachzugehen?

Ich denke – und damit sage ich nichts gegen die einzelnen Gründer und Mitarbeiter von Sterbehospizen, die teilweise in sehr schweren Situationen Vorbildliches leisten –, daß der Aufwand, der bei uns, ähnlich wie in Amerika, zunehmend mit dem Sterben als »Besonderheit« betrieben wird, überdacht werden sollte. Nicht neue Institutionen und Branchenzweige sind die Lösung, sondern eine Revision und Erweiterung bestehender Institutionen und vor allem: eine geistigere und in der konkreten Anforderung bewußtere Haltung des einzelnen, damit er sich nicht von schlechtem Gewissen »freikaufen« muß! Dies nicht aus Ersparnisgründen (wo Milliarden in die Rüstung gesteckt werden, wäre es immerhin noch sinnvoller, sie würden wenigstens teilweise in ein würdigeres natürliches Sterben investiert), sondern weil nur das, was wir selbst als Wissen und Gefühl in uns tragen, ein wirklicher Schutz in Extremsituationen sein kann. *Wir selbst* müssen mit unserer klaren Kenntnis der elementaren Dinge des Lebens und des Sterbens und mit unserer geistigen Arbeit der großen Prüfung, die kommen wird – ob uns Nahestehende sterben oder ob wir selbst den Tod nahen fühlen –, konkret begegnen lernen. Wir können uns die unvermeidlichen Abschiede ohnehin nicht abnehmen lassen.

Das Thema Tod kommt also nur dann vom Fleck, wenn *wir* uns bewegen. Nur dann kann es verinnerlicht werden, wenn jede und jeder einzelne von uns sich damit auseinandersetzt – und zwar *nicht erst* in der Streßsituation einer Beerdigung oder mit einer unheilbaren Krankheit im Leib. Werdendes Leben erweckt rege Assoziationen und ein vitales Interesse in uns allen. Warum sollte es der Tod nicht mindestens ebenso tun, stammen doch beide, Leben und Tod, aus der Hand *eines* Schöpfers?

Der Tod beschließt hier auf Erden unser Dasein. Es kann nicht der Sinn unserer mit den Lebensjahren zunehmenden Reife sein, diese Tatsache des Lebens in ihrer letzten Konsequenz nicht wahrhaben zu wollen. Wir wachsen dem Tod entgegen. *Wir* also müssen uns bewegen, auf das Thema zu, mit dem Thema zu uns selbst. Jeder an seinem Platz und jeder in seiner Art.

In meinem Buch *»Die Ästhetik des Alltags – Über Sinn und Wesentlichkeit unseres Tuns«* (Ariston Verlag) habe ich den großen Vorteil von Büchern erläutert: Ein Buch wird in der Stille wirksam, in jedem lesenden Menschen anders. Was Sie persönlich sich dadurch errungen haben, kann Ihnen nie wieder genommen werden. Ein Buch steht Ihnen jederzeit zur Verfügung und denkt in Ihnen weiter, es läßt seine und Ihre Gedanken sich langsam in Ihnen entwickeln. Deshalb habe ich mich entschlossen, für Sie ein Buch zu erarbeiten, das Ihnen in den trotz mancher Diskussionen noch immer vorhandenen Tabuzonen des Themas Tod eine Hilfe sein kann: beim Genauwissen, beim Hinsehen und beim Handeln im Umgang mit Sterbenden und Toten. Ich meine, daß nur eine aufgeklärte und persönlich in Ihnen gereifte Haltung dort wirklich helfen kann, wo Ihnen der Tod in seiner Unabdingbarkeit, Unverstelltheit, in seiner scheinbaren Härte naht oder begegnet.

Wir müssen mehr wissen, mehr Fakten kennen, um uns richtig zu verhalten, wenn uns das Schicksal scheinbar überraschend angreift. Wir müssen über Vorschläge und Alternativen *rechtzeitig* nachdenken lernen, ohne abgeschreckt oder vernebelt zu sein. Ich bemühe mich, Ihnen mit diesem Buch eine Denkhilfe in die Hand zu geben, die ausdauernd untersucht und konkrete Vorschläge zur Besserung der Mißstände macht: wo immer wir sie vorfinden, auch in uns selbst. Vor allen Dingen tut ein Nachdenken darüber not, wie wir mit unseren Verstorbenen umgehen, mit Menschen unmittelbar nach Eintritt des Todes.

In unserer Gesellschaft besteht im Umgang mit Toten eine

Vielzahl von Gepflogenheiten und üblen Gewohnheiten, die nur
scheinbar gesetzlich oder medizinisch begründet und gerechtfertigt sind. Es haben sich da Mißbräuche eingeschliffen, wir selbst
haben uns durch eine mangelnde eigene Haltung in eine Unkultur
im Umgang mit den Toten hineingelebt – immer selbstverständlicher und immer selbstvergessener –, wofür es nur unzureichende
sachliche Gründe gibt, obwohl wir sie gerne entschuldigend
vorschieben. Die Ursache für diese Unkultur liegt nur zu einem
winzigen Bruchteil am Gesetzgeber, in den »immensen Kosten,
die sonst entstünden«, oder in einer »Maschinerie, die nach einem
Todesfall unweigerlich abläuft«. Die »Maschinerie« ist in uns, und
sie heißt Flucht.

Nach dem Tod eines Menschen läuft in den meisten Fällen
rasend schnell ein Szenario ab, an das sich später niemand mehr
recht zu erinnern vermag – ein Zeichen situativer Verdrängung,
nicht von Angst oder Schmerz an sich. Wir haben uns das selbst
geschaffen, *um* den Tod nicht wirklich ansehen zu müssen. Kaum
ist der Herzstillstand eines nahestehenden Menschen festgestellt
worden, fühlen wir uns zu vielerlei bürokratischen oder organisatorischen Botengängen oder Besorgungen, Anrufen, Mitteilungen
gedrängt; wir wollen die Stille nicht sehen, die eingetreten ist,
und lassen unsere Toten in den allermeisten Fällen bereits zehn
Minuten nach dem Eintritt des Todes allein: wie einen Gegenstand.
Da bewegt sich nichts mehr – und sofort laufen wir weg. Unsere
Jugend- und Werbewelt scheint von uns, so polemisch das klingen
mag, dieses Weglaufen zu verlangen.

Die Frage nach der »Kultur«, in der wir überhaupt leben, muß
hier übergreifend gestellt werden. Ich habe mich in der *»Ästhetik
des Alltags«* mit allen zu dieser Frage gehörenden Themenberei-
chen befaßt und meine Leserinnen und Leser zum Nachdenken
darüber angeregt. Wir müssen vieles verändern, und viele von
Ihnen fühlen und tun es bereits. Eingedenk nie dagewesener Her-
ausforderungen befindet sich ein Teil der Menschheit bereits im
Wandel. Und nun, da wir erkennen können, daß wir die inneren
Werte zugunsten der äußeren strafbar vernachlässigt haben, können wir selbst durch eine andere Sicht des Lebens auch eine andere
Haltung zum Sterben erlangen. Es ist das Sinnvollste, das wir auf

Erden tun können, denn alles, was wir hier erleben, läuft auf das
große, letzte Tor zu.

Zurück zu dem Szenario, von dem ich vorhin sprach: Es ist
also nicht zwingend und im Grunde genommen *unnötig*, daß wir
bei einem Sterbefall »nicht mehr wissen, wo uns der Kopf steht«,
»völlig geschockt« reagieren und daß unsere Gefühle »wie abge-
storben« sind vor lauter Erfordernissen und Organisation. *So* viel
ist gar nicht zu tun. Und *so* viel Überraschendes ist auch gar nicht
geschehen. Es ist das Chaos in uns, das uns kopflos macht. In
Wahrheit gibt es keine unentwirrbare Vielfalt von Eindrücken
und Erfordernissen nach einem Sterbefall. Wir müssen nur vorher
wissen, was nun eingetreten und was zu tun ist, und zwar faktisch
wie geistig.

Unseren Schmerz kann und soll und wird uns keiner nehmen,
wenn wir ihn haben, aber wie bewußt wir agieren können, wenn
ein Mensch stirbt, wie bewußt wir uns von ihm verabschieden
können, ist eine Sache des geistigen Trainings vorher. Wir trainieren viele Dinge, um etwas Bestimmtes leichter tun zu können.
Nur das Wichtigste, das lassen wir anstehen. Aber je bewußter
wir uns jener Angelegenheiten sind, die konkret und tatsächlich
erforderlich werden – auch *wann* sie erforderlich sind, wenn ein
Mensch stirbt –, je aufgeklärter wir wissen, was mit dem Leichnam
passiert und was wir selbst bestimmen dürfen und *wie*, desto
mehr kommen wir in der entscheidenden Situation zu unseren
Gefühlen. Und unsere Gefühle werden um so weniger schmerzlich sein, auch beim Verlust sehr nahestehender Menschen, je mehr
wir selbst rechtzeitig über den Tod – auch *mit* unseren Nahe-
henden – nachgedacht, ihm vorgespürt haben. Der Tod der Nahestehenden bereitet uns auf den eigenen Tod vor.

Dieses Buch ist ein praktischer und intuitiver Ratgeber für den
Umgang mit Sterbenden und für das Begleiten unserer Verstorbenen, und es regt durch Klärung der sachlichen Notwendigkeiten
Ihre geistige Freiheit an, durch die Sie sich selbst im Einzelfall
für eine bestimmte Haltung entscheiden werden. Es beobachtet
die befremdlichen Gepflogenheiten, die sich zur Verdrängung des
Todes eingebürgert haben, es beschreibt die »Regeln«, die üblicherweise unmittelbar nach einem Todesfall eingehalten werden

und die es in der Form, in der man sie ausführt, gar nicht gibt.
Es erklärt Ihnen aber auch wirklich bestehende Vorschriften, die
zu beachten sind, wobei hierbei wesentlich weniger Zeitdruck
herrscht, als allgemein angenommen wird. Es soll die entscheidende Situation im Ablauf des Sterbens und der Bestattung entzer-
ren helfen und Ihnen beim Herausfinden Ihrer eigenen Haltung
dazu vermittelnd zur Seite stehen. Die Alternative zu Mißständen
wird immer aus und in Ihrem Willen geschaffen.

Dieses Buch handelt auch davon, wie wir wissender und im
nichtkonfessionellen Sinne gläubiger, getrösteter also, mit unserem eigenen Sterben, unserem eigenen Tod umgehen können.

Wo Alternativen angeregt werden, ist immer erst eine Untersuchung der allgemein und schlechterdings herrschenden Zustände
geboten. So habe ich die Realität, wie sie momentan bedauerlicher-
weise meist vorzufinden ist und die ich auch bei meinen Nachforschungen nur zu oft vorgefunden habe, der jeweiligen Lösungsmöglichkeit vorangestellt. Und weil ich vor allem möchte, daß
Sie dieses Buch auch dann lesen, wenn Sie »keinen konkreten
Anlaß« dazu haben, erzähle ich Ihnen ganz einfach, was ich sehen
und erleben mußte.

Zuallererst aber habe ich eine Bitte an Sie.

Gedanken über den Tod und die Toten

Ich bitte Sie, mit mir einige persönliche Überlegungen zum Tod anzustellen, Sie selbst und Ihre Umgebung betreffend. Ich kann nicht wissen, ob Sie sich schon intensiv oder bisher nur oberflächlich mit dem Sterben auseinandergesetzt haben.

Durchlaufen Sie in Gedanken mit mir bitte – je nach dem Grad Ihrer bisherigen Beschäftigung mit dem Tod unterschiedlich lange dabei verweilend – zwei Imaginationsübungen zum Thema. Das heißt: Lassen Sie sich auf die inneren Bilder ein, die ich Ihnen anbiete, lassen Sie sie in sich entstehen und wirken, und finden Sie so heraus, welche die momentan in Ihnen (noch) vorherrschende Einstellung zum Tod ist.

Am besten schreiben Sie sich Ihre Antwort (Ihre Eindrücke von sich selbst) auf, um sie im Laufe der weiteren Lektüre dieses Buches immer wieder einmal anzusehen, über sie nachzudenken und vielleicht auch festzustellen, wie sich Ihre Sicht verändert. Mit einiger Konzentration können Sie sich auch darum bemühen, Ihre persönlichen Denkergebnisse nach dem Durchlaufen der angebotenen Imaginationsübungen im emotionalen Gedächtnis zu behalten, und sich so von Zeit zu Zeit *an sich selbst erinnern*, während Sie weiterlesen. Ich möchte auf diese Weise erreichen, daß Sie sich selbst bei der Lektüre der folgenden Kapitel immer wieder in ein Verhältnis zum Geschriebenen setzen. So können Sie sich persönlich und die spezifischen Verhältnisse um sich herum in meinem Text schneller wiederfinden.

Normalerweise geschieht das automatisch: Man liest etwas und setzt es in die eigene Welt um, man zieht Rückschlüsse und kann sich selbst erkennen, das eigene Verhalten. Beim Thema Tod, meine ich, gelten aber (vorerst noch) andere »Gesetze«: Man *will* sich selbst nicht ins Verhältnis setzen. Genau darum aber bitte ich Sie.

Das erste Bild, das ich anregen möchte, ist eine ganze Imagina-

tionskette, die Sie in Gedanken durchlaufen sollten: die präzise
Erinnerung an den letzten Sterbefall in Ihrer Umgebung. Gehen
Sie langsam vor, beantworten Sie sich die Fragen einzeln.

Wann haben Sie von diesem Todesfall erfahren? Wie? Waren
Sie dabei? Wenn nicht, durch wen haben Sie von diesem Tod
gehört? Was hat dieser Mensch genau gesagt? Wie ging es Ihnen
nach Eintritt des Todes oder nach Eintreffen der Nachricht?

Haben Sie den Verstorbenen noch einmal aufgesucht und genau
und in Ruhe angesehen? Wo war das? Erinnern Sie sich an den
Raum, in dem der oder die Tote lag? Wie lange war der Tod schon
eingetreten, als Sie am Totenbett standen? Oder saßen? Wie lange
haben Sie dort verweilt? Wenn Sie nur kurz dort blieben, warum
das? Wenn Sie gar nicht dort gewesen sind, warum nicht?

Hatten Sie die Möglichkeit, vor dem Tod mit dem sterbenden
Menschen Abschiedsworte zu sprechen? Was haben Sie gesagt;
haben Sie eine Reaktion erhalten oder gespürt? Wie sah der oder
die Sterbende aus? Wie roch er oder sie? Wie waren die Hände?

Haben Sie auch mit dem oder der Toten noch gesprochen?
Hatten Sie *das Gefühl*, daß er (oder sie) Sie noch hören konnte?

Was hatten Sie überhaupt für ein Gefühl dem toten Menschen
gegenüber?

Lassen Sie sich Zeit, suchen Sie in Ruhe Ihre Antworten. Aber
steigen Sie jetzt nicht innerlich aus! Bleiben Sie dabei und beantworten Sie sich weitergehend noch die folgenden Fragen.

Können Sie sich genau an den Bestattungstag erinnern? War es
eine Feuer- oder eine Erdbestattung? Wo war es? Wie war das
Wetter? Wie haben Sie das Wetter an diesem Bestattungstag empfunden? Wen haben Sie morgens vor der Trauerfeier angerufen?
Was haben Sie da gesprochen? Was hat der Pfarrer oder der Redner
auf der Beerdigung gesagt? Welche Musik wurde gespielt? Wer
hat Ihnen anschließend kondoliert, oder wem haben Sie kondoliert? Was haben Sie dabei empfunden, oder was haben Sie gesagt?

Stellen Sie nun fest: Waren Sie bei der Trauerfeier bewußt und
ruhig oder »wie bewußtlos«? Wo waren Ihre Gedanken während
der Trauerfeier? Bei dem verstorbenen Menschen? Und wie war
das eine Woche nach der Bestattung? Hatten Sie da inneren Kontakt zu dem Toten?

Noch einmal: Lassen Sie sich Zeit bei dieser Erinnerung. Lassen Sie alles, was gewesen ist, vor Ihrem inneren Auge noch einmal ablaufen. Und sehen Sie *sich selbst* dabei. Schauen Sie sich rückwirkend selbst zu, *wie Sie waren*. Sie können daran ablesen – ganz für sich allein –, welche Haltung Sie gegenwärtig dem Tod gegenüber einnehmen.

Wenn Sie sich jetzt sehr angestrengt fühlen, dann legen Sie das Buch beiseite und überschlafen Sie Ihre Eindrücke eine Nacht lang. Das Buch wartet auf Sie, bis Sie wieder bereit sind.

Das zweite innere Bild zu unserem Thema lassen Sie nun folgendermaßen in sich entstehen: Stellen Sie sich den Menschen, den Sie am meisten lieben, vor: wie er oder sie lacht. Eine für ihn oder sie typische Geste macht. Lassen Sie dieses Bild in sich eine Weile wirken, es sich bewegen, lassen Sie es sprechen.

Und jetzt stellen Sie sich bitte genau diesen Menschen als gestorben vor, in einem Sarg liegend. Es kann Ihnen nichts geschehen, wenn Sie sich das vorstellen, und der Mensch, um den es geht, wird durch Ihre Vorstellung auch nicht seelisch beeinträchtigt oder mit negativen Energien beladen, denn Sie bemühen sich ja mit Ihrer Übung auf einer höheren Ebene um sein und Ihr eigenes geistiges Wesen. Wenn Sie auch diesen Satz jetzt nicht ohne weiteres akzeptieren oder verstehen können, wird er Ihnen doch am Ende des Buches vollkommen gegenwärtig sein.

Lassen Sie sich jetzt bitte vorerst einfach auf das vorgeschlagene innere Bild ein: Ihr liebster Mensch liegt tot in einem Sarg. Er reagiert nicht mehr, weil er es nicht mehr *kann*. Dieses Leben ist für ihn vorbei – mit jeder Minute entfernt sich seine Seele, alles, was seine Persönlichkeit hier auf Erden ausmachte, mehr von dieser Welt. Schauen Sie sich das Bild *genau* an. Noch einen Augenblick. – Jetzt tauchen Sie auf aus diesem Bild.

Atmen Sie erst einmal frei durch und kehren Sie in Ihr gegenwärtiges Leben zurück. Es ist nichts geschehen, seien Sie ganz ruhig. Beantworten Sie sich jetzt in Ruhe und ausführlich folgende Fragen: Was hätte ich, wenn es nun so gewesen *wäre*, wie angenommen, zu Lebzeiten meines liebsten Menschen, in der Zeit kurz vor seinem Tod und während seines Sterbens, noch alles sagen, tun, fragen wollen? Und: Wie wünsche ich mir eigentlich, mich von ihm verabschieden zu dürfen? Wie sähe die für mich denkbar schönste Verabschiedungszeremonie und Bestattung aus?

Was immer Ihnen jetzt alles durch den Kopf geht, lassen Sie es in sich weiterlaufen und wirken. Und schließen Sie dann, in Ruhe, die zweite Imaginationskette, das zweite innere Vorbereitungsbild zu unserem Thema ab.

Greifen Sie nun bitte beide Bilder noch einmal auf: Hier Sie selbst im Erleben des letzten Todesfalles in Ihrer Umgebung; dort Ihr liebster Mensch, verstorben, im Sarg liegend. Und jetzt denken Sie darüber nach, spüren Sie nach, *wie es Ihnen bei der Vorstellung beider Bilder ergangen ist.* Hatten Sie nur geringe Schwierigkeiten, sich selbst, Ihrer vollständigen Erinnerung und auch Ihren Gefühlen in den Bildern zu begegnen? Tauchte da wohl ein Schmerz auf, der Sie aber letztlich nicht daran hinderte, beiden Übungen nachzugehen und sich Ihnen zu stellen? Dann haben Sie schon viel über den Tod nachgedacht und wären bei weiterer Vertiefung Ihrer Gedanken jederzeit in der Lage, ihm mit einer bestimmten eigenen Haltung zu begegnen. Dies gilt um so mehr, wenn sich die einzelnen Segmente der Bilder während des Lesens der Fragen mühelos und rasch, sozusagen »wie von selbst« zusammensetzten. Sie haben den Tod in Ihrem Bewußtsein ganz gegenwärtig, Sie haben bereits erarbeitete Erfahrung damit.

In diesem Fall könnten Sie das Buch nun anhand des Inhaltsverzeichnisses auf die für Sie persönlich noch interessanten Stellen hin durchsehen, die Ihnen vielleicht bei Ihrer individuellen geistigen Haltung dem Tod gegenüber weiterhelfen oder Ihnen zusätzlich Sicherheit geben dürften. Dies wäre aber ausgesprochen ungewöhnlich. Denn den allermeisten Leserinnen und Lesern wird es viel eher so ergangen sein: Das Erstellen beider Bilder fiel schwer – bis zur Verweigerung. »Etwas« dürfte sich in Ihnen gewehrt haben. Ein vollständiges Bild ist Ihnen nicht gelungen, weder das der Erinnerung noch das der Vorstellung; Sie haben immer wieder abgebrochen, die Imaginationskette ist Ihnen immer wieder entglitten oder gerissen. Oder auch: Sie haben es erst gar nicht dahin kommen lassen und haben einfach weitergelesen; Frage nach Frage *durchgelesen*, ohne sich mit der einzelnen näher zu beschäftigen. Die praktische Durchführung meiner Vorschläge erschien

Ihnen vielleicht »zwecklos« und unangenehm, zu belastend – und Sie sagten sich im stillen Sätze wie: »Das kann kein Mensch mehr wissen, was der Pfarrer gesagt hat und welche Musik da gespielt worden ist …«, oder: »Ich *konnte* den Toten ja gar nicht mehr sehen, weil die Umstände ganz anders waren«, oder auch: »Das fehlt mir jetzt gerade noch, mir meinen oder meine … im Sarg vorzustellen…« Wenn das so ist, sollten Sie sich in Ihrer unmittelbaren Zukunft mit dem Tod auseinandersetzen: Ihre Blockade ist groß und kann in Ihrem Leben für Sie oder über andere noch einmal viel Leid bringen.

Wenn Sie sich den letzten Dingen des Lebens und ihren Zusammenhängen stellen, werden Sie eine positive Klarheit um sich herum schaffen, Sie werden freier und bewußter leben und *auf die eigentlichen Dinge schauen können.* Versuchen Sie, meine gelegentlich etwas insistierende Art positiv aufzufassen, denn dieses Buch ist dazu da, Ihnen in dem allgemeinen Gerede über ein zentrales Thema unseres Lebens die richtigen und deshalb auch mitunter recht unbequemen Fragen zu stellen. Was wir erlangen müssen, ist ein unscheues Nachdenken über den Tod.

Welches Bewußtsein also haben wir vom Sterben? Ist es ein »Unglück«, faktisch nicht zu ändern, ist es das Ende allen Fühlens? Ist es uns in unserer Gesellschaft einfach lästig geworden, störend in unserer Omnipotenzvorstellung? Haben wir den Tod aus unserem Leben beinahe fanatisch verdrängt, obwohl er das einzige ist, von dem wir mit absoluter Sicherheit sagen können, *daß* es kommen wird? Übertragen wir unsere Angst vor dem Tod denn nicht in Wut auf denjenigen, der davon deutlich spricht?

Ihre Antworten auf diese Fragen zu bewerten, das steht nur Ihnen allein zu. Tun Sie es in aller Stille.

Als Autorin dieses Buches komme ich mit den Ergebnissen meiner Beobachtungen zu Ihnen, mit Recherchen und Vorschlägen. Ich bewerte gar nichts von dem, was Sie denken; ich kann es nicht wissen und werde es in aller Regel auch nicht erfahren. Meine Aufgabe ist es, aufzuklären und anzuregen. Dies freilich tue ich aus tiefster Überzeugung und im Wissen um die Geborgenheit aller Wege, auch des letzten.

Sie müssen sich aber klarmachen, daß dieses Buch nur dann in

Ihrem Leben wirksam sein kann, wenn Sie sich selbst bewerten. Das meinte ich vorhin mit »sich selbst in ein Verhältnis setzen«. Tun Sie es mit Hilfe der beiden angebotenen Imaginationsbilder oder auch der nachstehenden Fragen. Seien Sie genau mit sich, aber liebevoll. Bewerten heißt nur, etwas auf seinen wahren Wert hin zu überprüfen. Es soll keine Selbstanklage oder Selbstverurteilung sein, sondern Ihnen weiterhelfen, Ihr Leben zum geistig Bewußteren hin zu entwickeln.

Noch einige Fragen an Sie: Welche grundsätzlichen Überlegungen verbinden Sie mit Ihrem eigenen Tod? Mit dem Tod anderer? Sind Sie darauf vorbereitet? Wie? Faktisch und geistig – oder weder noch? Sind Sie auf den Tod eines jeden Menschen in gewisser Weise vorbereitet oder nur auf den der Alten und Schwerstkranken in Ihrer Umgebung? Und ist diese Vorbereitung pragmatisch, geistig, psychisch, spirtuell? Glauben Sie an eine Willkür des Schicksals?

Wenn nun ein konkreter Sterbefall in Ihrer Umgebung einträte, wären Sie handlungsfähig? Wüßten Sie zum Beispiel jetzt, *ohne* irgendwo nachzusehen oder jemanden zu fragen, was genau zu tun ist, wenn in ihrer unmittelbaren Nähe ein Mensch stirbt oder Sie verzweifelt angerufen und um Rat und Hilfe in so einer Situation gebeten werden? Wüßten *Sie selbst*, was zu tun ist, oder wäre Ihre erste Reaktion, einen Bestatter oder den Notarzt oder die Polizei anzurufen oder irgend jemanden sonst, mag sein, auch eine Institution, von wo aus »schon alles geregelt wird«? Wenn letzteres der Fall ist: Wie stehen Sie dazu, daß Sie die Belange, die in einem Todesfall auf Sie zukämen, sofort delegieren? Empfinden Sie das als normal? Erfaßt es wirklich den Sinn der Situation? Ist es der oder dem Verstorbenen gegenüber richtig? Oder ist – wenn Sie ganz ehrlich sind – der wahre Grund für Ihr Vorgehen nicht viel eher der, daß Sie den Leichnam so schnell wie möglich los sein wollen ... und alle Belange, die ihn nun betreffen, mit ihm? Sind Sie »am beruhigtesten«, wenn Menschen in Institutionen sterben (in Krankenhäusern, Pflegeheimen, Hospizen)?

Wissen Sie eigentlich genau, was mit einem Leichnam geschieht, der kurz nach dem Eintritt des Todes abgeholt und weggebracht wird? Wissen Sie, wohin er gebracht wird und wie es da aussieht?

Wie mit ihm umgegangen wird und welche Geräusche dort um ihn sind? Gesetzt den Fall, Sie lassen einen Toten, der nachmittags um vier Uhr in Ihrem Haus verstorben ist, bei Einbruch der Dunkelheit (was allgemein gewünscht wird – »wegen der Nachbarn«) abholen; und natürlich haben Sie noch kein Gespräch mit dem Bestatter wegen der Auswahl eines Sarges führen können: Wo oder worauf glauben Sie, liegt der Tote in der folgenden Nacht, bis er eingesargt werden kann? Wissen Sie, *wie* eingesargt wird? Haben Sie sich darüber einmal Gedanken gemacht?

Wenn ich Sie jetzt frage, welche Starbesetzung der letzte Kinofilm hatte, den Sie gesehen haben, oder wie – falls Sie sich für Sport interessieren – die Tennisergebnisse des letzten Wochenendes lauten, so wüßten Sie dies wahrscheinlich genauer zu sagen. Denn es handelt sich um einen Gegenstand Ihrer Aufmerksamkeit; Sie sind bereit, vieles damit Zusammenhängende in sich aufzunehmen und in Ihrem Gedächtnis zu behalten. Es ist ganz selbstverständlich, daß Sie vor einem Gegenstand Ihres Interesses keine Angst haben. Da wir, ob nun Kinogänger oder Sportfreunde, alle auf unser physisches Ende hier auf Erden zugehen, was unbestreitbar sicherer ist als die unterhaltsamen oder sportlichen Behauptungen der Kultur, die wir uns geschaffen haben und in der wir heute leben, sollten wir es klugerweise herumdrehen: Indem wir uns für den Tod interessieren, ihn zu einem Gegenstand unserer Aufmerksamkeit machen, mehr über seine Zusammenhänge und seine Akzeptanz in unserer Kultur nachdenken – und letzteres zu verbessern suchen –, nehmen wir uns die Angst. Es ist also etwas vom Sinnvollsten überhaupt, unsere Gedanken damit zu beschäftigen, was *wir selbst* geistig und praktisch tun können, wenn ein Mensch in unserer nahen Umgebung stirbt – und damit natürlich auch der Frage nachzugehen, wie wir selbst sterben möchten.

Im Angesicht des Todes zeigt es sich immer am deutlichsten, wer wir in Wahrheit sind und wie wir leben. Der Tod zieht uns die Maske herunter – und vielleicht haben wir auch deswegen solche Angst vor ihm. Wir ahnen dunkel, wenn wir an den Tod denken, daß die Art, in der wir leben, nur allzuoft am wahren Leben vorbeigeht. Indem wir über den Tod nachdenken, müssen wir immer auch über unser Leben als Ganzes nachdenken. Und wenn wir feststellen, wie wir im Leben miteinander und mit uns selbst umgehen, können wir sehr schnell zu dem Schluß gelangen, daß unser Umgang mit Sterbenden und unserem eigenen Tod eine logische Folge davon ist. Ein Spiegel unserer Irrtümer. Was aber das wahre Leben ist, das kann uns nichts so gut lehren wie der Tod. Es ist also eine existenzielle Frage, die ich Ihnen jetzt stelle: *Was sind wir in Wahrheit unseren Sterbenden, was sind wir dem Tod überhaupt schuldig?* Unser ganzes Leben kann (wieder) besser werden, wenn wir darauf eine gute Antwort finden.

Neun Monate benötigt der Mensch, um seinen ersten eigenständigen Atemzug ausführen zu können. Bereits wenige Minuten nach seinem Tod wird er jedoch faktisch wie ein Gegenstand behandelt. Es ist, als gingen wir im Zeitalter des technischen Fortschritts davon aus, in einem Verstorbenen eine Maschine vor uns zu haben, die nicht mehr laufen kann, wenn der Stecker herausgezogen wurde. Es ist so, weil wir nicht mehr auf das Wissen vertrauen, daß der tote Körper die Stätte einer langsam sich entfernenden Seele ist und daß Geborenwerden und Sterben eines sind.

Die Angst vor dem ungewissen »Danach« ist im Zeitalter des »Alleswissens« und der unmenschlichsten Beweisführung stetig gestiegen. Zur Zeit, da ich an diesem Buch schreibe, verkünden amerikanische Forscher weltweit, der Mensch sei endgültig »klonbar«, also ungeschlechtlich in identischer Kopie zu vermehren (JERRY HALL/ROBERT STILLMAN, George Washington University Medical Center). Vom *Danach* haben sie offensichtlich keine Vorstellung, und sie sprechen mit keiner Silbe davon. Ihre naturwissenschaftlich-technische Beschränktheit erheben diese Menschen (und mit ihnen Tausende von Fortschrittsgeilen in anderen Bereichen) zum Dogma, und sie stehen somit für ein ganzes System der Blindheit, das die eigentlichen Dinge des Lebens, das »Stirb und werde«, nicht mehr erkennen kann und das deshalb der Erneuerung und der Hilfe bedarf. Wir sind mitten in diesem System des eingefrorenen Frühlings gefangen – und wir müssen das Eis aufzutauen versuchen, das sich längst um die wahren Prozesse unserer Selbstfindung gelegt hat.

Aus diesen Gedanken heraus ist es Ihnen sicher verständlich, wenn ich Ihnen sage: Um die Frage nach dem, was wir unseren Sterbenden und Toten schuldig sind, *gut* zu beantworten, benötigen wir nicht nur eigene Arbeit am Thema Tod, eigenes Interesse und eigenen Einsatz, sondern auch *Mut* – Mut zu einer neuen Innerlichkeit, nach der wir uns alle im Grunde genommen so sehr sehnen, Mut wie *Antigone* in der gleichnamigen Tragödie des SOPHOKLES. ANTIGONE ist bestürzt, weil König KREON ihr aus politischen Gründen eine würdevolle Bestattung ihres Bruders POLYNEIKES verwehrt. In der Nacht geht sie vor die Stadtmauern, wo Polyneikes den wilden Tieren zum Fraß überlassen werden soll, und bedeckt den Leichnam des Bruders, ihm das untersagte Ritual spendend, mit einer Erdschicht. Antigone wird ergriffen und vor Kreon gebracht, dem sie, unerschütterlich auf ihrem Standpunkt beharrend, Rede und Antwort steht. Die Pietät gegenüber dem toten Bruder (und damit die Gebote der Götter!) bedeuten ihr mehr als der Befehl eines Königs:

»Der das verkündete, war ja nicht Zeus,
Auch Dike in der Totengötter Rat
Gab solch Gesetze den Menschen nie. So groß
Schien dein Befehl mir nicht, der sterbliche,
Daß er die ungeschriebnen Gottgebote,
Die wandellosen, konnte übertreffen.
Sie stammen nicht von heute oder gestern,
Sie leben immer, keiner weiß, seit wann.
An ihnen wollt ich nicht, weil Menschenstolz
Mich schreckte, schuldig werden vor den Göttern.«

Und später, nach einer fruchtlosen Auseinandersetzung mit dem uneinsichtigen Kreon, faßt sie ihr ganzes Wollen in einem einzigen Satz zusammen, sehr schlicht:

»Nicht mitzuhassen, mitzulieben bin ich da.«

Antigone wird in ein Gefängnis geworfen, Kreon ist entschlossen, sie lebendig einmauern zu lassen. Erst als der Seher TEIRESIAS schreckliche Ereignisse voraussagt, die Kreon selbst in seinem Egoismus treffen können – und werden –, ringt sich der König aus Angst zu dem Entschluß durch, Antigone freizulassen. Antigone aber hat sich bereits in ihrem Gefängnis erhängt. Soweit die Tragödie des SOPHOKLES, die etwa 440 vor Christi Geburt entstand.

Wir heute, in unseren Breitengraden, können sehr mutig sein, leichter als ANTIGONE, und wir *müssen* es sein: mutig gegen falsche Gewohnheiten, gegen Feigheit, Sturheit, Ignoranz, gegen geistige Unbildung; bewußt mutig – zärtlich und wissend, nicht aggressiv; denn *mitzulieben* sind in Wahrheit auch wir da!

Folgen Sie mir jetzt bitte in die Untersuchung von derzeit noch üblicher Realität im Umgang mit dem Tod.

Der sterbende Mensch in unserer Gesellschaft

Was ich im folgenden beschreibe, schildere ich nicht gern, denn bei den Vorarbeiten für dieses Buch habe ich durchaus nicht nur unerfreuliche Wahrnehmungen gemacht. Ich begegnete immer wieder Menschen, die – in Organisationen oder Krankenhäusern, Pflege- und Altenheimen sowie Bestattungsinstituten – täglich mit dem Tod konfrontiert und sich genau darüber im klaren sind, welche Versäumnisse unserer Gesellschaft im Umgang mit Sterbenden und Toten unterlaufen. Manche von ihnen versuchen schon seit geraumer Zeit, ihre Erkenntnisse in eine praktische Verbesserung der Zustände umzusetzen.

Eine sogenannte »Hospizbewegung« (viele verschiedene Persönlichkeiten und Gruppen, die sich inzwischen mit der Sterbebegleitung öffentlich beschäftigen, werden zur Zeit unkorrekterweise unter diesem Begriff zusammengefaßt) gibt es auch – was ich an dieser Stelle, trotz einiger Bedenken, die hier am Platze sind (davon jedoch später mehr), gerne anführe. Insgesamt »geschieht« also wenigstens etwas, das unser Thema betrifft. Diese Entwicklung steht aber noch sehr am Anfang, ist in alle Richtungen versprengt und in ihren einzelnen Segmenten voneinander abgetrennt. *Daß* sie aber bereits existiert, möchte ich diesem Kapitel vorausschicken – auch wenn diese Tatsache mich (oder andere) durchaus nicht der Verpflichtung entbindet, (mit) dafür zu sorgen, daß *wir alle* ein anderes Bewußtsein über den Tod erlangen.

Widmen wir uns den mehrheitlich noch herrschenden Zuständen. Ich möchte damit niemanden denunzieren und werde auch keine bestimmten Krankenhäuser, Alten- oder Pflegeheime nennen, denn es geht hier nicht um journalistische Sensationsberichterstattung, sondern um das Eingeständnis, daß die vorherrschenden Mißstände an den Sterbebetten uns alle denunzieren, weil sie eine Realität darstellen, die wir alle auf die eine oder andere Art schon selbst erlebt haben und an die wir uns, aus Trägheit und massiver Verdrängung, im Grunde genommen »gewöhnt« haben – so böse das klingt. Wir sträuben uns nur deshalb nicht mit aller Kraft gegen sie, weil wir uns andernfalls intensiv mit dieser Realität auseinandersetzen müßten. Da sind wir schon lieber stille Dulder der Misere. Und deshalb verändert sich diese nur so ausgesprochen schwerfällig.

Meine hier zusammengetragenen Beobachtungen beruhen einerseits auf sorgfältigen Recherchen in Krankenhäusern – wobei zu bemerken ist, daß nur in Ausnahmefällen ein Verständnis für meine Arbeit gegeben war; meistenteils war es für mich sehr schwierig, Zugang zu erhalten, und man zeigte mir die betreffenden Stationen nur ungern – und andererseits auf zahlreichen Gesprächen mit Angehörigen von Schwerstkranken und Hinterbliebenen, die sich erinnerten. Auch persönliche Erfahrungen fließen selbstverständlich mit in dieses Kapitel ein. Und Sie, liebe Leserin, lieber Leser, werden in seinem Verlauf so manch Bekanntes, von Ihnen so oder so ähnlich schon selbst Erlebtes finden. Gestehen Sie es sich dann bitte ein, registrieren Sie es; es ist ein wichtiger Teil Ihrer Bewußtwerdung. »Genauso war es bei meiner Schwiegermutter (meinem Onkel, Vater, Bruder …)« – das ist ein Satz, wie ich ihn oft gehört habe, wenn ich mit anderen Menschen über meine Beobachtungen sprach. Meine Antwort war immer: »Dann merken Sie sich das gut, damit es Ihnen nicht noch einmal passiert!«

Nähert sich einem Mitmenschen der Tod – etwa weil der Betreffende schwer krank oder auch hochbetagt ist –, so wird das in den meisten Fällen zunächst nach Kräften verdrängt. Zwar haben sehr viele von uns schon etwas über die Arbeit der amerikanischen Psychologin und Sterbeforscherin Dr. ELISABETH KÜBLER-ROSS gehört, manches aus der religiösen Erziehung mag auch noch in den Köpfen vorhanden sein, genau wie der eine oder andere vielleicht schon selbst Erfahrungen in der Begegnung mit dem Tod gesammelt hat – dennoch scheint ein klares Bewußtsein des nahenden Endes eines Menschenlebens hier auf Erden für die meisten von uns, wenn sie dann in der konkreten Situation gefordert sind, gänzlich unerreichbar zu sein.

Wir leben in einer Gesellschaft der Halbheit und des Kampfes. Wir sehen nicht das *Ganze*. Wir sehen nicht, daß wir leben, uns seelisch erweitern, sterben und uns verwandeln dürfen – fortwährend. Wir sehen nur, was »hier« und »jetzt« ist. Also wollen wir nicht in den Tod gehen und wollen den Tod auch nicht kommen sehen, wir kämpfen dagegen an, solange es geht – und zwar mit allen zu Gebote stehenden Mitteln.

Den Kampf gegen den Tod führen wir in den meisten Fällen als Kinder unserer Zeit mit höchstem technischen Aufwand. Da dies – wie wir zu leben gewohnt sind – nur selten in häuslicher Pflege geschehen kann, bringen wir den Sterbenden in ein Krankenhaus. Dort »landen« neben Unfallopfern und moribunden Patienten vielfach auch Menschen, die in ihrem allerletzten Lebensabschnitt niemanden haben und deren Versorgung und Pflege in einem Altenheim »zu aufwendig« ist; die Vereinsamung und Kälte in unserer Gesellschaft ist groß, und sie zeigt sich im Umfeld von Sterbenden systembedingt am deutlichsten. So jedenfalls kommt es, daß die meisten Menschen ihr Leben in einem Krankenhaus beschließen. Erst danach rangieren die Alten- und Pflegeheime, in denen »die Unkomplizierten einschlafen«, wie mir eine Heimleiterin unverblümt sagte.

Im Krankenhaus ist man, wie der Name schon sagt, auf Sterben als ein akzeptiertes Ziel gar nicht eingerichtet – buchstäblich nicht eingerichtet, denn es gibt keine Sterbestationen in Krankenhäusern (Ausnahmen und ein mögliches Zukunftsmodell – siehe nachfolgendes Kapitel). Sinn eines Aufenthaltes im Krankenhaus ist »natürlicherweise« immer die Genesung; und wo sie nicht erreicht werden kann, weil der Mensch »austherapiert« ist, wird sozusagen in Ermangelung eines geeigneteren Platzes und in offener Verschwiegenheit dem Ende entgegenvegetiert (oder gestorben). Den Symptomen seiner schwerstwiegenden Erkrankung folgend, liegt der Sterbende in der Regel auf einer Station, auf der man genau seine Krankheit – bei anderen zumindest – fortwährend zu heilen versucht. Und ein zeitlebens eigentlich Gesunder, nun aber aus Altersschwäche kranker und schwer zu pflegender, dem Tode naher Mensch findet sich in seinen letzten Lebenstagen auf allen möglichen Stationen wieder – häufig auch in der Psychiatrie. Es sei denn, er ist so betucht, daß er sich Privatpflege und Hausbesuche leisten kann.

In Krankenhäusern geben wir unsere Sterbenden gerne ab, weil wir glauben, ansonsten für sie die »Verantwortung einfach nicht tragen zu können«, und auch, weil ihnen dort »noch die beste Pflege zuteil wird«. Ein Krankenhaus in der bestehenden Form ist aber kein Pflegeheim, obwohl es in Ermangelung eines solchen oft auch so genutzt wird, wenn ein Mensch den Tod zu erwarten hat. Hier wird nicht selten noch mit »austherapierten«, eigentlich sterbenden Patienten dies und das »unternommen«: auch, um den Tagessatz gegenüber den Kassen zu rechtfertigen. »Unternommen« (eine beliebte Formulierung freundlicher Ärzte) heißt: Es wird noch manches *versucht*, um das sichere Ende ein wenig hinauszuzögern. Die Industrie sponsert das.

Welche Lebensqualität der sterbende Mensch, gepeinigt von den Errungenschaften unseres technik- und chemiegläubigen Jahrhunderts, in dieser Zeit noch verspürt, tritt hinter dem auch in ihm ständig wieder neu aufgestachelten Wunsch zurück, den Tod »doch noch« hinhalten zu können. Dies ist ein Zustand, den ich oft beobachtet habe: Im ständigen Zeitdrill eines Krankenhauses kommt der Sterbende nicht zu sich selbst; im Gegenteil, es wird ihm, der mit seiner Angst vor dem Tod fertig zu werden hat, so er bei vollem Bewußtsein ist, noch suggeriert: »Diese Methode wäre noch eine Hoffnung ...«, und: »Jene Therapieform ist durchaus nicht aussichtslos ...«

Wohlgemerkt, ich spreche hier von Schwerstkranken oder sehr alten Menschen, die deutlich an der Schwelle des Todes stehen, nicht von Patienten, bei denen eine wahrscheinlich sichere und bereits erprobte Chance auf Heilung besteht: etwa bei sehr jungen Patienten. Hier ist oft Heilung möglich, die ohne einen wahnwitzigen technischen oder chemischen Aufwand, der mehr zerstört, als er jemals wird wiederherstellen können, erzielbar ist. Ich spreche von Sterbenden. Und diese Sterbenden dürfen üblicherweise in den Krankenhäusern schon aus Strukturgründen im Grunde genommen nicht »losgelassen« werden. Und wir mündigen Bürger schauen zu ...

Da wird zum Beispiel Herr Müller ins Krankenhaus eingeliefert. Er ist zwischen siebzig und fünfundsiebzig Jahren alt, hat Krebs und schon eine Chemotherapie durchlitten, die »nicht angeschlagen hat«. Eigentlich klar, was mit ihm in nächster Zeit geschehen wird. Aber Herr Müller – auch er selbst würde es unter Umständen genauso formulieren, oder seine Frau würde es tun – »darf nicht sterben«. Wir müssen ihn »hierbehalten«, weil wir von der Nichtexistenz der unsterblichen Seele, also vom »restlosen Aus« nach dem Tod schon beinahe unterbewußt überzeugt sind. *Hier* sei das Leben, meinen wir und klammern uns daran. Wir können doch so vieles, denken wir uns (vor allem, wenn wir an Herrn Müller persönlich hängen!), wir können Satelliten ins Weltall schießen und schon längst Tiere und Früchte und Blumen klonen! Da ist es doch nur logisch, daß auch die Unsterblichkeit lediglich eine Frage der Zeit ist.

Es klingt überspitzt, aber genauso verhalten wir uns unbewußt; und unsere forschungs- und therapiewütige Medizin verhält sich so in aller Intellektualität und Öffentlichkeit. Die Medizin, die wir heute haben, ist – ich muß es noch einmal ganz präzise sagen – die Ausgeburt einer Gesellschaft, die sich dem »Stirb und werde«, der Unvergänglichkeit des Geistes nicht (mehr) anvertrauen kann oder sich überhaupt keine Gedanken darüber macht. *Einstweilen*, so die abstruse und ignorante Logik, ist die Wissenschaft noch nicht mit der Allmacht Gottes ausgestattet – damit es aber eines Tages soweit kommen kann, muß ohne Zurück »weitergemacht« werden.

Und deshalb wird gerade mit Herrn Müller an der Schwelle des Todes mehr *herumprobiert* als sonst irgend etwas getan. Die wenigen geistig am Wesentlichen orientierten Ärzte, die sich eingedenk einer höheren Realität von sich aus auf die Grenzen der Wissenschaft besinnen und sich bescheiden, werden mir verzeihen, wenn ich an dieser Stelle meine Beobachtung mitteile, daß die meisten ihrer Kollegen einseitig ausgebildete und mitunter auch hochbegabte Verwalter unseres Machbarkeitswahnes sind – große Ausprobierer mithin also, Jäger auf der Jagd nach dem Sieg über Gott. Der Tod ist ihnen ein verlorenes Spiel; wenn ein Mensch stirbt, hat nicht eine höhere Fügung gesprochen, sondern die »ärztliche Kunst« hat *versagt*.

Die Akzeptanz des Todes – angesichts der Tatsache, daß der Tod »hingenommen werden muß« und demzufolge irgendwann dann eben auch »hingenommen« wird –, diese Akzeptanz in einem *geistigen*, nicht faktischen Sinn und damit auch ein präventives Wissen um diese Notwendigkeit im Umgang mit Sterbenden scheint mir gerade unter den Ärzten noch nicht sehr verbreitet zu sein. Selbst auf den »Sterbestationen« – sogenannten Palliativstationen (»palliativ« heißt lindernd) –, die versuchsweise in den letzten Jahren an einigen wenigen Krankenhäusern eingerichtet wurden und von denen im nachfolgenden Kapitel noch ausführlich die Rede sein wird, sagten mir Ärzte, sie hätten sich über die geistige Bedeutung des Todes und »über den Tod überhaupt« noch so gut wie keine Gedanken gemacht; im Vordergrund stehe für sie die Schmerzbekämpfung bis zum Eintritt des Todes.

Wir treffen also in unseren Krankenhäusern zumeist auf in unserem System gut ausgebildete Vertreter der allgemeinen Ignoranz einer im Wesentlichen unorientierten Gesellschaft. »Noch ist kein Mittel gegen diesen Tod erfunden«, hörte ich einmal einen Arzt am Sterbebett einer neunundsiebzigjährigen Krebspatientin sagen. Deutlicher geht es nicht.

Gekämpft wird in Krankenhäusern und in der Medizin mit allen Mitteln; ständig werden neue Apparate, neue Präparate ausprobiert – ungebremst. In einer Zeit, die Leid und Tod zunehmend als sinnlose Beigaben der Schöpfung sieht, ist jeder Fortschritt erlaubt. Und alles wird »austauschbar«: Blut, Organe, Gene, irgendwann – fraglos – auch ganze Hirnteile. Der Mensch degeneriert zur Maschine, möglichst vorausberechenbar; eines Tages werden Krankheiten sicherlich »Defekte« genannt oder »Fabrikfehler«, wenn wir die Entwicklung weiter zulassen, die sich jetzt schon deutlich abzeichnet. Allerdings läßt sich Gott, oder wie immer wir die Urkraft nennen, letztendlich nicht in sein Handwerk pfuschen. Dies ist keine Aufforderung zum Fatalismus, sondern zur Sensibilisierung, einen Hinweis wie den auf das vielerorts mit HIV-Erregern verseuchte Austauschblut genauer und unter einem anderen Blickwinkel als nur dem sachlichen zu betrachten. Wir sind gewöhnt, die materiell logischste Ursache für ein solches Geschehen zur formulierten Begründung zu machen: Da waren

eben »ein paar schwarze Schafe« unter den Plasmaherstellern,
deren mangelhafte Kontrollen des gespendeten Blutes nun für das
Desaster verantwortlich sind. Da wurde »unsauber gearbeitet«,
und »die Gesetze sind zu locker gewesen, bisher«. Wir gehen
aber, und darauf möchte ich Sie aufmerksam machen, ganz selbstverständlich davon aus, daß Blut *tauschbar ist*, daß es tauschbar
sein *muß*; bisher (aber noch keine sehr lange Zeit übrigens) habe
es »doch auch funktioniert« ...

Sie wissen vielleicht, daß einige – von uns immer einmal wieder
verlachte – Glaubensgemeinschaften aus einer übergeordneten
Überzeugung heraus den Austausch von Blut und Organen
grundsätzlich ablehnen. Ich persönlich kann diesen Gedanken
sehr gut nachvollziehen, obwohl ich keiner Glaubensgemein-
schaft angehöre. Gesetzt den Fall, diese Leute hätten recht, so
wäre es keine Polemik, sondern denkbare Zukunft, daß einige
religiöse Minderheiten uns alle, die wir dieses System nahezu
beliebiger Austauschbarkeit für selbstverständlich halten (und es
trotz des verseuchten Blutes tolerieren und dadurch weitertreiben,
obwohl kein Daumenabdruck eines Menschen auf dieser Erde
einem anderen gleicht), überleben werden. Ich will Ihnen mit
diesem Gedanken nur klarmachen, wie überheblich das Beharren
auf dem Stand unseres »gegenwärtigen Wissens« sein kann. Es
ist also ratsam, den Instinkt sprechen zu lassen, gerade dort, wo
uns dessen Gegenteil so ausschließlich und mächtig begegnet, wie
das zum Beispiel in den Krankenhäusern und in unserer Schulmedizin der Fall ist.

Zurück nun zu Herrn Müller. Sein Tod wird also einstweilig
»ausgetrickst«, bis die Mittel und Maschinen versagen. Die Zeit,
die er mit den damit zusammenhängenden Belastungen verbringen
muß, mit der trügerischen oder allenfalls nur kurzfristigen »Hoffnung auf Genesung« und dem Errechnen der »Nochlebenserwar-
tung«, wäre besser mit der Vorbereitung auf seinen Tod verbracht
worden. In diesem Fall aber wäre geistige Orientierung gefragt,
von Herrn Müller selbst *und* seinen Angehörigen, Freunden, auch
von den Ärzten. Eine vorbereitete, also in sich ruhende geistige
Orientierung, die sich selbst *mindestens* so wichtig nimmt, wie
die Apparate und die Chemie um sie herum es für sich beanspru-

chen. Wir müssen aber dem Geist mehr Aufmerksamkeit schen-
ken, wenn wir es mit Sterbenden zu tun haben, als der Chemie,
den Apparaten, den praktischen Maßnahmen. Das aber tun wir
selten. An den Betten der Schwerstkranken oder sehr Alten wird
unendlich viel gesprochen, wenn Angehörige oder Freunde da
sind, aber so gut wie niemals über den Tod. Es wird fast ausschließlich über die vorliegende Krankheit gesprochen, über den jeweiligen gesundheitlichen Mangel. Über den Zustand des Kranken
wird reflektiert, mit Ärzten, Nachbarn oder Verwandten und
natürlich auch mit dem Sterbenden selbst; aber über das, was in
nächster Zukunft mit ihm geschehen wird, sprechen wir mit anderen nur hinter vorgehaltener Hand und mit dem Betroffenen selbst
so gut wie gar nicht. Wie sollen wir das auch können? Wir akzeptieren den Tod ja selbst nicht.

Und beobachten Sie einmal, *wie* über Krankheiten (anstatt über
den in ihrer Gestalt nahenden Tod) gesprochen wird; oder erinnern Sie sich daran, wie Sie selbst in einer vergleichbaren Situation
schon gesprochen haben. Ein protokolliertes Beispiel aus meinen
Notizen (eine Ehefrau spricht mit ihrem schwerkranken Mann):
»Und jetzt, weißt du, also ... hat sich der Tumor vergrößert, sagt
der Arzt, und daher der Druckschmerz, den du hast, unter der
Schädeldecke. Also, es ist praktisch so, daß sich der Tumor gegen
die Schädeldecke drückt, weißt du. Und deswegen siehst du auch
schlecht, und deswegen hast du auch Gleichgewichtsstörungen.
Und infolgedessen wird nun eine höhere Dosis ...« So könnte
auch ein Automechaniker über ein defektes Auto sprechen.

Ich muß wohl kaum hinzufügen, daß in dem zitierten Fall die
Krankheit unmittelbar zum Tode führte – worüber jedoch *nicht*
gesprochen wurde. Nach den Angaben der Frau dieses Sterbenden
ist ein solches grundsätzliches Gespräch nur einmal im Zusammenhang von *Versicherungsfragen* geführt worden – bis der Mann,
ein Rechtsanwalt, das reagierende Bewußtsein verlor, das er bis
zu seinem Tod nicht wiedererlangte.

Daß Herr Müller – in dem vorherigen Beispiel – nur noch eine
geringe Lebenserwartung hat, ist für die meisten nur ein durch
Fakten klausuliertes Thema. Jetzt wäre eine *andere* Art zu sprechen gefragt, eine andere und größere Sicht der Dinge, die jedoch

unerreichbar ist, wenn wir uns ihr nun mit einemmal und nahezu gänzlich unvorbereitet nähern wollten. Wenn wir all die Jahre zuvor nur »faktisch« miteinander gesprochen haben, so werden wir es jetzt, unter der Belastung eines drohenden Verlustes, auch nicht mehr ändern können. Wir helfen uns angstvoll mit »Trost« über die Situation hinweg.

Und dieser Trost nimmt mitunter groteske Formen an. »Na, bald geht es dir bestimmt wieder besser!« – Ich habe Menschen diesen Satz sagen hören, wenn sich der betroffene Patient bereits in der Agonie befand. Und falls die Frage nach dem Tod (die noch lange kein Gespräch darüber ist!) überhaupt gestellt wird, dann meistens an Pflegepersonal oder an Ärzte, und die Frage müßte eigentlich lauten: »Wird mein Mann nun sterben?« Sterbende Kinder übrigens fragen das direkt von sich aus, ganz unumwunden: »Muß ich sterben?« In unserer verbrämten Erwachsenen-Scheinkultur wird eine solche Frage auch verbrämt gestellt: »Herr Doktor, was meinen Sie, wie lange noch ...« oder: »Muß man nun mit dem Schlimmsten rechnen?« Ärzte oder Pflegende antworten dementsprechend selten mit einem klaren »Ja«. Man windet sich allenthalben um klare Formulierungen, die klare Handlungen oder zumindest ein klares Bewußtsein nach sich ziehen müßten.

Im Sommer 1993 wurde mir nach einem Besuch im Pflegeheim, gemeinsam mit zwei Freundinnen bei beider schon sehr schwer beeinträchtigter, sich aber noch bei vollem Bewußtsein befindender Mutter, von diesen die Frage gestellt, was ich wohl meinte, »wie lange es noch ginge, in etwa«. Meinem sicheren Gefühl folgend, gab ich die Antwort: »Zwei Tage, vielleicht auch drei.« Es herrschte daraufhin entsetztes Schweigen über meine so definitive und unumwundene Aussage. So genau hatte man es nicht wissen wollen. Wenn wir uns aber auf die Dinge hinter den Dingen konzentrieren und wenn wir schon eine Zeitlang intensiv damit umgegangen sind, dann können wir den nahenden Tod, genau wie jede andere Ausstrahlung, zuallermeist ganz deutlich wahrnehmen. Ich blieb also bei meiner Antwort, auch wenn ich dann nicht weiter insistierte, um meine Freundinnen nicht zu verletzen. Ich regte allerdings mit vorsichtigem Nachdruck an, mit beider Mutter, die von sich aus offensichtlich niemanden mit ihrem Weggang »belasten« wollte, ein Gespräch über den bevorstehenden Abschied zu suchen, anstatt Blumen und Erzählungen aus dem Alltag an ihr Krankenlager zu bringen. Zwei Tage später, um sechs Uhr früh, wurde die alte Dame tot in ihrem Bett gefunden; auch die Pflegerinnen zeigten sich »überrascht«. Die Töchter hatten sich nicht verabschiedet; sie hatten die letzte Möglichkeit mit Unschlüssigkeit »verwartet«.

Bewußt und klar gegenüber dem Weggehenden die Situation anzusprechen, sich über die bevorstehende Trennung miteinander auszusprechen, ist eine ganz wesentliche und notwendige Erleichterung, wenn Menschen sterben. Allerdings muß behutsam und sehr verantwortungsvoll vorgegangen werden. Als meine Großmutter, eine gebildete und in den Belangen der Wesentlichkeit sehr beheimatete Frau, in ihren letzten Lebenswochen war, wollte ich ihr deutlich zeigen, daß ich das Bevorstehende sehe und mich darauf vorbereite, so wie auch sie es tat, was die ganze Familie wußte. Und so sagte ich ihr: »Wenn wir uns plötzlich verlieren, in diesem Leben, wenn es doch schneller geht, als wir glauben, dann will ich, daß du weißt: Ich habe mich jetzt schon in Liebe verabschiedet.«

Ich war damals neunzehn Jahre alt, und auch wenn ich das Richtige fühlte und tat, so waren doch meine Worte falsch gewählt. Mein Vater sagte mir am anderen Tag, meine Großmutter sei sehr traurig gewesen und sie hätte gesagt: »Die Regina hat mich aufgegeben.« Wenig später fiel meine Großmutter in Bewußtlosigkeit, und ich bekam auf meine Erklärung und Entschuldigung von ihr keine Reaktion mehr. Daß sie sie dennoch registrierte, dessen bin ich mir sicher.

Sie sehen also: Selbst Menschen, die sich aktiv mit ihrem nahenden Tod beschäftigen, sind hochempfindlich und nicht angstfrei im Gespräch darüber, und es bedarf eines feinen Gespürs für die richtigen Worte, um den Abschied nicht schon vorwegzunehmen. Ich habe aus dieser Erfahrung mit meiner Großmutter viel gelernt, denn ich habe lange darüber nachgedacht, ich verdrängte sie nicht und ging mit ihr genauso um wie mit den vielen Erfahrungen, den Tod betreffend, die in meinem bisherigen Leben noch dazukommen sollten.

Mittlerweile habe ich die Überzeugung gewonnen, daß gegenüber Sterbenden größtmögliche Klarheit und Schlichtheit der Formulierungen am passendsten sind, sofern sie den Eintritt des Todes nicht verbal vorwegnehmen, sondern vom Sterbenden selbst, seiner Einstellung und den Hilfen, die er dabei benötigt, sprechen, auch von den Menschen, die er hinterlassen wird. Auf jegliche Fragen, selbst wenn sie verschwommen gestellt werden, sollten präzise Antworten, unumwunden und in weichem Tonfall, gegeben werden. Allerdings, dies alles setzt längere Beschäftigung mit dem Tod voraus. Von nichts anderem handelt dieses Buch.

Eine andere meiner Beobachtungen im Krankenhaus ist die, daß oftmals *nicht einmal in der Sterbestunde* gestorben werden darf. Ich möchte Ihnen das am Beispiel eines Ehepaares verdeutlichen, das ich bei einem Stationsbesuch auf einer der Palliativstationen kennenlernte. Dort wurde mir übrigens stets großes Entgegenkommen und Verständnis für mein Motiv, meine Ideen und meine Arbeit entgegengebracht; man gab mir einen weißen Kittel, um die Patienten nicht durch einen »Zivilisten« zu beunruhigen, und ich durfte mich jederzeit auf den Stationen frei bewegen und auf die Weise auch helfen, so gut ich es eben vermochte und ich – oder man – es mir zutraute.

Das Ehepaar, von dem ich Ihnen erzählen möchte, war sechzig und knapp siebzig Jahre alt; sie, die Ältere, wohl »von Haus aus« sehr unruhig und extrovertiert veranlagt, er von bescheidenem und stillem Wesen, eine Liebe ausstrahlend, die schnell berührte, ganz ohne Worte. In dieser Ehe war es deutlich so, daß sie ihn sehr brauchte. Seit Jahren litt der Mann an Magenkrebs, er war mehrmals operiert und »therapiert«, schließlich (da vermutlich für weitere Experimente der Heilbehandlung nicht geeignet) »aufgegeben« worden, ehe man ihn auf die gerade eingerichtete Palliativstation überwies, wo man ihm die Schmerzen nahm. Nun hätte sich der Mann, der bis kurz vor seinem Tod bei klarem Bewußtsein war, eigentlich mit seiner Frau auf den Abschied vorbereiten können (oder müssen). Das Ehepaar war aber damit beschäftigt, über die Krankheit des Mannes in allen Einzelheiten zu sprechen, auch wenn klar war, daß es keine Heilung mehr gab und was es in seinem speziellen Fall zu bedeuten hatte, daß er nun auf der

Palliativstation lag. Als er kaum noch sprechen konnte, fragte sie
ihn immer wieder: »Sag, Werner, hörst du mich?!« Und wenn er
dann müde nickte und lächelte, fragte sie weiter: »Sag, wo sind
nur unsere schönen Jahre hin, Werner, unsere schöne Vergangenheit?« Manchmal sagte sie auch: »Aber eine gute Frau hast du
gehabt, nicht wahr?«

Der letzte Satz zeigte, auch wenn er (siehe oben) den Abschied
vorwegnahm, daß die Ehefrau sich darüber im klaren war, daß
ihr Mann sterben würde. Als der Tod unmittelbar bevorstand,
morgens um drei Uhr, alarmierte die Sitzwache die Nachtschwe-
ster und diese (neben dem zuständigen Arzt) auch die Frau, die
wenig später eintraf. Ich war in dieser Nacht zugegen, die entscheidenden Stunden des Lebensendes wurden mir allerdings später von einer Schwester geschildert. Die Ehefrau wollte nicht mit
ihrem Mann allein sein. Sie war aber nahe bei ihrem Mann und
sprach den schon Wegsinkenden immer wieder an: »Werner, hörst
du mich?!« Er reagierte nicht, und sie schüttelte ihn leicht. Schließlich öffnete er die Augen und starrte sie an, der Blick war fast
schon gebrochen. Er schloß die Augen wieder und wurde aber-
mals von ihr gerufen: »Hörst du mich?!«

Ich erspare Ihnen hier eine unnötig quälende Schilderung. Es
wiederholte sich noch einige Male so. Der zuständige Arzt griff
nicht ein. Jedesmal war es so, daß der Mann kurz vor dem Durch-
schreiten einer Pforte zurückgerissen wurde, und zwar *ohne* daß
ihm seine Frau noch irgend etwas Wesentliches gesagt hätte. Es
ging ihr nur darum, den Tod aufzuhalten, es ging ihr *um sich
selbst*, und natürlich hatte sie auch große Angst. Irgendwann, es
wurde schon hell draußen, verstarb der Mann.

Mit einiger Akzeptanz und liebevoller Vorbereitung hätte dieses Ende anders sein können. Dazu freilich gehört die Sprachfähig-
keit zwischen Menschen, um über den Weg, den wir alle gehen,
rechtzeitig zu sprechen und für uns selbst festzustellen, woran
wir diesbezüglich glauben. Die richtigen Worte zueinander,
besonders wenn wir uns nahestehen, dürfen kein Aufmuntern
und kein Festhalten sein, sie müssen lauten: »Komm, wir bereiten
uns vor«, und wir müssen sie ungeachtet unseres Alters und
unseres Gesundheitszustandes sagen können.

In diesem Kapitel war viel von Krankenhäusern die Rede, weil die meisten Sterbefälle im Krankenhaus eintreten. Natürlich aber kann alles hier Gesagte (mit Ausnahme der medizinisch-technischen Experimente, versteht sich) auch für das Sterben in Pflege- oder Altenheimen gelten. Die Institutionen aber sind nicht daran schuld, wie in ihnen gestorben wird: Denn immer sind es *wir*, wir Menschen, die wir nicht die rechte Einstellung zum Tod gefunden haben oder finden, wenn in einer Institution diesbezüglich etwas mangelhaft ist. Wir haben, aufgrund der Unorientiertheit unserer ganzen Gesellschaft, die Institutionen so geschaffen, daß sie uns nun wiederum den Zugang zur Wesentlichkeit in einer bestimmten Situation (beim Tod) erschweren. Es ist ein Kreislauf.

Unsere Freizeitparks oder Amüsierbetriebe sind nahezu alle glänzend organisiert. Und es gibt von ihrer Sorte in jeder Stadt deutlich mehr als soziale Einrichtungen. Es wird schwer sein, ein Krankenhaus oder ein Pflegeheim zu finden, das personell auch nur halb so gut besetzt ist und nur halb so engagiert betrieben wird, so gut funktioniert wie zum Beispiel das »Disneyland« bei Paris. Dabei ist das Leben an sich, so wie es uns gegeben wurde, das Leben ohne *fun* und Kommerz als Inhalt, viel interessanter als die organisierte Verdrängung. Auch der Tod gehört zu diesem interessanten Leben, dieser Reise, der Tod als Prüfung. Das aber begreifen wir nur unendlich langsam, solange wir noch hinter den falschen Werten herirren. Vorerst sind wir noch mit der Aufrechterhaltung eines fragwürdigen Systems beschäftigt, in dem für den Tod kein Platz ist. Über ihn nachzudenken, würde uns *generell* eines Besseren belehren. »Lehre uns bedenken, daß wir sterben müssen, auf daß wir klug werden.« (*Psalm* 90) Doch das wollen wir uns zunächst einfach nicht zumuten.

Sterben und Tod finden also in unseren Krankenhäusern und Alten- und Pflegeheimen keinen Platz, weil wir diesen ganzen Bereich gesellschaftlich organisiert verdrängen. Und weil etwas, das verdrängt wird, keine soziale Anerkennung finden *kann*, sind die Menschen, deren Arbeit es ist, mit dem *verdrängten Tod* umzugehen, in aller Regel als sozial untere Schicht angesehen, in den meisten Fällen unterbezahlt (Ärzte ausgenommen) und über-

dies systembedingt so ausgebildet und eingesetzt, daß sie sich gar
nicht richtig verhalten *dürfen*, wenn ein Mensch stirbt. Sie sind
Kinder unseres Systems; rein faktisch, intellektuell oder technisch
ausgebildete Menschen – und sie »funktionieren«. Ohnehin sind
sie in ihrer Gesamtheit viel zu wenige (in Ermangelung sozialer
Anerkennung ihres Tuns), um sich über die praktische Tätigkeit
hinaus, die sie zu verrichten haben, noch anderen Dingen oder
Belangen zuwenden zu können, selbst wenn sie das wollten. In
einem Krankenhaus – Sie haben das sicherlich schon am eigenen
Leibe erfahren – müssen Sie schon sehr viel Glück haben, um
eine in ihrem Wesen und ihrer natürlichen Begabung hilfreiche
Person anzutreffen, die Ihnen in der Begegnung mit schwerem
Leid die richtigen Worte sagt und vor allem die *Zeit dafür aufbringen kann*. Ein Verdienst der Ausbildung oder unseres Systems
ist das nicht, wenn Sie einen solchen Menschen treffen. Das Pflegepersonal, so wie es derzeit erzogen, ausgebildet und eingesetzt
wird, wäre von geistig-wesentlichen Aufgaben vollständig überfordert, und die Ärzte sind es entweder auch, oder sie haben meist
»beim besten Willen« keine Zeit. In den Krankenhäusern gibt es,
gemessen am Bedarf, zu wenige Ärzte, denn dort wird weit weniger Geld verdient als in der »freien Wirtschaft«, und außerdem
»spart« das Gesundheitssystem hier auf eine widersinnige Weise.
Geistig orientierte Ärzte sind überdies rar, sie existieren im System
kaum. So kommt es, daß sich die von Berufs wegen eigentlich
Zuständigen nur selten des nahenden Todes eines Menschen
annehmen können.

Unbeholfenheit, Überforderung und Mängel also allenthalben:
»Ach, Sie! Ihr Vater bekommt ein Einzelzimmer, damit Sie ganz
für sich sind …« So ein Zuruf seitens des Krankenhauspersonals
kündigt nicht selten an, daß der Tod eines Angehörigen bevorsteht. Die bewußte und auch mit Worten klar formulierte Einrichtung (und Akzeptanz) eines Sterbezimmers gibt es in der Regel
nicht; Platzmangel herrscht sowieso. Und gerade mit der Begründung der räumlichen Beengung wird der Tod innerhalb eines
Stationssystems nicht nur in Extremfällen ausgelagert, so wie die
Krankenhäuser gegenwärtig strukturiert sind. Es kann ohne weiteres geschehen (ich sah einen solchen Fall), daß ein Mensch mit

seinem Bett auf den Gang hinausgeschoben wird, um dort zu sterben, weil ein Mitpatient im Zimmer Besuch hat.

Mitunter wird auch seitens der Ärzte oder des Pflegepersonals den Angehörigen eines Sterbenden geraten, eine (nur dem Betroffenen selbst noch nicht mitgeteilte) Todeserwartung zu verschweigen: »Er würde sonst ganz zusammenbrechen.« Wüßten nicht Sterbende ohnehin, ob sie nun darüber reden oder nicht, daß ihnen das Lebensende bevorsteht, wäre diese »gutgemeinte Schonung« ein signifikanter Skandal!

Natürlich ist die Belegschaft eines Krankenhauses beziehungsweise Alten- oder Pflegeheimes auch Opfer der in unserer Gesellschaft überbordenden Bürokratie. Es gibt eine ganze Reihe system- oder selbstgefälliger und sinnloser Verordnungen, die die Menschlichkeit im Klinik- oder Heimalltag erschweren. Es herrscht das Überreglement einer falschen Organisation. Und es gibt eine unheilvolle Hierarchie in Krankenhäusern, die manch einem dort Arbeitenden, der bei seinem Tun ein schlechtes Gewissen hat und es besser zu gestalten wüßte, aus Angst (»um den Job«) oder falschem Respekt (vor dem Chefarzt) eine mutige Erneuerung des Klinikalltags (und des Umgangs mit Sterbenden) unmöglich macht. Das Erschreckendste aber von allem hier Berichteten ist, *daß wir das alles bereits irgendwo und irgendwann gehört haben.* Seit Jahren schon und immer wieder. Und peinlicherweise gerade deshalb muten uns die geschilderten Mißstände fast normal und fast banal an; eine abgedroschene Liste von Fehlentwicklungen. Mit diesem »Ja, ja, so ist das« oder »So ist das eben« tragen wir täglich unsere unorientierte Haltung und unseren Mangel an Elan zur Veränderung in die Krankenhäuser und Heime, wann immer wir sie betreten. Wir tragen unsere Gleichgültigkeit hin zu den Sterbenden.

Und wie ist das bei Haussterbefällen? Würde unser Herr Müller als »austherapiert« zum Sterben nach Hause entlassen, weil das Krankenhaus überbelegt ist oder auch, weil er es wünscht und ihm ein Sterben in häuslicher Umgebung ermöglicht werden soll, dann stünden die Dinge nur leidlich besser. Abgesehen von einigen wenigen ambulanten Betreuungsdiensten, deren Inanspruchnahme die Überwindung vieler Schwierigkeiten voraussetzt (Be-

zahlung, Abrechnung über Kassen oder Vergünstigung durch Kirchen; Pflegekräftemangel auch hier; zusätzliche Ausbildung und
Absicherung der Hauspflegenden bei Verabreichung hochdosier-
ter Schmerzmittel oder anderer Medikamente, die vom Patienten
nicht selbst eingenommen werden können oder unter das Betäu-
bungsmittelgesetz fallen), muß hier auf häusliche Pflege zurückgegriffen werden. Jemand also muß sich »opfern« – und das Opfer
ist groß. Ein Mutterschutzjahr (oder deren mehrere) gibt es in
unserer Gesellschaft, die adäquate offizielle Anerkennung einer
häuslichen Pflege kaum, von einer intensiven Begleitung der Ster-
bebetreuungszeit durch die öffentliche Hand ganz zu schweigen.
Es gibt nur einige aus privater Initiative entstandene oder anteilig
kirchlich getragene Hospizvereine oder -arbeitsgemeinschaften,
die Beratung, Selbsthilfegruppen und auch praktische Hilfe anbieten und von öffentlichen Geldern bezuschußt werden.

Im großen und ganzen aber kann man sagen: Sich zu Hause
voll einem Sterbenden zu widmen, ist als Tätigkeit gesellschaftlich
nicht existent. Auch hier gilt: Was verdrängt wird, kann nicht
sozial anerkannt werden. Wer hinter den Mauern unserer privaten
Fassaden stirbt, wer wen pflegt und wieviel ihn das immateriell
(und über weite Strecken auch materiell) kostet, ist ein großes
Tabu, fast mit Scham behaftet. Und diese Scham (oder »Gesell-
schaftsunfähigkeit« nach außen) kommt lediglich *hinzu*, zu einer
wahrhaft aufreibenden Tätigkeit, mitunter rund um die Uhr und
ohne Feiertag, versteht sich. Wer einen Pflegefall, Schwerkranken
oder Sterbenden zu Hause versorgt, kommt kaum mehr zu etwas
anderem. Nicht selten stirbt bei dieser Aufopferung ein Teil des
Pflegenden mit. Denn in der Regel lösen sich die betreuenden
Privatpersonen an einem Sterbebett nicht ab – die Sorge obliegt
einem einzelnen. Auch dies ist eine Folge der Vereinsamung in
unserer Luxusgesellschaft.

Kein Wunder also, daß sich der aufopfernde Pfleger, zusätzlich
zu seinen enormen körperlichen Anstrengungen, nicht auch noch
um die seelischen Belange, die Geistigkeit des Sterbenden kümmern kann. Manchmal sogar entsteht durch die Überforderung
des häuslichen Betreuers eine regelrechte Haßbeziehung zum
Kranken. Die Folge ist klar: Der Sterbende verschweigt seine

Angst, seinen Wunsch nach Gespräch, der Pflegende seine Frustration und mitunter auch seine Abscheu. Beide brauchen Hilfe durch eine praktikable Lösung für ihr Problem (ein deutlich zu kleines Wort: für ihren Kummer und Schmerz wäre besser), und sie brauchen zusammen mit dieser Lösung ihrer praktischen Sorgen eine Hilfe bei ihrer geistigen Orientierung oder eine Bestärkung ihrer geistigen Kräfte – günstigstenfalls wäre ihnen letzteres durch den jeweils anderen, also gegenseitig möglich.

An dieser Möglichkeit mangelt es jedoch in der gegenwärtigen Realität, denn die rein praktische Situation wird als zu bedrückend empfunden, um auch noch einen geistigen Austausch pflegen zu können und zu wollen. Im Klartext: Eine bis zum Umfallen müde, erschöpfte pflegende Tochter wird sich nicht mehr mit der Angst, den Fragen und den verschlüsselten Hinweisen ihrer schwerkranken oder sterbenden Mutter auseinandersetzen können. Das ist einerseits in den geschilderten Mißständen begründet (vor allem, wenn die Tochter zudem einen Haushalt mit Kindern zu versorgen hat oder vielleicht auch stundenweise einer Berufstätigkeit nachgeht), andererseits aber auch in unseren Ansprüchen an eine Pflege rein äußerlicher Art. Wir meinen – in Ermangelung der Realisierung eines geistigen Begleitens –, ein Zuviel an körperlicher Pflege gewährleisten zu müssen. Wir legen auch hier mitunter einen äußeren Lebensstandard als unbedingt erforderlich zugrunde, der in anderen Kulturen vollkommen undenkbar wäre. Wir verstecken unseren Mangel an geistiger Begleitung hinter übertriebener körperlicher Aufmerksamkeit. Wir warten wie hinter einer Glasscheibe ab – Berührungsängste gegenüber dem Tod verspürend –, was der *Körper* des Sterbenden machen wird.

Die eigentlichen Boten des Todes, eine veränderte Wahrnehmungswelt (Todesphantasien, Engelerscheinungen, Reden des Sterbenden mit bereits Verstorbenen) bewerten wir demzufolge als Ergebnis des körperlichen Verfalls: »Das Hirn will halt nicht mehr so«, oder: »Das muß an den Medikamenten liegen«, oder: »Ich hör' da gar nicht mehr hin.« Die Ankündigungen des Todes, das Geheimnis dieser Offenbarug als Hinweis für unser eigenes Leben, alle metamorphischen Lebensäußerungen mithin, werden nicht wahrgenommen – oder für Unfug gehalten. Dabei sind *sie* das bedeutsamere Geschehen an einem Sterbebett. Auf sie können wir jedoch nicht hören, wenn wir zum Zeitpunkt ihres Erscheinens damit beschäftigt sind, ein neues, ultramodernes Hebebett zu bestellen oder den Schwerstkranken zweimal am Tag zu waschen. Die *geistige* Ebene des Todes muß uns wieder – trotz vieler praktischer Probleme – bewußt werden. Denn nur sie ist die Realität des Todes. Auf sie müssen wir größten Wert legen, und von ihr sollten wir lernen. Nach *ihr* muß sich vieles richten, nicht umgekehrt. Aber trotzdem – oder deswegen: Vieles müßte sich auch ganz konkret gesellschaftlich ändern, damit der zu Hause Pflegende entlastet wird.

An dieser Stelle ist eine nähere Ausführung zur Hospizbewegung, die keine ist, am Platz. Vorab dazu: Alles, was sich im Umfeld des Hospizgedankens in den letzten Jahren entwickelt und hervorgetan hat, ist deutlich zu trennen (und distanziert sich auch entschieden) von der DGHS, der »Deutschen Gesellschaft für humanes Sterben«, deren führende Mitglieder hin und wieder mit Zyankalikapseln im Gepäck durch die Lande reisen, um einigen gut zahlenden Auserwählten »Erlösung« zu gewähren. Der Hospizgedanke – der ursprünglich in England entstanden ist – hat andere Ziele. Ein »Hospiz« (von lateinisch *hospitium* = Gastfreundschaft, Herberge) war ursprünglich eine christliche Beherbergung für durchreisende Pilger, die für die Weiterreise versorgt und erbaut werden sollten. Heute meinen wir damit: Sterbenden eine Stätte der Rast und Ruhe auf ihrem Weg zu bieten, innerlich und äußerlich.

Der Hospizgedanke verfolgt die Absicht, Menschen das Sterben zu erleichtern (nicht: zu ermöglichen!), körperlich und seelisch, indem eine bewußte Begleitung und Betreuung bis zum Tod angestrebt wird. Er ist bei uns in den achtziger Jahren zunächst – weil von einigen Menschen der fatale Zusammenhang von »Tod und Verdrängung in unserer Gesellschaft« erkannt worden und ein Entschluß zur Veränderung gefaßt worden ist – von Privatpersonen, die oftmals selbst Betroffene waren, ausgegangen. Die Kirchen haben (in Deutschland; in England, von wo die Hospizbewegung kommt, ist es anders) »nachgezogen«; sie schreiben sich jetzt allerdings den Hospizgedanken, so wie er heute verstanden wird, in Großbuchstaben auf ihre Fahnen. Inzwischen (das Ganze ist »Neuland« und stark im Aufbau begriffen) sind seit Beginn der neunziger Jahre viele versprengte Gruppen, Interessen- und Arbeitsgemeinschaften, Gesellschaften, Vereinigungen, Träger-vereine und dergleichen mehr zur praktischen Umsetzung des Hospizgedankens entstanden, gebildet von einigen ethisch hoch-stehenden, beruflich qualifizierten und geistig orientierten Men-schen sowie einem breiten »Mittelfeld« – aber auch einigen eher fragwürdigen Personen. Es wäre deshalb falsch, von *einer* Hospiz-bewegung zu sprechen; vielmehr handelt es sich um viele einzelne Bewegungen, die in sich und untereinander vielfach uneins sind – es herrschen Konkurrenzkampf und Kungelei, es geht um »Ehre«, um Prestige, und es geht um Sponsoring und manchen nicht übel bezahlten Posten. Eine neu zu erschließende Geldquelle bietet der Hospizgedanke auch als Unternehmensgrundlage ...

Aus dieser Uneinheitlichkeit der Sterbebegleitenden entstand um 1990 bei uns die Idee, Sterbehospizhäuser einzurichten, wie sie inzwischen in rascher Folge in fast jeder Stadt mit unglückse-liger Schnelligkeit aus dem Boden schießen. Ich halte nicht viel von diesen neu geschaffenen Institutionen. Aus ganz einfachen Gründen: Hospizhäuser können weder die medizinische (und in einigen Fällen allein wegen der Schmerzbekämpfung ja tatsächlich auch angebrachte) Betreuung gewährleisten, noch sind sie die private Umgebung des Sterbenden, in der er sich geborgen fühlen kann. Hospizhäuser sind Ghettogebilde (vielenorts wehren sich Nachbarn gegen ihre Errichtung), in denen die gesetzliche Andro-hung von Strafe im Fall der unterlassenen Hilfeleistung genauso gilt wie in allen anderen Gebäuden auch. Bekommt ein Patient (für dieses Wort gibt es die sonderbarsten Ersatzausdrücke in Hospizhäusern, zum Beispiel »sterbender Gast«, »Durchreisen-der«) im Hospiz kurz vor seinem Tod etwa einen Erstickungs-anfall, kann es geschehen, daß er doch noch in ein Krankenhaus eingeliefert wird, in »letzter Minute«. Es ist dann durchaus denk-bar, daß er, der »durchreisende Gast« aus dem Hospizhaus, sein Leben im Krankenwagen beschließt oder daß im Krankenhaus kein Platz ist, beziehungsweise nur in »irgendeinem« Zimmer, auf dem Gang, in einer Abstellkammer. Die Aufnahme in ein

Hospizhaus garantiert nur dann einen dortigen Tod, wenn man
mit Sicherheit sagen kann, daß beim Patienten keine schweren
Komplikationen (mehr) auftreten werden. Und bei wem (und von
wem) ist so etwas schon präzise zu prognostizieren?

Hospizhäuser also – mittlerweile fast immer mit öffentlichen
Geldern in stattlicher Höhe bezuschußt – beseitigen aus meiner
Sicht unsere Sorge um und für die Sterbenden nur vordergründig
und unvollkommen. Auch scheint mir in der Tatsache, daß der
Hospizgedanke ein freies Tätigkeitsfeld für gegenwärtig noch
beinahe jeden bietet, eine große Gefahr zu liegen. Nach langer,
systembedingt das Thema Tod verdrängender Untätigkeit nehmen
die Hospizhäuser, die enorme Geldbeträge pro »Durchreisenden«
verschlingen, nun in panisch-modischer Rasanz zu – die eilfertige
Entscheidung einer (auch durch den Wirtschaftseinbruch) plötzlich schuldbewußten Gesellschaft, die nicht intensiv über das
Thema nachdenken, aber per Politiker-, Aufsichsrats- oder Kir-
chenratsbeschluß »etwas tun« und auch für die steigende Zahl
der Aids- und Krebssterbenden gerüstet sein will.

Weitaus richtigere Lösungen wären die Revision und Erweiterung unserer Krankenhäuser und Alten(pflege)heime um eine
angeschlossene Hospizstation oder die Einführung einer Sterbe-
betreuungszeit für Angehörige oder Freunde und die Ermögli-
chung und Verstärkung ambulanter Hilfen für Menschen, die zu
Hause sterben. Und vor allem liegt die Lösung in der bewußteren
Haltung eines jeden einzelnen von uns im Alltag, den Sterbenden
und dem Tod gegenüber. Wir brauchen eine Einstellung, die den
Tod wieder in unser Leben integriert – und diesbezüglich auch
eine *andere Erziehung unserer Kinder*.

Zum Abschluß dieses Kapitels noch einige grundsätzliche Fragen und Gedanken, zur Anregung Ihrer weiteren und persönlichen Arbeit mit dem Thema:

o Akzeptieren Sie die bestehenden Zustände und Regelungen in
   Krankenhäusern und Alten(pflege)heimen? Tun Sie das, wenn
   Sie es tun, weil es Ihnen das Nachdenken abnimmt und damit
   die Auseinandersetzung mit einem unliebsamen Thema? Oder
   haben Sie schon damit begonnen, die Mißstände – so gut Sie
   es vermögen – zu beseitigen? Wenn ja, wodurch?

o Ist es sinnvoll, mit anderen Menschen über den Tod zu sprechen? Wollen Sie das in Zukunft können und mit Sterbenden tun?

o Ist es sinnvoll, sich klarzumachen, *wirklich* klarzumachen, daß wir *jederzeit* sterben können – und nicht nur erst nach längerer Bettlägerigkeit, schwerer Krankheit, im hohen Alter oder nach einem schweren Unfall?

o Ist es sinnvoll, einen Sterbenden (den Menschen, bevor das Sterben beginnt) darauf anzusprechen, wie er sich den Abschied und den Tag seiner Beerdigung (die Tage der Entkörperung) wünscht? Wenn nein, warum nicht?

o Würden Sie es für richtig empfinden, das Gespräch mit jungen und gesunden Menschen (Menschen, die weder krank noch alt sind) auf diesen Themenkomplex zu lenken?

o Ist es richtig, diesen Abschied, wie immer er gewünscht wird, geistig und praktisch vorzubereiten? Wann sollte das günstigstenfalls geschehen? Wenn Sie das ablehnen – was genau ist Ihnen daran so unangenehm?

o Möchten Sie es schriftlich haben, was Sie nach Eintritt seines Todes tun können, um die Wünsche eines Verstorbenen zu erfüllen? Und wollen Sie haben, daß Ihnen Ihre derartigen Wünsche erfüllt werden? Wie lauten diese? Kann man Abschied üben? Warum nicht?

o Gibt es irgend etwas in Ihrem Leben, das Ihnen *nicht* zeigt, daß alles vergänglich ist?

o Ist Ihnen bekannt, woran die Ihnen liebsten Menschen, auch wenn sie gegenwärtig »mitten im Leben stehen« und an den Tod »noch gar nicht zu denken ist«, glauben?

o Kümmert Sie die geistige Realität Ihrer Freunde oder Angehörigen? Haben Sie Angst davor, über all das zu sprechen oder nach etwas Bestimmtem zu fragen? Wie interpretieren Sie Ihre Angst? Was fürchten Sie zu fragen? Schreiben Sie es auf. Warum das? Schreiben Sie es auf.

o Angenommen, unsere Gesellschaft wäre mit geistigen Werten so engagiert und expansiv umgegangen wie mit Materiellem: Wie wäre *dann* unser Umgang mit dem Tod? Behelfsfrage: Welcher Begriff ist dem anderen übergeordnet, Freizeit oder Sterblichkeit?

Denken Sie über diese Fragen in Ruhe nach. Machen Sie sich gegebenenfalls immer wieder Notizen.

Ich habe mit Absicht in diesem Kapitel vorrangig von Sterbefällen gesprochen, die schon längere Zeit vorher abzusehen sind, und damit versucht, Ihnen zu verdeutlichen, daß unsere Gesellschaft schon diesen Begegnungen mit dem Tode kaum gewachsen ist. Sie wissen – und ich spreche es an dieser Stelle sehr deutlich aus –, daß Sie und ich, wir alle, *jederzeit* sterben können. Es sind in aller Regel nicht wir, die darüber entscheiden. Alle in diesem Buch angesprochenen Gedanken und Zusammenhänge dienen natürlich auch der rechtzeitigen Vorbereitung auf den Tod. Ist es schon mehr als angebracht, daß wir uns intensiv mit dem Sterben auseinandersetzen, wenn uns ein Zeichen (zum Beispiel eine Krankheit) und damit eine Frist gegeben ist – um wieviel notwendiger ist es dann *überhaupt*, von dieser Stunde an, denn vielleicht wird uns *keine* Frist gewährt!

Wahrscheinlicher als ein jäher Tod ist allerdings, rein statistisch, der vorher abzusehende. Die Mehrzahl von uns fällt nicht »einfach tot um«, fährt nicht »gegen einen Baum« und ist nicht »pötzlich weg« – obwohl ich weiß und im Zeitraum meiner Vorarbeiten und Beobachtungen zu diesem Buch oft genug gehört habe, daß es sich die meisten wünschen: kein Wunder, so wie Sterbende gegenwärtig gesehen und behandelt werden!

Lassen Sie es mich noch einmal zusammenfassen: Der sterbende Mensch in unserer Freizeitgesellschaft ist ein verstummtes und verstörtes Wesen – und alle um ihn herum verhalten sich ähnlich. Die Realität des Todes macht ein jeder von uns mit sich selber ab, und meist auch nur dann, wenn sie gar nicht mehr zu verdrängen ist, und auch das nur so lange, bis sie wieder zu verdrängen ist. Wir sind einsam mit unserer Angst und einsam mit unserer Verdrängung, die diese Angst niemals beseitigen wird.

Versuchen wir, diese Einsamkeit, die uns alle eint, zu überwinden, um zueinander zu gelangen! Nehmen wir einander an – mit unserem *ganzen* Leben! Und nehmen wir den Sterbenden so, zumindest ein Stück weit, ihre Einsamkeit und ihren Schmerz. Und dem Tod seinen Schrecken. Durch Klarheit und Vorbereitung kann uns das gelingen.

Die Hinübergehenden begleiten

Gegen Ende des vorigen Kapitels habe ich Ihnen einige Fragen gestellt. Ich werde diese Fragen hier nun nicht einfach der Reihe nach beantworten und »abhaken«. Es handelt sich bei diesem Buch schließlich nicht um eine Checkliste mit schnellen Ratschlägen.

Die eigene und individuelle Beantwortung der gestellten Fragen muß Ihnen persönlich ganz allein überlassen bleiben.

Haben Sie sich mit den Fragen näher beschäftigt und sich dafür Zeit genommen, um sie aus Ihrer Sicht zu beantworten, so ist das um so günstiger für Sie selbst, als Sie die Chance zur Eigenerarbeitung einer persönlichen Haltung dem Tod gegenüber, die ich Ihnen in diesem Buch immer wieder – auch durch Fragestellungen – anbiete, bereits intensiv zu nutzen begonnen haben.

Nur Ihre persönliche Haltung zum Tod ist es, was Sie in der Konfrontation mit ihm auf Dauer sicher und ruhig werden lassen kann. Bitte machen Sie sich das klar – alles andere wäre Betrug und Selbstbetrug. Ich kann für Sie (und mit Ihnen) das *Thema* in seiner Komplexität erarbeiten, ich kann (und will!) Ihnen eine feste Hilfestellung bei ihrer persönlichen Eigenerarbeitung einer Haltung sein, ich kann Ihnen Informationen bieten, Beobachtungen, Vorschläge und meine Sicht der Dinge. Ich bin aber nicht Sie – und deshalb setzen Sie sich bitte immer in ein eigenes Verhältnis zu diesem Text.

Natürlich, wenn Sie einfach fühlen, daß Sie meine Sicht der Dinge teilen können und meine Vorschläge übernehmen möchten, so ist auch das ein gangbarer Weg; sehr wahrscheinlich hatten Sie ja bisher nicht die Möglichkeit, sich wie ich jahrelang bewußt und intensiv (und bei der Erstellung dieses Buches zuletzt über ein Jahr ausschließlich) mit dem Tod, seinen gegenwärtigen Umständen und deren mögliche Verbesserungen auf allen Ebenen zu

beschäftigen. Ich möchte aber, daß – wenn Sie sich meiner Sichtweise, meinen Empfehlungen oder Vorschlägen anschließen – Sie
es bewußt tun und auf diese Weise auch wieder zu einer eigenen
Haltung finden. Nur so ist dieses Buch ein wirklicher Gewinn
für Sie.

Meine Schlußfolgerung aus dem bisher Beobachteten lautet: Da
uns alles im Leben auf die Vergänglichkeit unseres irdischen
Daseins hinweist, ist es notwendig und eine der vornehmsten
Aufgaben von uns Menschen, daß wir uns suchend und konstruktiv mit dem Sterben und dem Tod beschäftigen, daß wir uns
vorbereiten darauf wie auf eine jede andere (weitaus kleinere)
Reise auch, die wir gewiß antreten werden. Das heißt vor allem,
so wie wir heute leben: Wir müssen eine Bereitschaft zur grundsätzlichen Akzeptanz des Todes in unserem Alltag einrichten –
und zwar auf eine ruhige und *geistige* Weise –, und wir müssen
einen Weg finden, uns mit dem Leiden und Sterben um uns herum
in Liebe zu solidarisieren. Daraus folgt auch, daß wir uns mit
den Verbesserungen der Umstände des Sterbens als kulturelle und
gesellschaftliche Notwendigkeit auseinandersetzen. Jeder in seiner
Art anders.

Schauen wir uns zunächst einmal genauer an, was uns in Gestalt
all der selbstgeschaffenen, weltlichen Sachzwänge, was uns hinter
unserem oft so wackligen Lebensgerüst den Tod so sehr meiden
läßt: Es ist die große Angst vor dem Nichts. Die Angst vor dem
Unsichtbaren. Vor dem Unbegreiflichen.

Wir sind Kinder einer Welt, in der alles »sichtbar« sein muß.
Sogar die Liebe wollen wir messen, regeln, herzeigen und kaufen
können. Alles muß austauschbar sein und sichtbar. Wir leben in
einer bestialisch brutalen, aber fein gesponnenen Diktatur der Materialität, der wir uns freiwillig und unter mancherlei Vorwänden
unterwerfen. Unsere Seelen sind auf Bildschirmen plattgedrückt,
wir handhaben die Fernbedienung unseres Untergangs und wollen
nur an eines glauben: daß wir alles fest in der Hand haben. Was
wir jedoch *nicht* montieren, verwalten und bestimmen können,
das verursacht uns panische Angst. Das Ende unserer Macht ist
täglich so beschämend deutlich – wir aber, hochzivilisierte Narren,
leugnen es beharrlich. Wir sehen nicht über unsere Schuhschachtel,

in der wir es uns eingerichtet haben, hinaus – ähnlich der Ameise, die uns nicht wahrnimmt. Kein bißchen weiser.

Es ist also der Mangel an einer über den Dingen stehenden Überzeugung, der systembedingte Mangel an geistiger Erfahrung, der Mangel an einer persönlichen Religion oder der mühsamen eigenen Suche danach, was uns so panisch, so gelähmt dem Tod gegenüber macht. Lösen wir diese Panik nicht auf, treibt sie uns nur um so tiefer in unser verdrängendes System, das ohnehin in der Form, wie es betrieben wird, nicht weiter funktionieren kann.

In »*Ästhetik des Alltags*« habe ich eine längere Abhandlung über diesen Themenkomplex vorgelegt, die hier nicht wiederholt werden soll. Es ist aber ein einfacher Sachverhalt: Je mehr Sie sich im Leben um Ihre individuelle Beantwortung der Frage nach einem *übergeordneten* Sinn bemühen, um so leichter wird für Sie die Akzeptanz des Todes sein, der ein übergeordnetes (göttliches) Prinzip ist. Und nur deshalb bringe ich an dieser Stelle ausdrücklich den Begriff Religion ein, die Frage nach einem persönlichen Glaubensbekenntnis, das kaum etwas mit der Satzung unserer Kirchen, Sekten oder Vereine gemein hat.

Ich möchte in diesem Zusammenhang deutlich sagen, daß ich persönlich vom Sinn all unserer Wege vertrauensvoll überzeugt bin (was uns Menschen nicht der täglichen Verpflichtung zur Arbeit an unserem Werden enthebt) und daraus folgend davon, daß jeder Tod der Beginn eines neuen, weiteren Lebens ist. Der Weg zu unserer Vervollkommnung führt uns durch Licht und Schatten, durch Tode und Geburten. Ich erkläre das hier nur für mich persönlich, damit Sie mich besser einschätzen können.

Ich glaube allerdings nicht, daß eine solch sichere Haltung in Glaubensfragen unabdingbar ist, um mit unseren Sterbenden und Toten würdig und bewußt umzugehen. Im Gegenteil, ich kenne viele Menschen, die erst durch den lediglich nicht mehr verdrängenden Umgang mit Sterbenden oder Toten eine bestimmte Glaubenshaltung fanden. Der Tod aber birgt immer Gott (oder wie wir die Urkraft auch nennen mögen) in sich. Keiner von uns kann daran vorbeisehen. Wir leugnen den Tod, seitdem wir Gott leugnen. Unser Leugnen hat nichts an Gott – und nichts am Tod – geändert.

Der Weg zu einer Beantwortung unserer Sinnfrage und zur
Akzeptanz unserer Sterblichkeit ist so verschieden, wie wir alle
sind. Wir müssen ihn aber alle, auf die eine oder andere Art,
gehen. Die Beschäftigung mit Glaubensdingen vor allem birgt
den Schlüssel der Weisheit, den wir alle im Grunde genommen
suchen. Mit der Suche im Herzen (und dem Zweifel im Kopf)
sind wir geboren worden. Dies allein beweist schon, *daß wir
finden können* – und es zeigt den Weg auf, um den es eigentlich
geht. Und nur dieser Weg ist es, der uns zur vollkommenen
Akzeptanz des Todes führen kann.

Lösen wir uns jetzt von der eher philosophischen Deutung
unserer Verdrängung, der Analyse ihrer Grundstrukturen, und
gehen wir den Bereich der Angst vor dem Tod direkt an, eine
Lösung suchend, ganz pragmatisch. Was macht man am besten
mit einer Angst, die einen bedrückt? Die Antwort ist einfach:
Man geht auf sie zu. Nichts, sagt der Volksmund, ist so schlimm
wie die Angst davor. Ein wahrer Satz! Er bedeutet für uns, für
unser Thema: Der beste Weg, mit dem Tod umgehen zu lernen,
ist, ihn zunächst einfach wahrhaben zu wollen. Der Tod ist. Niemand, auch der plötzlich Verunglückte nicht, stirbt im Grunde
genommen überraschend. Der Tod ist uns allen sicher, durch sein
Tor werden wir alle gehen. Der Tod ist eine absolute Realität,
also kommt er auch auf Sie zu, und wenn Sie ihm schon mit
jedem Lebenstag ein Stück entgegengehen, so ist es am besten,
Sie tun es nicht mit verschlossenen Augen.

Sie sollten zunächst einmal alle Zusammenhänge dieser Realität
in sich bewegen.

Und dann: Wir Menschen sollten miteinander über Sterben und
Tod reden wollen. Es kann nur eine übergeordnete Liebe dabei
herauskommen! Wir sprachgewaltigen Zivilisationskünstler müssen es regelrecht neu erlernen, über den Tod zu sprechen. Wir
haben in unserer »Young, fit and fun«-Gesellschaft keine stimmi-
gen Worte (mehr) für das Umfeld des Sterbens; wir haben keine
wahren, nichts beschönigenden und respektvollen Worte dafür.
Jeder für sich und dann gemeinsam mit anderen müssen wir uns
buchstäblich einen neuen Begriff machen vom Tod. Wir müssen
lernen, diesen Begriff auszusprechen, und zwar in keiner reiße-

rischen oder heldenhaft-soldatischen, sondern in einer Art und Weise, die die Fragilität des Lebens – und die Demut vor dem Höheren – mit einbezieht. Wir müssen wieder lernen, wie Sterbliche zu sprechen. Und wir müssen lernen, die richtigen Fragen zu stellen, uns selbst, einander und miteinander: die Fragen nach dem Tod. Nur wenn wir miteinander ein Gespräch über den Tod in Gang bringen, wird der Austausch über diese zentrale Wahrheit unseres Seins befördert und der Berg der Verdrängung abgetragen.

Je länger wir dieses Gespräch versäumen, um so schwieriger wird es. Je mehr wir uns vor der Eröffnung dieses Gesprächs Klarheit über unsere eigenen Gefühle dem Tod gegenüber verschafft haben, desto leichter wird das Gespräch für uns sein.

In den letzten Jahrzehnten wurde es gang und gäbe – was früher als gänzlich unüblich galt und verdrängend gemieden wurde –, miteinander öffentlich über alle unsere zwischenmenschlichen Beziehungen, alle unsere intimsten Belange zu sprechen, und wir haben in diesem Punkt einiges an Überwindung von Scham dazugelernt. Wir sprechen heute über zu vieles, worüber früher niemals geredet worden wäre. Fügen wir dieser wahrlich nur teilweise unseren Seelen hilfreichen Offenheit, mit der wir heute über unsere partnerschaftlichen, beruflichen, sexuellen oder kriminellen Bedürfnisse zu sprechen gewohnt sind, doch einen Bereich hinzu, der elementarer ist: den Bereich unserer Empfindungen und Vorstellungen den Tod betreffend. Das hätte Sinn. Denn wir müssen, um unsere Aufgabe hier auf Erden besser bewältigen zu können, diesbezüglich viel mehr voneinander wissen.

Es würde sich um eine Art Abrüstung der systematisierten Verdrängung des Eigentlichen handeln, die uns neue Freiheiten gäbe für ein glücklicheres, weil sinngreifenderes Leben. Und genau wie bei der Abrüstung braucht es einen (oder deren viele!), der *anfängt*, damit sich die anderen herauswagen mit ihrer Sehnsucht nach wirklichem Frieden. Wir sollten also lernen, das Tabu, das derzeit noch über dem Thema Tod als zwischenmenschliches Gespräch liegt, als weitaus größere Blockade unserer Selbstfindung zu entlarven, als es das Tabu der Sexualität oder der Gleichberechtigung jemals gewesen ist.

Beschäftigen wir uns mit unseren Überlegungen zum Thema, und tauschen wir sie mit nahestehenden Menschen aus! Ich weiß aus meiner Erfahrung, daß das zwischen Privatpersonen nur äußerst selten geschieht. Für Ihre eigenen Überlegungen den Tod betreffend habe ich dieses ganze Buch als Hilfe geschrieben. Für Ihren Austausch mit anderen möchte ich Ihnen nachstehend einige Gedankenhilfen anbieten.

Machen Sie sich klar, daß das Thema Sterben und Tod im Gespräch viel Zeit benötigt und nicht »en passant« abgehandelt werden kann, so wie wir das gerne tun, zum Beispiel anläßlich einer dann rasch wieder verdrängten Todesmeldung. Auch über Liebe oder ein anderes wichtiges Thema Ihres Lebens sprechen Sie nicht zwischen Tür und Angel, wenn Sie es ernst meinen. Tun Sie es also beim Thema Tod bitte erst recht nicht!

Der richtige Weg, um das Thema mit einem anderen wirklich angehen zu können, ist zuerst einmal die vorbereitende Direktheit. Kündigen Sie das Thema unumwunden an – und lassen Sie dann dem anderen die Zeit dazu, sich darauf einzustellen: »In den letzten Monaten mache ich mir immer wieder Gedanken über den letzten Weg, den wir alle gehen werden, und warum wir eigentlich über alles sprechen, nur über den Tod nicht. Ich habe keinen konkreten Anlaß dazu, aber wenn du wissen willst, was ich darüber denke, dann laß uns doch bitte einmal in Ruhe darüber reden. Ich möchte deine Gedanken dazu gerne kennenlernen.«

Das ist eine Formulierung, die den anderen nicht erschreckt, ihm Raum läßt und die gleichzeitig Nähe und Vertrauen signalisiert – aber auch eine gewisse Genauigkeit einfordert, die jede Beliebigkeit ausschließt. So werden Sie, wenn ein anderer wirklich Interesse an Ihrer Person hat, bestimmt nicht hören müssen: »Über so ein scheußliches Thema willst du reden?«, oder: »Laß uns doch lieber etwas Heiteres machen«, oder ähnlichen Unsinn, der oftmals nur die blanke Notwehr nach dem Überfall ist. Wenn Sie ein wirkliches Bedürfnis zu reden ausstrahlen und dem anderen Zeit bis zu einem Gespräch einräumen, so wird Ihnen ein solches nicht abgeschlagen werden.

Selbstverständlich ist es kaum möglich, das Thema Tod als

»Tagesordnungspunkt« festzusetzen. Aber es ist doch sinnvoll, ähnlich wie sich ein Paar verabredet, um über die Beschaffenheit der neuen, gemeinsamen Wohnungseinrichtung zu sprechen, sich mit Freunden oder Partnern auch die gemeinsame geistige Wohnung planvoll, bewußt und konzentriert einzurichten – und sie nicht der Willkür oder dem überraschenden Zufall zu überlassen.

Stellen Sie also, nach sorgsamer Vorbereitung, die »Gretchenfrage« nach dem Tod – Sie sehen im Gespräch, das dann folgt, überraschend schnell und tief, wen Sie im anderen eigentlich vor sich haben. Natürlich ist das Ziel eines solchen Gespräches der geistige Austausch und das Wissen umeinander. Meinungskongruenz – wenn sie sich ergibt, ist sie freilich ein wunderschönes Erlebnis, die feste Tragsäule einer Verbindung – *erzielen* zu wollen, ist wenig sinnvoll. Machen sie sich im Vorfeld Ihres Gespräches klar, daß Sie mit Ihrer Auffassung möglicherweise allein bleiben werden. Das aber ist kein Nachteil, wenn der Austausch mit dem anderen ein ehrlicher ist. Jeder von uns ist in seiner Art anders; dies zu akzeptieren, ist bereichernd, wenn wir zueinander Brücken aus der übergeordneten Liebe zu erbauen in der Lage sind, aus der wir alle geschaffen wurden und aus der auch der Tod entstand. Auch mit unterschiedlichsten Auffassungen werden wir uns dann nicht einsam fühlen.

Nehmen Sie sich also Zeit und geistigen Freiraum für ein Gespräch über Ihre und des anderen Gefühle, über Ihre Ängste vor dem Sterben und Ihre Fragen zum Tod und über das, was Sie sich vielleicht diesbezüglich an Sicherheit schon erobert haben. Sie sorgen so automatisch für eine gute und ruhige, konzentrierte Atmosphäre, in der Sie und der andere sich wohl fühlen und öffnen können. Wichtig ist, daß Sie dieses Gespräch mit einem anderen in einer Phase führen, in der Sie ihm gut sind und in der Sie beide unter keiner Extrembelastung stehen: also nicht als Kittversuch im verkrachten Urlaub plötzlich davon anfangen, auch nicht anläßlich von Erbschaftsstreitigkeiten; die Formulierung einer Trauerrede eignet sich ebenfalls nicht zum Anlaß für ein solches Gespräch, genausowenig wie die Diskussion um den Wortlaut einer Traueranzeige, die in so manchem Haushalt ungeahnte Fragen aufwirft ... Es geht, wenn Sie mit einem Nahestehenden über das Thema Tod reden, nämlich viel mehr um Ihrer beider gemeinsames Leben und Ihr elementares Interesse aneinander.

Sind zum Beispiel Ihrem Partner (was häufig der Fall ist, so ungläubig ich es auch immer wieder registriere) Ihre tiefen diesbezüglichen Gedanken und Ihre persönlichen Wünsche unbekannt, so wird er aller Wahrscheinlichkeit nach auch nicht in Ihrem Sinne handeln oder einfach nur so, wie es unsere gesellschaftliche, rein materiell ausgerichtete, mithin seelenlos-praktische Norm vorschreibt, wenn Sie verunglücken, erkranken oder auch anderweitig mit der Endlichkeit des Lebens in nähere Berührung kommen (zum Beispiel: ein von Ihnen geliebter Mensch stirbt). Wollen Sie vermeiden, daß Sie selbst dereinst geistig unbegleitet in den Tod experimentiert oder mit allen Äußerlichkeiten innerlich vereinsamt zu Tode gepflegt werden (und sofort anschließend *entsorgt* werden), dann sollten Sie im Vorfeld mit den Menschen Ihrer Umgebung nicht nur eins, sondern viele Gespräche über den Tod führen und auch die entsprechenden Verfügungen schriftlich (und mündlich zu Lebzeiten erörtert) hinterlassen.

Und umgekehrt: Sie müssen unbedingt wissen, was der Ihnen nahestehende Mensch an Gedanken zum Tod in sich trägt, was er eigentlich glaubt: was *dieser Mensch* glaubt, nicht, was in den Verlautbarungen der Kirche steht, der er eventuell angehört. Sie müssen wissen, was Sie konkret und geistig machen sollen, wenn er stirbt oder gestorben (verunglückt) ist. Wir sollten das von unseren Partnern, unseren Freunden, im Grunde genommen von allen Menschen wissen, mit denen wir in Verbindung stehen: um vorbereitet zu sein, aber auch, weil wir dann eingedenk einer wesentlichen Kenntnis voneinander bewußter miteinander *leben* können. Es wird im Alltag zwischen uns Menschen eine andere Wärme frei, nachdem wir miteinander über den Tod gesprochen haben.

Sie haben es bestimmt schon einmal erlebt, nachdem Sie in irgendeiner Form mit dem Tod konfrontiert wurden: Da ist ein anderes Lebensgefühl in uns, wenn uns die letzten Dinge wirklich bewußt sind. Durch das Gespräch, das wir immer wieder über den Tod – ob mit uns selbst oder mit anderen – führen, können wir dieses Minutengefühl, das wir bisher immer wieder rasch zu

verdrängen gewohnt waren, zu einem Lebensgefühl machen. Die
Kälte in Beziehungen besteht mitunter aus nicht viel anderem als
der Ausklammerung der eigentlichen Lebensthemen. Wir Menschen wollen uns ganz angenommen fühlen – und tun uns doch
so schwer damit, das Ganze im anderen anzunehmen, damit er
sich von innen heraus wohl fühlen kann.

Vertrauen wir uns also einander an, auch und gerade über die
letzten Dinge hier auf Erden. Und falls wir zu keinen eigenen
Ergebnissen gelangen, suchen wir sie gemeinsam. »*Este es la vida*«,
schrieben früher die Spanier unter ihre naive Malerei, die den Tod
bunt und vielgestaltig darstellte: Dies ist das Leben. Die Endlichkeit täglich mit einzubeziehen, nicht panisch, sondern geklärt, ist
das Leben.

Der Austausch unserer Einstellungen zum Tod ist eine große
Lebenshilfe. Und er kann auch eine Brücke werden zwischen
einem Verstorbenen und einem noch Lebenden.

Ich selbst habe, dies nur als Beispiel, mit einigen Menschen,
die bereits verstorben sind, eine sehr enge und sich geistig weiter-
entwickelnde Beziehung, in der ich mich gesehen (hier auf Erden
»beobachtet«) fühle und etwas über den Jetztzustand der Verstorbenen erfahre. Es sind alles Menschen, mit denen ich zu ihren
Lebzeiten die unumstößliche gegenseitige Bereitschaft vereinbart
hatte, daß derjenige, der zuerst hinübergeht, dem Hiergebliebenen
Zeichen schickt. Zu wissen, daß ein Gestorbener sich in jedem
Fall, sofern er es irgendwie kann, bei Ihnen hier auf Erden melden
wird (oder umgekehrt: Ihre Freunde oder Verwandten wissen zu
lassen, daß Sie sich auf jeden Fall um ein Zeichen bemühen werden), ist kein okkultistischer Hokuspokus, sondern es bedeutet,
daß Sie *beide*, im Diesseits und im Jenseits (ich benutze der Einfachheit halber diese strapazierten Begriffe) wissen und bereit
dazu sind, daß die Verbindung aufrechterhalten werden soll. Sie
sind bereit, diesbezügliche Erfahrungen zu machen, und können
mit Hilfe dieser Erfahrungen mehr über den Zustand nach dem
Leben erfahren, einfach durch Aufmerksamkeit und die Gewißheit der gegenseitigen Vereinbarung. Erhalten Sie ein Zeichen des
Verstorbenen, das Sie weder hysterisch provoziert haben (etwa
durch esoterische Praktiken) noch mit Ihrer eigenen Psyche len-

ken wollten (»Wenn ich das oder jenes tue, dann meldet sich
bestimmt mein toter Vater und sagt folgendes ...«), ein Zeichen
also, das von außen kommt, ohne daß Sie es zum exakten Zeitpunkt seines Erscheinens erwartet haben, so dürfen Sie annehmen, daß der Tote auf einer geistigen Ebene weiterexistiert, und
zwar *nicht nur in Ihnen*. Ich spiele damit auf die Äußerung an,
die ich schon so oft gehört habe: »Ich glaube, daß die Toten nur
in den Hinterbliebenen weiterleben, in der Erinnerung vielleicht,
oder so.«

Kommt kein Zeichen des Verstorbenen, dann wissen Sie, daß
die Mauer, hinter der der Tote oder seine Seele sich befindet, entweder für ihn undurchdringlich ist oder – wenn Sie an »gar nichts«
nach dem Tod glauben mögen – daß er wirklich »tot« (im Sinne
von *ausgelöscht*) ist und es mithin in Ihren Augen als bewiesen
gelten kann, daß es nach dem Tod kein geistiges Weiterleben gibt.
In beiden Fällen war die Verabredung der Zeichen zu Lebzeiten
nicht sinnlos. Ich möchte Sie mit dieser Argumentation dazu anregen, sich um die Möglichkeit einer selbstverständlichen spirituellen (nicht: spiritistischen!) Erfahrung zu kümmern, nicht mehr.

Ich persönlich habe noch nie erlebt, daß die Zeichen der Verstorbenen ausblieben. Es sind Träume, die man sich nicht erklären
kann, Worte, Informationen und Ratschläge in diesen Träumen,
es ist das plötzliche Gefühl, von der Liebe der Toten umgeben
zu sein, am hellichten Tag; es sind Warnungen, die ich unvermutet
vernehmen kann; es sind Begegnungen mit Menschen, oft sehr
segensreiche, die mir offensichtlich ein bestimmter Toter geschickt
hat, was ich daran spüre, daß mir der Mensch, der mir begegnet,
in unverwechselbarer Weise hilft oder mit mir spricht, die sehr
viel mit der Wesensart des betreffenden Toten zu tun hat. Es sind
auch, was nichts mit dem Provozieren eines Kontaktes zu tun
hat, Antworten, die mir gegeben werden auf meine Fragen an die
Toten. Hierbei ist zu bemerken, daß zwischen Frage und Antwort
manchmal Tage vergehen. Ich habe auch schon die Art, mich
anzusehen, wie meine verstorbene Mutter sie hatte, in den Augen
einer völlig fremden Frau erblickt.

Ich möchte Ihnen damit nur sagen, daß es eine lebensverän-
dernde Erfahrung sein kann, die Zeichen einer höheren Wahrheit

als unserer weltlichen Realität sehen zu lernen, sie aktiv zu erwarten, ohne einzugreifen – auch, weil sie uns die Angst vor dem Tod nehmen kann. Ich habe keine Furcht davor, später einmal dorthin zu kommen, wo ich die mir Zugehörigen weiß und wo es dann eine Wiederbegegnung auf gleicher Ebene geben kann.

Bitte setzen Sie sich jetzt selbst in ein Verhältnis zu dem, was ich Ihnen hier gesagt habe. Es muß nicht für Sie gelten. Ich glaube nicht, daß ich verrückt, versponnen oder überspannt bin. Meine persönlichen Erfahrungen sind das Ergebnis einer ganz unspektakulären, weil für mich in meinem Alltag selbstverständlichen Aufmerksamkeit in eine bestimmte Richtung, die lediglich der Zeit, in der wir leben, in gewisser Weise entgegengesetzt ist. Sie basiert nicht auf spirituellen Fähigkeiten oder zweifelhaften okkulten Praktiken. Und ich glaube, Erfahrungen, wie sie mir zuteil wurden, wären – ohne Tischerücken und anderen Humbug – auch Ihnen zugänglich, wenn Sie Ihre Aufmerksamkeit in diese Richtung lenkten. Die Zeichen sind da, wir müssen sie nur sehen. Sie bedeuten uns ein geistiges Weiterleben nach dem Tod. Und ich wünsche mir nur, daß Sie denken: Von vornherein und ohne gegenteilige Erfahrungen davon auszugehen, daß sie *nicht* eintreffen werden, ist Ignoranz. Wir fürchten uns ja auch deshalb vor dem Tod und verdrängen ihn, weil wir uns seinem Erfahrungsbereich durch unsere falsche Lebensweise gänzlich verweigern.

Es ist also in jedem Fall richtig, mit den Menschen um uns herum über die Zeichen, die nach dem Tod gegeben oder erfahren werden könnten, zu sprechen. Seien Sie aufgeschlossen dabei, und behalten Sie Ihre Sinne und Ihren aufmerksamen Verstand bei sich, auch Ihre Skepsis. Aber schulen Sie auch Ihre Wachheit – dort, wo sie verkümmert ist.

Die Zeitspanne bis zu einem ersten Zeichen eines Verstorbenen ist äußerst unterschiedlich. Sie kann für unser Gefühl extrem lange dauern. In der Regel leben wir heute so, daß wir die Zeichen zwei Jahre nach dem Tod eines Menschen schon gar nicht mehr wahrnehmen. Wir »rechnen gar nicht mehr« damit, weil wir die Tatsache seines Todes längst schon »überlebt«, »verarbeitet«, verdrängt haben. Unser kleines Sein hier auf dieser Seite des Lebens erwartet viel zu schnell »Ergebnisse« aus einer Dimension, in der

unsere Zeitrechnung gar nicht gelten kann. Es ist fatal: In der
ersten Zeit nach dem Verlust eines lieben Menschen sind wir »zu
aufgelöst«, zu blind, zu verzweifelt, um ihn hören zu können;
wenn wir den Schmerz überwunden haben, wenden wir uns wieder anderen Dingen zu, »finden ins Leben zurück« – und sind
so wiederum für seine Zeichen unempfänglich, weil längst schon
wieder mit anderem beschäftigt.

Erkennen Sie den Austausch über das Thema Tod auf geistiger
Ebene als eine Bereicherung und Erweiterung Ihres Bewußtseins
an und suchen Sie ihn! Tauschen Sie sich rechtzeitig und so interessiert über den Tod aus, wie es eine definitive Gemeinsamkeit, die
uns alle verbindet, verdient.

Wird Ihnen das tiefergehende Gespräch verweigert, so bleiben
Sie Angebot, was das Thema anlangt, und hören Sie genau zu, *was*
der andere im Augenblick seiner beginnenden Ablehnung sagt.
Fragen Sie nach, um sich ein Bild vom Grund seiner Blockade zu
machen, und versuchen Sie, ihm bei der Überwindung zu helfen.

Wird zum Beispiel das Gespräch jäh abgebrochen: »Ich hab'
jetzt keine Zeit mehr, mir ist eingefallen, ich muß zum Training«,
so verschwenden Sie keine einzige Minute damit, die Ausrede zu
rügen. Seien Sie präziser, weil nur das das Bewußtsein des anderen
schult, worum es eigentlich geht. Fragen Sie: »Wofür trainierst
du? Was willst du in Wahrheit mit der Stärke, die du dir antrai-
nierst, bezwecken? Ist das klug, gemessen am Gegenstand unseres
Gespräches, macht es dich unsterblich? Wovor läufst du *eigentlich*
weg?« Argumentieren Sie dann helfend: »Komm, laß uns etwas
für uns wirklich Wichtiges machen, etwas, das in uns dauerhaft
bleibt.«

Versuchen Sie Ihr Möglichstes, um der Wesentlichkeit im Leben
einen Weg zu bahnen. Ziehen Sie sich aber ohne Groll zurück,
wenn der andere sich verschließt oder verweigert. Es kann viele
Gründe geben, die sich im Lauf der Zeit erklären – oder erübrigen.
Wenn Sie aber nach einigen Versuchen erkennen müssen, daß der
andere Sie auf Dauer nicht in seine Gedankenwelt zum Thema
Tod einlassen will (mag sein, weil er trotz Ihrer Hinweise auf
Vergessen und Verdrängen setzt) oder an der Ihren einfach nicht
interessiert ist, dann läge eine gleiche Konsequenz nahe, als hätte

er sich der Liebe oder Freundschaft so wie sie wirklich zu verstehen sind, Ihnen gegenüber verweigert. Denn letztendlich ist es ein und dasselbe, nehmen wir es ernst: die Liebe zu suchen, Gott, den Schlüssel zum Leben – dem Tod begegnen zu können, Liebe zu geben, eine Hoffnung zu haben ... Denn in alledem beschäftigen wir uns mit dem Immateriellen. Wir trennen die Bereiche strikt, aber es ist alles eins. Nur meinen wir Menschen in unserer begrenzten Sicht oftmals, von der Liebe »eben etwas zu haben«, von der Lehre des Todes »eben nichts«. Das ist so eine Frage unserer Zeit: »Was hab' ich davon?«

Einen besseren Beweis des (aus der Beschränktheit geborenen) Egoismus eines Menschen können Sie genaugenommen nicht erhalten, als wenn er, der Sie »liebt«, auch nach mehreren Versuchen mit Ihnen nicht über den Tod reden will. Es kommt übrigens häufig vor; die konfuse Hilflosigkeit mancher hinterbliebenen Ehepartner unmittelbar nach dem Verlust des Partners beweist es. Als Beispiel ein Zitat aus meiner Arbeit beim Bestattungsunternehmen, die ich zur Recherche für dieses Buch vorübergehend ausgeübt habe: »Ja, ich hab' mir da wohl manches Mal so meine Gedanken gemacht, aber er, er war ja so stur, er hat ja nie darüber reden wollen. Ja, wie soll ich denn jetzt die Beerdigung machen? Ich hab' doch keine Ahnung, wie er sich das alles gedacht hat! Und ein Pfarrer, ja ... Also, ich weiß nicht, was er geglaubt hat, aber über die Kirche hat er immer nur geschimpft. Doch, wir sind noch drin.«

Falls ein Mensch sich Ihnen in der Thematik des Todes nachhaltig verweigert, sollten Sie das ganze Verhältnis überdenken, vor allem wenn es eine enge Beziehung ist.

Werden umgekehrt Sie auf das Thema Tod angesprochen, so geschieht das ja meistens mehr oder weniger beiläufig, weil »man gerade etwas liest« oder jemand, den man kennt, gestorben ist. Es mag aber auch sein, ein anderer trägt sich mit ähnlichen Gedanken wie Sie jetzt. Seien Sie wach, wo und wie auch immer Ihnen das Thema entgegengebracht wird. Vertiefen Sie das Gespräch sofort, da Sie ja der Angesprochene sind und niemanden damit »überfallen«. Wo eine Vertiefung nicht möglich ist, bieten Sie eine Verabredung dafür an. Falls Sie in Ihrer eigenen Entwicklung

noch nicht soweit sind, um mit einem anderen ausführlich zu
reden, sagen Sie etwas wie: »Darüber möchte ich noch nicht
sprechen, ich bin noch zu sehr mit meinen eigenen Gedanken
beschäftigt. Ich weiß aber, daß es eines unserer wichtigsten Themen ist.«

Mit diesen Vorschlägen möchte ich Sie dazu anregen, sich, wo
auch immer Ihnen das Thema unseres Buches begegnet, seiner
würdig zu erweisen und sich von unserer oberflächlichen Gesellschaft abzuheben, die jede geistige Orientierung verloren hat und
gar nicht mehr recht weiß, worüber sie eigentlich redet – Hauptsache, man redet daher und macht sich wichtig.

Aufmerksam und in Ruhe sollten Sie nicht nur die geistigen
Belange, Ihre persönlichen Empfindungen, Fragen, Ahnungen
und Erfahrungen, sondern auch die ganz konkreten Dinge und
Erfordernisse im Zusammenhang mit dem Tod für sich selbst klären und mit den Ihnen Nahestehenden besprechen. Wie möchten
Sie Ihre Beerdigung, den Abschied Ihres Lebens hier auf Erden
gestaltet wissen? Wünschen Sie eine Feuer- oder eine Erdbestattung? Warum? Wo sollte das Grab sein, wie aussehen? Wollen Sie,
wenn Sie eine Verbrennung wünschen, die Asche in einem Urnengrab verwahrt oder anonym bestattet im Meer versenkt wissen?
Und was, denken Sie, sollte unmittelbar nach Eintritt Ihres Todes
mit Ihrem Leichnam geschehen, bevor er bestattet werden kann?
Wie wünschen Sie die Gestaltung des Leichenbegängnisses und
der Trauerfeier? Hilfsfragen: Was sollte mit Ihnen auf keinen Fall
unmittelbar nach Eintritt Ihres Todes geschehen? Was möchten
Sie auf jeden Fall bei Ihrer Trauerfeier verhindert wissen?

Glauben Sie, daß die Menschen Ihrer persönlichen Umgebung
für Sie eine Totenfeier ausrichten werden, die Ihrem Leben und
Wirken auf Erden und Ihrer Einstellung gerecht wird? Wenn ja,
so empfiehlt sich ein Gespräch, auch weil Ihre Nahestehenden in
der konkreten Situation dann ruhiger sein werden und getrösteter;
wenn nein, so ist ein Gespräch unabdingbar. Denn selbst wenn
Sie alle Ihre Wünsche und Verfügungen für den Zeitpunkt nach
Eintritt Ihres Todes niederschreiben und in einem verschlossenen
Umschlag aufbewahren (was schon mal nicht viele Menschen
tun), so wird dennoch nach Ihrem Ableben, wenn die Menschen

Ihrer Umgebung unvorbereitet sind, Verwirrung, Streiterei und Chaos entstehen und daraus folgend eine Eile, in der es nicht gewährleistet ist, daß Ihre Wünsche überhaupt Beachtung finden. Machen Sie sich bitte klar: Die Verfügungen für Ihre Bestattung und Trauerfeier, Ihre Wünsche, wie mit Ihnen umgegangen werden soll, wenn Sie gestorben sind und bevor Sie bestattet werden, all das *ist nicht Ihr Testament*. Über Testamente möchte ich hier keine Ausführungen machen, denn die postmortale Regelung der materiellen Güter ist in unserer Gesellschaft weitaus nicht so verdrängt wie alle anderen Bereiche des Todes. In der Regel weiß heute jeder geschäftsfähige Mensch, wie ein Testament zu erstellen ist, und wenn nicht, so ist die Hemmschwelle, einen Rechtsberater zu fragen, sehr niedrig. Besitzverfügungen sind *kein* Tabu.

Ihr Testament wird erst *nach* Ihrer Bestattung geöffnet; wenn Sie es bei dem für Sie zuständigen Bezirksnotariat hinterlegt haben, oft sogar erst Wochen oder Monate danach. Wie mit Ihrer sterblichen Hülle umgegangen werden soll und wie Sie bestattet werden wollen, das muß jedoch *sofort* nach Eintritt des Todes geklärt sein. Sie sollten die betreffenden Dinge also separat regeln, die entsprechenden Verfügungen treffen und sie mit anderen besprechen, respektive sie auch von anderen Menschen kennen, deren Tod Sie aller Voraussicht nach stark berühren wird.

Haben Sie niemanden, mit dem Sie über diese Angelegenheiten sprechen wollen, so besteht die Möglichkeit, daß Sie sich mit Ihren Fragen, Wünschen und Verfügungen an ein seriöses Bestattungsinstitut wenden, um mit den Menschen dort genaue Regelungen zu durchdenken und festzuhalten. Ob ein Bestatter seriös ist, erkennen Sie schon daran, wie er auf ein solches Ansinnen reagiert. Fragen Sie gleich vorab, ehe Sie einen Termin vereinbaren, wie es sich mit den Kosten für eine solche Beratung verhält. Will Ihnen der gute Mann zuerst einmal »eine fixe Bearbeitungsgebühr und dann noch eine Anzahlung von dreißig bis vierzig Prozent der zu erwartenden Bestattungskosten« abknöpfen, dann sind Sie an eines der schwarzen Schafe geraten, die laut Berufsstatistik rund zwanzig Prozent (und nach meiner persönlichen Einschätzung fünfzig Prozent) des Bestattergewerbes ausmachen. Sprechen Sie in diesem Fall ohne große Auseinandersetzungen ein

anderes Institut an. Sofern sein Unternehmen für diesen Service
nicht zu klein ist, führt ein integrer Bestattungsunternehmer ein
vorbereitendes Gespräch mit Ihnen gerne und sorgsam.

Vergessen Sie bei diesem Gespräch nicht, auch auf die geistige
Haltung des Bestatters zu achten, die sich hinter den sachlichen
Fragen, die geklärt werden müssen, gerade im Sujet seiner Arbeit
nur sehr schwer verbergen läßt und die von großer Wichtigkeit
für Sie ist: Sie wollen schließlich nicht »verräumt« werden!

Eine Rechnung wird Ihnen der seriöse Bestatter erst dann prä-
sentieren, wenn Sie sich wirklich dafür entschieden haben, durch
sein Institut die Angelegenheiten der Verwahrung und Betreuung
Ihrer Leiche, des Leichentransportes und des Einsargens sowie
der Bestattung besorgen zu lassen. Nur in diesem Fall ist eine
Bearbeitungsgebühr angemessen. Eine Vorauszahlung auf die Be-
erdigungskosten, in meinen Augen sittenwidrig, ist rein rechtlich
nur dann gerechtfertigt, wenn Sie damit einverstanden sind. Falls
Sie niemanden mit den Kosten für Ihre Bestattung belasten wollen,
können Sie auch den gesamten vorausberechneten Betrag bezahlen. Der Bestatter ist verpflichtet, ihn zinsbringend anzulegen;
Ihre Sterbeversicherung, sollten Sie eine haben, wird selbstverständlich berücksichtigt, der zu erwartende Betrag mit einer
schriftlichen Erklärung vorab an den Bestatter abgetreten.

Wechseln Sie den Wohnort und ist Ihr neuer Wohnsitz zu weit
von dem beauftragten Bestatter entfernt (Überführungen sind
allerdings von überall her möglich; hierbei sind jedoch hohe
zusätzliche Kosten zu bedenken) und möchten Sie nun einen
anderen Bestatter beauftragen, aber auch dann, wenn Sie andere
persönliche Gründe haben, die bestehende Vereinbarung aufzu-
lösen, so existiert Ihrerseits Rechtsanspruch auf Rückvergütung
der bereits einbezahlten Beträge. Dies alles nur, falls Sie einsam
leben und keinen Menschen in Ihrem Bekanntenkreis auf die
Dinge ansprechen mögen oder können, die nach Ihrem Tod praktisch zu bedenken und zu tun sind. Geregelt aber sollte schon
alles sein, mit vertrauenswürdigen Personen besprochen und zur
Sicherheit auch noch schriftlich an einem sicheren Ort, der anderen bekannt ist, hinterlegt.

Es scheint mir deshalb so wichtig, in den Fragen des Umgangs mit Toten, in Bestattungsfragen und Fragen der Trauerfeier *vor* dem eingetretenen Sterbefall – ob es der eigene ist oder der eines anderen – zu einer bestimmten Auffassung und Regelung zu gelangen, weil der derzeitige Umgang mit Leichen in unserer Gesellschaft ein Skandal ist und die üblichen Veranstaltungen zur Verabschiedung eines Menschen von dieser Erde genormt und innerlich ausgehöhlt sind und eher widerwillig vorgenommen werden, oftmals in einem rasenden Tempo, weil »eine halbe Stunde später der nächste dran ist« – ein Problem, das sich besonders in Großstädten stellt.

Gehören Sie einer Kirche an, so erkundigen Sie sich doch einmal mit einer *nicht* durch einen eingetretenen Todesfall beeinträchtigten Wahrnehmung nach dem vorgegebenen Ablauf der Tauerfeierlichkeiten und der Bestattung, wie er zum Beispiel in Ihrem Fall üblicherweise zu erwarten wäre. Ich bin übrigens überzeugt, daß sehr viele Menschen trotz enormer innerer Widerstände nur deshalb in den Kirchen bleiben, weil ihnen dort die Form einer Bestattung vorgeschrieben wird, was sie als erleichternd empfinden. Gehören Sie keiner Kirche an, so greifen immer noch die Vorgaben behördlicherseits. Sie zu erfahren, bringt für Sie nicht mehr Arbeit als ein paar Telefonate mit dem für Sie zuständigen Friedhofsamt; auch geben manche Verbraucherzentralen Broschüren zum Thema »Was tun, wenn ein Mensch stirbt« heraus.

Sie werden *erschrecken*, wie entseelt die Dinge betrachtet und gehandhabt werden. Bedenken Sie dabei immer: Es ist *Ihr* Leben, das so beschlossen werden soll! Die behördlichen Vorgaben für Bestattungen sind im übrigen von Bundesland zu Bundesland, mitunter sogar von Stadt zu Stadt auf bürokratische Weise (nicht grundlegend inhaltlich) unterschiedlich. Ich kann und will Ihnen den heilsamen Schock nicht ersparen, sich selbst vorab kundig zu machen. Nutzen Sie diesen Schock, um Ihre Verfügungen zu treffen, die von der Norm abweichen, falls Sie mit diesem oder jenem nicht einverstanden sind. Sie werden meistens nicht einverstanden sein können, vermute ich.

Sie müssen dazu wissen, daß die Norm der Regelung von Bestattungsfragen sich einfach »irgendwie« eingeschliffen hat, weil sich keiner so recht um diesen Bereich kümmern mag und weil über die Notwendigkeit der Veränderung dieses Zustandes nur ein schwindendes Bewußtsein herrscht. Die Entseeltheit der Auslegung unserer Bestattungsverordnungen ist ein Kind der Gleichgültigkeit und Verdrängung. Es wäre möglich, im Rahmen der gesetzlichen (und kirchlichen) Verordnungen würdiger und innerlicher mit unseren Toten umzugehen. Es braucht dazu nur ein bestimmtes Bewußtsein. Und da liegt der Mangel.

Generell gilt: Der Wunsch eines Verstorbenen oder seiner Angehörigen, wenn diese für ihn entscheiden, ist erfüllbar, sofern er klar formuliert ist und eine Kenntnis der in unseren Breitengraden realistischen Möglichkeiten beinhaltet. Unsere Gesetze sind nicht so schlecht wie unsere Gewohnheiten, und sie sind, was das Bestattungswesen anlangt, bei näherem Hinsehen ganz offensichtlich auch viel nachgiebiger als unsere Gewohnheit, so zynisch das klingen mag. Es ist vieles *anders* möglich, wenn ein klarer Wille sich Bahn bricht. Wo das nicht der Fall ist, wird eben *irgendwie* mit der Leiche umgegangen und *irgendwie* bestattet. Das ist meistens der Fall.

Ich komme auf diesen ganzen Komplex in den nächsten Kapiteln immer wieder zurück und auch darauf, daß es zu den bestehenden, teilweise sehr ignoranten und grausamen Gepflogenheiten unserer Gesellschaft im Umgang mit Toten auch innerhalb des gesetzlichen Rahmens gute und der menschlichen Seele gemäße Alternativen gibt. Wir müssen uns nur darum kümmern.

Sollten Sie sich jetzt durch die Vielfalt des in den letzten Absätzen Angesprochenen irritiert fühlen und fürchten, gerade deshalb zu keiner klaren Haltung in den erörternden Fragen kommen zu können, so vertrauen Sie bitte darauf, daß Sie am Ende dieses Buches, sofern Sie nicht vorher »aussteigen«, eine individuelle und genaue Vorstellung davon haben werden, was Sie in Bestattungsfragen und im Umgang mit Toten (auch mit sich selbst, wenn Sie gestorben sein werden) wünschen und praktizieren werden und was nicht. Sie müssen das jetzt noch nicht präzise klären. Es wird sich aus den nachfolgenden Kapiteln ergeben.

Vorerst behalten Sie bitte diesen Rat im Gedächtnis: Bereiten Sie sich im Gespräch mit anderen oder für sich allein geistig auf den Tod vor; auf den eigenen Tod und den Tod der anderen. Und denken Sie dabei auch an die konkret zu klärenden Fragen. Besinnung, Respekt vor der Schöpfung und Ruhe, auch Informiertheit sind dabei ein gutes Handwerkszeug. Ihre Vorbereitung hilft Ihnen, einmal selbst vertrauensvoll an der Schwelle des Todes zu stehen, und sie gibt Ihnen Kraft, zuvor die Hinübergehenden in Ihrer Umgebung bewußt zu begleiten.

»Die Hinübergehenden begleiten« heißt dieses Kapitel, und so möchte ich nun wieder konkret auf den sterbenden Menschen in unserem persönlichen Umfeld zurückkommen. Widmen wir uns zuerst unseren Möglichkeiten, ihn in seinen letzten Wochen, Tagen und Stunden besser zu begleiten, als es bisher landläufig geschieht, wenn er im Krankenhaus liegt. Nehmen wir es im folgenden einfach als gegeben hin, *daß* er im Krankenhaus stirbt. Es wäre natürlich besser, er könnte zu Hause sterben; ich komme noch ausführlicher darauf zurück, was bei Haussterbefällen zur Erleichterung der Situation bedacht und getan werden sollte.

Ein schwerkranker, alter oder verunglückter Mensch liegt also im Krankenhaus; Sie stehen ihm nahe, und Sie ahnen oder wissen, Sie nehmen es wahr, daß er nicht mehr lange leben wird. Zuerst einmal, da die menschliche Vertrautheit und Zuwendung Nahestehender für einen Menschen in der letzten Phase seines Lebens erwiesenermaßen neben seiner eigenen Haltung zum Tod das Allerwichtigste ist, sollten Sie sich fragen: Was konkret, wieviel Zeit, welchen geistigen und praktischen Einsatz können Sie sich abverlangen, um diesen Hinübergehenden zu begleiten? Wäre es auch wahr, wenn Sie sich sagten, daß Sie ihm »auch nicht mehr viel helfen« könnten? Oder bedeutete eine aktive Begleitung Ihrerseits lediglich, daß Sie für einige Zeit auf liebgewonnene Lebensgewohnheiten ganz oder teilweise verzichten müßten? Es ist (auch nach Aussage von Menschen, die ehrenamtlich oder professionell als Sitzwachen arbeiten) übrigens keineswegs so, daß einen der nahe und ständige Umgang mit einem Sterbenden »maßlos viel Kräfte kostet«. Meist ist das nur dann der Fall, wenn sich der Begleitende selber fürchtet und keine Einstellung zu seiner eigenen Sterblichkeit gefunden hat.

Nach allem, was Sie bisher anhand dieses Buches durchdacht haben, werden Sie mich verstehen, wenn ich sage: Es liegt eigentlich nahe, daß der Tod, den wir aus der Nähe schauen dürfen, eine große Bereicherung für uns ist, weil sich uns durch sein Angesicht ein Stück weit das Geheimnis unseres Seins eröffnet, das Geheimnis des Universums. Es kommt immer auf die übergeordnete Weisheit an, mit der Sie sich nähern. Und diese Weisheit ist kein esoterisches Know-how, sie ist jedem von uns zugänglich und jedem von uns angeboren – wie das Wachsen und das Altern auch. Sie muß nur wiederentdeckt werden, ausgegraben aus dem Schutt unserer Zivilisation.

Dann, als zweites, sollten Sie Freunde oder Angehörige auf die Begleitung des Hinübergehenden im Krankenhaus ansprechen, sie dazu aufmuntern und sich gemeinsam organisieren. Falls sich niemand findet oder durch privates Engagement sich insgesamt nur eine mangelhafte persönliche Begleitung gewährleisten läßt, sollten Sie sich beim betreffenden Krankenhaus erkundigen, was dort zur Begleitung Sterbender angeboten (mit welchen Hospizdiensten kooperiert) wird. Gibt es einen Gesprächspartner, den der Sterbende ernst nehmen wird und der sich inneren Zugang zum Sterbenden verschaffen kann? Wer ist das, und welche Erfahrungen, welche Ausstrahlung hat dieser Mensch? Welche geistige Haltung? Ist dieser Mensch abrufbar, wenn er gebraucht wird? Gibt es zur Begleitung des Schlafes des Sterbenden nächtliche Sitzwachen? Werden diese sich aufmerksam und ruhig, aber gesprächsbereit verhalten – oder handelt es sich (zum Beispiel) um eine gutsituierte Dame, die beim Stricken gerne eine Abendunterhaltung hat? (Kein Zynismus! Diese Frage spielt auf meine schon erwähnte Erfahrung an, daß Ehrenamtliche gerade in der Sterbebegleitung gelegentlich der Situation nicht angemessene Motive haben.)

Beachten Sie bei der Frage nach der menschlichen Gegenwart und Zuwendung am Bett eines Sterbenden bitte immer die Wünsche dieses Menschen, sofern er sie noch äußern kann. Wenn nicht, versuchen Sie in seinem Sinne zu entscheiden. Es ist selten, aber es gibt Sterbende, die gerade in ihrer allerletzten Lebensphase immer einmal wieder sehr gerne einige Stunden für sich allein sind oder die nur bestimmte Menschen sehen oder bei sich haben möchten, auf deren Hinzuziehung niemand so schnell gekommen wäre.

Nun zu dem Krankenhaus selbst: Wie erfolgt die Schmerzbekämpfung, wie sind die Schmerzstillungsmöglichkeiten in diesem
Haus? Können sie im speziellen Fall des Sterbenden als gewährleistet bezeichnet werden? Gibt es einen Schmerzspezialisten unter
den Ärzten, der in akuten Situationen zu Rate gezogen werden
(und helfen) kann? Suchen Sie, auch wenn es noch nicht nötig
scheint, ein Gespräch mit diesem Arzt, falls Schmerzanfälle zu
erwarten sind, günstigstenfalls natürlich gemeinsam mit dem Sterbenden. Sie können solch ein Gespräch aber auch guten Gewissens
ohne ihn führen, wenn Sie fühlen, daß es ihn nur zusätzlich
ängstigen würde. Informieren Sie sich, um in der akuten Situation
Bescheid zu wissen, und behalten Sie die Ergebnisse vorerst für
sich. Steht der sterbende Mensch bereits unter starken Schmerzmitteln, so lassen Sie sich gemeinsam mit ihm genau erläutern,
um welche Medikamente es sich handelt und welche Nebenwirkungen sie haben. Fragen Sie den verabreichenden Arzt auch nach
den Erfahrungen, die er mit den Medikamenten in vergleichbarer
Dosis hat. Sie stellen indirekt damit die Frage nach der Qualifikation des Arztes bei seiner speziellen Art der Schmerzbekämpfung
und die Frage nach seiner Entscheidungsgrundlage – ob er etwa
am Sterbenden ein Mittel ausprobiert. Es ist selbstverständlich
nicht illegitim, sollte aber Ihnen bekannt sein und genauestens
erörtert werden.

Besteht in dem Krankenhaus die Möglichkeit eines »Rooming-
in«? Dieser Begriff meint, daß Angehörige oder enge Freunde
oder Partner Tag und Nacht in der unmittelbaren Nähe des Sterbenden bleiben dürfen, falls er es wünscht. Daß er es *nicht*
wünscht, ist selten. Wenn diese Möglichkeit nicht besteht, Sie sie
aber eigentlich wahrnehmen möchten, beschweren Sie sich, möglichst schriftlich (ein einziger Brief, der nicht mehr als fünf Zeilen
haben muß), bei der Klinikleitung. Dessen ungeachtet bleiben Sie
aber zielgerichtet konstruktiv: Wie könnten Sie es bewerkstelligen, dennoch die meiste Zeit in der Nähe des Sterbenden zu sein,
wenn er es möchte? Möglichkeiten gibt es viele: allen voran die,
in ein Krankenhaus zu wechseln, das ein Rooming-in anbietet.
Ist dieses belegt oder halten Sie diesen Wechsel für unmöglich
oder sinnlos oder gar falsch aus anderen (medizinischen) Gründen,

so quartieren Sie sich einfach mit einer Notliege – oder auch ohne – in der Nähe des Sterbenden ein. Den Arzt möchte ich sehen, der sie wegscheucht, wenn Sie standhaft bleiben. Bei Menschen türkischer Nationalität verhält es sich übrigens nach meiner Erfahrung so, daß – sofern es kein Rooming-in gibt, versteht sich – Tag und Nacht ein Angehöriger vor der Türe des Sterbenden wartet, sofern sich andere Patienten im Zimmer durch dessen Anwesenheit gestört fühlen; ansonsten sitzen die türkischen Mitbürger rund um die Uhr und abwechselnd am Bett eines Sterbenden. Das hat in den deutschen Krankenhäusern, in denen ich es mehrfach beobachten konnte, nicht nur mich beeindruckt.

Eine andere Frage, die Sie sich stellen sollten, ist die, ob die Station, auf der die oder der Betreffende liegt, für sie oder ihn eine zumutbare Umgebung ist. Bitte erinnern Sie sich: Es gibt nur in Ausnahmefällen, von denen ich nachher gleich sprechen will, Stationen, auf denen erklärtermaßen gestorben werden darf (»Sterbestationen«). Ein Beispiel für das, was ich meine: Es ist verständlicherweise sehr schmerzhaft und wirklich unnötig dazu, wenn eine Frau mit Gebärmutterhalskrebs, die bald sterben wird, neben einer Frau liegt, die mit Schwangerschaftsproblemen eingeliefert wurde. Verlangen Sie nötigenfalls – nach behutsamen Fragen an den sterbenden Menschen, sofern möglich, und einer gemeinsamen Entscheidung – die Verlegung auf eine andere Station. Auch ein Sterbender, der sich *nicht* äußern kann, leidet unter den Umständen auf einer Station, die seiner Situation gegenüber als Zynismus zu werten sind.

Und wie sieht der Raum aus, in dem der sterbende Mensch aller Wahrscheinlichkeit nach nun sein Leben beschließen wird? Hat er in diesem Raum die notwendigsten persönlichen Dinge um sich, die er braucht, um wenigstens einen Teil seiner äußeren Individualität, einen Teil seiner persönlichen Atmosphäre zu wahren – oder ist er lediglich von praktischen, medizinischen oder ihm nicht eigentlich angehörenden Dingen (als Geschenk mitgebrachte Bücher, Kassetten, Blumen) umgeben? Sprechen Sie mit ihm über die Atmosphäre, die er sich wünscht. Jeder Mensch liebt eine bestimmte Atmosphäre; wenigstens kleine Teile davon verschaffen schon eine Erleichterung, schon ein bestimmter Geruch tut es! Helfen Sie behutsam bei der Durchführung der Wünsche, lassen Sie den anderen aber entscheiden. Auf die falsche Art aktiv wäre: »Also ich denke, wenn es Frau Schulz im Nebenbett nicht stört, zünden wir jetzt erst mal eine Kerze an und ziehen die Vorhänge zu ...« *Fragen* Sie, was Sie machen sollen. Ist der Sterbende allerdings unfähig, sich zu äußern, so entscheiden Sie vorsichtig, in Kenntnis seines bisherigen persönlichen Lebens, wie Sie die Atmosphäre beseelen können. Es genügen oft schon Kleinigkeiten; und bedenken Sie auch, daß Sie in der Regel noch die Zustimmung anderer Patienten im Raum für Ihr Tun erhalten müssen.

Bitte machen Sie sich *grundsätzlich* klar, daß wir alle auf eine falsche Weise viel zu duldsam sind mit dem, was wir in Krankenhäusern ertragen »müssen«. Es ist allein eine Bewußtseinsfrage, ob wir es hinnehmen oder mit einer aktiven Veränderung anfangen, indem wir die in einer konkreten Situation vorgefundenen Zustände erkennen, überdenken und gegebenenfalls eben *nicht* hinnehmen. Nichts ist unveränderbar in einer freien Gesellschaft, und wenn Sie sich genau überlegt haben: »Was will ich – und warum?« –, dann können Sie mit Ihrer Entschiedenheit in gewisser Weise Druck ausüben.

Dies bedeutet nun nicht, daß Sie als Querulant auftreten und unangenehm werden müssen und dafür sorgen sollten, daß im Krankenhaus Chaos herrscht und den Anordnungen des Personals keinerlei Folge mehr geleistet wird. Sie müssen nur wissen, daß dieses Personal Ihre Situation und vor allem die des Sterbenden nicht so genau beurteilen kann (auch damit überfordert wäre und, wie gesagt, unter vielerlei »Sachzwängen« agiert), wie Sie das können oder der sterbende Mensch es kann. Sie können viel erreichen, wenn Sie stark und sich dieses Umstandes bewußt sind. Wenn Sie wohldurchdacht, unter präziser Angabe von Gründen dieses oder jenes bemängeln und höflich, aber energisch eine Alternative durchzusetzen versuchen, die Sie zuvor in Erfahrung gebracht haben (erkundigen Sie sich zum Beispiel auf einer anderen Station, ob Ihnen dort besser geholfen werden kann), so wird man Sie nicht übergehen können.

Krankenhäuser sind Dienstleistungsunternehmen, auch wenn

die Bezahlung in der Regel nicht direkt von Ihnen vorgenommen wird und Sie die Entscheidungen der Ärzteschaft aufgrund mangelnder Fachkenntnis meist nicht beurteilen können. Verschaffen Sie sich aber Durchblick und Klarheit, so gut Sie können, nehmen Sie gegebenenfalls bürokratische Hürden (»Ja, wissen Sie, ich bin da nicht zuständig, ich kann da nicht ...«) selbst in Angriff oder holen Sie medizinischen Rat anderswo ein – und entscheiden Sie dann, eingedenk des in Erfahrung Gebrachten, mit Ihrem Gespür für diese besondere Situation und mit Hilfe Ihrer persönlichen, geistigen Haltung dazu: im Auftrag des Sterbenden, notfalls als Verfügungsberechtigter. Es geht um *Ihren* Nahestehenden. Denn hier liegt keine Kassenabrechnungsnummer im Krankenhaus, sondern ein persönliches Schicksal.

In Absprache mit dem Sterbenden oder an seiner Stelle können Sie sich auch weigern, daß mit seinem restlichen Leben medizinisch herumexperimentiert wird, und niemand wird Sie dazu zwingen können, von Ihrer Meinung abzugehen. Mißtrauen ist durchaus am Platze, was den Expansionsdruck der Schulmedizin in unserer Gesellschaft betrifft.

Sprechen Sie, wenn es möglich ist, mit dem sterbenden Menschen immer wieder über seine seelische Wahrnehmung der Situation (»Was empfindest du?«) und seine physischen Ängste und Belastungen. Und handeln Sie. Geben Sie klare und durchdachte Anweisungen an das pflegende Personal oder ziehen Sie es bei bestimmten Problemen kritisch, aber freundlich zu Rate. Behalten Sie immer im Auge, daß die Situation, wie sie nun einmal ist, für den Sterbenden wenigstens einigermaßen erträglich sein oder so schnell wie möglich dazu gemacht werden muß. Zum Zerreden, Sich-vertrösten-Lassen, zum Abwarten in unerträglicher Lage *haben Sie keine Zeit.*

Es ist auch sehr wichtig, daß Sie vorbereitend an die definitive Sterbestunde denken. Hierbei erweist es sich nun als sehr große Hilfe, wenn Sie mit den Empfindungen, Vorstellungen, Wünschen und Ängsten Ihres Gegenübers, den Tod betreffend, schon einige Zeit vertraut sind. Im Umgang mit einem Sterbenden ist nicht gewährleistet, daß Sie nun noch mit ihm selbst darüber sprechen können. Allerspätestens jetzt (alleine oder mit Begleitern) müssen

Sie folgende Fragen klären: Wer sollte zum Zeitpunkt des Todes beim Sterbenden sein? Wer keinesfalls? Wie möchten Sie die Abschiedsstunde begehen? Bereiten Sie sich gemeinsam mit dem Sterbenden, solange es noch möglich ist, ganz praktisch und natürlich auch geistig vor. Gehen Sie für sich alleine mit folgenden Gedanken um: Was möchten Sie dem Sterbenden sagen? Wie ihm helfen, wenn er die letzten Atemzüge macht? Worauf werden Sie sich konzentrieren in diesen Momenten?

Und dann: Wer ist zu verständigen, wenn der Tod eingetreten ist? Wissen Sie genau, wo Sie diese Menschen dann erreichen? Was soll mit dem Leichnam des Verstorbenen geschehen? Auch diese Frage müssen Sie rechtzeitig klären, damit der Sterbende nicht Opfer der grausamen Routine im Umgang mit Toten wird, die automatisch greift, wenn nicht *vorher* andere Vorbereitungen getroffen werden. Lesen Sie dieses Buch zuerst zu Ende, bevor Sie sich zu diesem Komplex eine Meinung bilden ...

Klären müssen Sie im Vorfeld auch, was aufgrund der Anamnese (Krankheitsgeschichte) des Sterbenden oder seines gegenwärtigen Allgemeinzustandes in der Zeit unmittelbar vor dem Tod noch an Komplikationen auftreten könnte und wie dem medizinisch begegnet werden soll. Ein Beispiel: Ein Lungenkranker stirbt voraussichtlich nach einer anfallartigen, massiven Atemnot über Stunden hinweg. Wenn diese Anfälle auftreten und alle Anzeichen des eintretenden Todes gegeben sind, was soll dann gegen diese Anfälle unternommen werden? Hat das, was dann unternommen werden könnte, eine den Tod beschleunigende Wirkung? Nimmt es dem Sterbenden das Bewußtsein? Wenn er es nicht mehr erlangt, bevor er verstirbt: Kann er oder können Sie diesen Tod akzeptieren?

Und dann: Wenn der Tod sich ankündigt, sollen noch »lebensverlängernde Maßnahmen« ergriffen werden? Vorsicht: Wenn nichts anderes verfügt wird, werden sie automatisch ergriffen! Welche, wenn überhaupt, sollen vorgenommen werden, welche nicht? Ab wann werden sie nicht mehr gewünscht?

»Die sollen mich nicht mehr quälen da im Krankenhaus, die sollen mir eine Spritze geben, wenn es soweit ist ...«, oder, noch genauer: »Die sollen mir nachhelfen, damit es schnell geht!« Das sind zwei Sätze, wie ich sie so oder ähnlich oft gehört habe, wann immer ich mit Menschen über Sterben und Tod gesprochen habe. Dieses »Nachhelfen« und auch der Wunsch danach verdienen genauere Beachtung.

Der Mensch unserer Zeit, als Kind unserer Gesellschaft, möchte die Gewißheit haben, daß er sich *rechtzeitig beseitigen* (lassen) kann: einerseits, weil er sich aufgeklärt und omnipotent dünkt, stärker als Schicksal und Fügung, und nicht mehr glaubt, daß Gott (oder die wesentliche Urkraft) ihm das Leben nimmt; und andererseits wollen inzwischen selbst gläubige Menschen rechtzeitig und schnell beseitigt werden können, weil die Umstände, unter denen in unserer Gesellschaft gestorben wird, und das *Wie* unserer Tode so *furchtbar* sind. Vor dem Hintergrund unseres derzeitigen Umgangs mit Sterbenden ist dieser Wunsch verständlich.

Nur in diesem Klima konnte eine Gesellschaft wie die DGHS (»Deutsche Gesellschaft für Humanes Sterben«) Zulauf finden. Man trat einem Club der Selbstbeseitiger bei. Durch Unterzeichnung einer bestimmten Erklärung sollte gewährleistet sein, daß unser gnadenloses System der expandierenden Schulmedizin einen »nicht kriegt«. Und etwa 60 000 Selbstmordfibeln, die im Umlauf waren (und sind), sollten den Tod ermöglichen, längst bevor überhaupt die Sterbezeit beginnt.

Mittlerweile steht fest, daß die DGHS-Formulare (»Keine verlängernden Maßnahmen«), die gegen Mitgliedsbeitrag zu beziehen waren und mit deren Hilfe ein »würdiger Tod garantiert« werden sollte, rechtlich anfechtbar sind und im konkreten Fall gar keine Gültigkeit haben. Inzwischen ist auch bekannt, daß die rund 60 000 Selbstmordfibeln, die gegen Clubgebühr und nach einer schamhaft eingehaltenen Frist verschickt wurden (was die Ernsthaftigkeit der Interessenten angeblich auf die Probe stellen sollte; ich meine eher, hier wurden Adressen auf mögliche Fallenlegung hin überprüft, da das Buch bei uns im Buchhandel nicht vertrieben werden darf), *fehlerhaft* sind. »Fehlerhaft« – ich drücke es so lapidar aus, wie die Verantwortlichen fahrlässig gehandelt haben. Es gibt Fälle, in denen die Opfer die zu ihrer Selbstbeseitigung empfohlene Medikamentendosis überlebt und schwere Schäden davongetragen haben. Und H.-H. Atrott, der Hauptinitiator der

DGHS, wurde inzwischen rechtskräftig verurteilt (seltsamerweise nur wegen eines Steuervergehens). Er hatte Mitgliedern seiner »humanen« Vereinigung gegen immense Zahlungen (verglichen mit dem Materialwert) Zyankali zur Selbstbeseitigung verkauft und feierlich selbst ins Haus gebracht.

Was ich damit als Hilfe zur Erhöhung unserer Sensibilität sagen will: Ein Mann wie jener HANS H. ATROTT (übrigens gelernter Politologe, also jemand, der Trends zu erkennen weiß) konnte nur deshalb so großen Anklang finden, weil die Angst vieler, *in dieser Gesellschaft sterben zu müssen*, größer ist als die Furcht vor dem Selbstmord. Vereinigungen und Interessengemeinschaften wie die DGHS tragen dazu bei, daß das Gegenteil des Wünschenswerten erreicht wird und das Sterben *gar kein* Thema ist – weil ihre Mitglieder oder Anhänger sich vor der Sterbezeit oder dem natürlichen Todeskampf freiwillig entfernen.

Das Wünschenswerte und der nach meiner Überzeugung einzig richtige Weg ist die Einsicht, daß Sterben – ähnlich der Geburt eines Menschen – ein mitunter sehr langwieriger und schmerzhafter, manchmal auch gnadenloser, aber sinnvoller *weil seelenbildender* Prozeß ist, den wir nicht abkürzen und nicht beschleunigen und auch nicht künstlich in die Länge ziehen sollten, wenn wir zum ganzen Leben, zur Erfüllung unserer Prüfungen gelangen wollen. Diese Einsicht würde dazu führen, daß wir anders mit unseren Sterbenden umgingen und daß sich der Mensch in unserer Gesellschaft wieder zu sterben traut!

Zurück zu unserem Nahestehenden im Krankenhaus. Besprechen Sie also mit ihm seine Haltung zu »lebensverlängernden Maßnahmen«, zur Sterbehilfe und zur Frage, wie bewußt er sterben möchte, wenn es das gleichzeitige Vorhandensein von massiven Beschwerden oder Schmerzen bedeuten kann.

Eine entsprechende Verfügung können Sie den Sterbenden in Anwesenheit des Arztes aussprechen oder auch unterschreiben lassen. Falls Sie eine Vollmacht haben oder nahe verwandt sind und der Sterbende sich nicht mehr äußern kann (*vor* Krankheit und Tod, mitten im Leben diese Fragen besprechen!), entscheiden Sie so, wie es Ihrer Meinung nach der *Betroffene* getan hätte. Wenn Sie dann *bei dem Sterbenden* bleiben (oder ein von Ihnen mit der Verfügung vertraut gemachter integrer und sicherer Mensch), wird die Verfügung beachtet werden, wie auch immer die konkrete Rechtslage ist.

Gehen Sie alle diese Fragen auf jeden Fall vor dem beginnenden Todeskampf an. So wie Krankenhäuser größtenteils betrieben werden, könnten Sie sonst überrollt werden von der Apparatemedizin und der Chemiegläubigkeit. Verweigern Sie sich unserer heutigen Technik, wenn ich mir diesen Rat erlauben darf; an zwei künstlichen Lungen endet gottgewollt kein Leben.

Nehmen Sie Ihre persönlichen Freiheiten zur Erkenntnis der Geistlosigkeit wahr und überlassen Sie das Denken, mithin auch die Entscheidungen vor einem Sterbefall und die Umstände, unter denen ein Mensch stirbt, soweit wie möglich *nicht* dem Zufall unseres entseelten Systems oder den Menschen, die dafür nur sehr oberflächlich betrachtet »zuständig« sind, den Ärzten oder Pflegern. Wieder, allem zugrunde liegend: Ihre persönliche Haltung!

Natürlich ersetzt die fundierte Haltung des einzelnen zum Sterben nicht die längst überfällige Revision, der sich unsere Krankenhäuser unterziehen müssen. Daß Sie bewußt gegen die dort gegenwärtig vorherrschenden Umstände vorgehen, sozusagen mit Zivilcourage, ist extrem wichtig. Aber auf Dauer ist es noch entscheidender, daß wir uns gegen die Form, in der die Krankenhäuser üblicherweise betrieben werden, generell wehren und daß wir die Veränderung und Erweiterung der Krankenhäuser fordern, wie wir es ja auch bei Sporthallen oder Gemeindeplätzen oder bei Autobahnen tun, die unseren Vorstellungen nicht mehr genügen. Das Drängen auf eine Veränderung muß auch hier vom Volke ausgehen: wie fast in jedem Fall, in dem sich zu guter Letzt wirklich etwas bewegt hat. Sonst tut sich da nie etwas ...

Dem Druck einzelner Gruppierungen aus der Bevölkerung ist es auch zu verdanken, daß sich in *vereinzelten Sonderfällen* in unseren Krankenhäusern bereits einiges geändert hat. Diese Anfänge einer Entwicklung müssen wir im Bewußtsein haben und tatkräftig unterstützen.

Seit 1991 ist in der Bundesrepublik Deutschland (in anderen deutschsprachigen und weiteren europäischen Ländern laufen vergleichbare Projekte) als Folge einer entschiedenen Forderung

auch nicht unerwünscht, wenn ein Patient eine eigene Vorstellung davon hat, wie er behandelt werden möchte oder was er in seiner Situation an Extrabehandlungen für sinnvoll hält.

Ich habe auf einer Palliativstation miterleben können, wie sich ein Patient neben der Betreuung durch das Klinikpersonal – und in einzelnen Segmenten auch an ihrer Statt – für eine ganze Reihe selbstgewählter Behandlungen entschied, von denen er sich Linderung versprach: Reflexzonenmassage, Akupunktur, Kräuterbehandlung. Der Mann wollte sich wenigstens noch einen Teil seines persönlichen Wohlbefindens erhalten und auch mit alternativen Mitteln die Nebenwirkungen der chemischen Schmerzbehandlung mildern. Daß er überdies eine Hoffnung auf Besserung seines Zustandes gehegt haben mag, obwohl er sich im Endstadium einer Krebskrankheit befand, dafür spricht die Hinzuziehung eines Geistheilers.

Wie immer man das alles persönlich bewerten mag, entscheidend ist: Auf der Palliativstation *wurde* es nicht bewertet. Die Ansichten und Wünsche des Patienten wurden akzeptiert, man half ihm sogar bei der Durchführung, indem die Termine für die Reflexzonenmassage für ihn arrangiert wurden und ihm die Klärung der Frage abgenommen wurde, inwiefern er in seinen Ambitionen von der Krankenkasse unterstützt werden konnte. Der Mann war sehr am Buddhismus interessiert und sprach mit dem Stationspsychologen oft über dieses Thema, seine Ansichten wurden respektiert (wenn auch bei weitem nicht geteilt) und von der ganzen Station in den Umgang mit ihm einbezogen. Er erhielt niemals Besuch, war aber gelöst und las noch, so gut er konnte, bis drei Tage vor seinem Tod. Er starb ruhig und, obwohl er nicht zu Hause war, ganz in seiner Vorstellungs- und Lebenswelt belassen, die eine der Schwestern sogar als »ein persönliches Geschenk an uns Pfleger« bezeichnete. Man nahm ihn also lediglich in der Sterbezeit auf und stand ihm lindernd und pflegend zur Seite, mit Aufmerksamkeit, menschlicher Wärme und Toleranz.

Wann immer ich mit den zuständigen Ärzten und dem Team der Palliativstationen in den Besprechungszimmern zusammensaß, fiel mir die menschenachtende und gewissenhaft genaue Art auf, in der über die Patienten gesprochen wurde. Da war nicht die Rede von der »Galle auf Zimmer zwei«, sondern die Patienten hatten Namen und eine Persönlichkeit, und bei den Übernahmebesprechungen zum Schichtwechsel der Schwestern oder Pfleger wurde sorgsam auf die Mitteilung der seelischen (nicht der geistigen) Befindlichkeit der Patienten geachtet. Es war *nicht* egal, was der einzelne in der Nacht geträumt, was er gesagt oder gefragt hatte, wer außerhalb vom Stationspersonal den Tag oder die Nacht über bei ihm war und wie er momentan seinen Zustand empfand. All diese Gegebenheiten wurden neben den medizinischen oder körperlichen Beobachtungen registriert. Das heißt, die Medizin und ihre »wiederherstellenden Möglichkeiten« sind nicht mehr das *alleinige* Credo auf diesen Stationen.

Auch über die Angehörigen wurde meist gesprochen: ob etwa eine Patientin zu sehr durch die Angst ihrer Mutter vor dem nahenden Tod der Tochter belastet würde und was dagegen, gemeinsam mit dieser Mutter, getan werden könnte.

Das Personal auf Palliativstationen (mit Ausnahme der Ärzte, die eine schmerztherapeutische Extraausbildung haben) ist nicht eigens für die Arbeit dort ausgebildet worden. Es ist aber ein weiteres Ziel des Modellprojektes, daß durch die auf den Sterbestationen gesammelten Erfahrungen auf lange Sicht hin eine Ausbildung eigens für diesen Einsatzbereich geschaffen werden kann, die alle hierbei speziell zu bedenkenden Aspekte in sich vereint – damit noch besser begleitet und noch besser geholfen werden kann.

Trotz dieser zur Zeit noch nicht existenten Spezialausbildung schien mir aber die pflegende Belegschaft auf den Palliativstationen nicht überfordert gewesen zu sein. Im Gegenteil – die situative Akzeptanz dessen, *daß auf diesen Stationen gestorben wird* (was alle mehr oder weniger automatisch eint), und dieses aktiv-betreuende Warten und Lindern in Gemeinschaft ohne blindwütige »Heilversuche« machen diese Menschen gelöster als jedes andere Krankenhauspersonal. Es war interessant und wichtig für mich zu beobachten, wie sich die Beendigung des Leugnens seitens des Personals auf die Patienten überträgt und umgekehrt. Die Schwestern auf den Palliativstationen, eigentlich »ganz normale Krankenschwestern«, schienen mir im Laufe der Monate, in denen ich

sie beobachten konnte, regelrecht an ihrer Arbeit zu wachsen.
Ich muß dazu sagen, daß einige von ihnen konfessionell gebunden
waren und vielleicht im Zusammenhang damit schon eine starke
Orientierung – über die sie aber schwiegen – einbrachten; wie
immer man die Kirchen, denen die Schwestern angehören, einschätzen mag, der Sache der Sterbenden ist das dienlich.

Das ärztliche und auch psychologische Personal der Palliativstationen schien mir allerdings häufig nur durch die *intellektuelle*
Akzeptanz des Todes, durch die bewußte Beobachtung der Sterbezeit vom weisungsbefugten Personal anderer Stationen unterschiedlich. Dem Hierarchiegebilde in Krankenhäusern untergeordnet, das durch die Einführung eines Modells ja so gut wie
nicht ins Wanken gerät, erschienen mir diese Ärzte und Psychologen trotz Geduld und Toleranz und ihrer speziellen Aufgabe oft
sehr faktisch orientiert, schulpsychologisch und schulmedizinisch
zu belastet, anderes zwar akzeptierend, aber für sich selbst den
spirituellen Bereich des Todes gänzlich außer acht lassend. Auch
hatte ich den subjektiven Eindruck, daß mit Schmerzmitteln oder
Schmerzmitteldosen experimentiert wird, über den zu erzielenden
Effekt hinaus. Es ist extrem auffällig, wie viele Arzneimittelmuster
sich in den »Giftschränken« der Stationen finden, wie viele Ein-
ladungen der Pharmaindustrie so ein ärztlicher Schmerzspezialist
erhält, insbesondere wenn er einer Station alleine vorsteht. Es
findet hier ohne Zweifel ein besonderer Wettstreit der Pharmaher-
steller statt, weil möglicherweise ein ganzer »Branchenzweig« in
nie gehabtem Umfang im Aufblühen ist.

Da aber durch die Struktur einer Palliativstation eine Bevor-
mundung des Patienten generell nicht gegeben ist, auch eine medizinische nicht, sofern sie dem Arzt nicht etwa nahegelegt wird
(»Machen Sie, was Sie wollen, ich will nur, daß der Restschmerz
auch noch verschwindet, mir ist alles egal«), kann ich insgesamt
guten Gewissens sagen, daß das Modell der Palliativstationen in
von den Sterbenden selbst, von Angehörigen oder Freunden, von
Privatpersonen mit Instinkt kontrollierter und durch die Erfahrungen auf den Stationen allgemein verbesserter Form Schule
machen sollte. Allerdings müßte die geistige und spirituelle Ebene
der Betreuung als aktives Angebot ausgebaut werden.

Ein solches Angebot, selbst wenn es einmal existieren wird, kann in der kurzen Zeitspanne, die ein Sterbender in der Regel auf einer Palliativstation verbringt, jedoch nur aufnehmen und weiterführen, was an geistiger Arbeit bisher vom Sterbenden geleistet worden ist. Wenn Sie nicht zumindest angefangen haben, sich um eine geistige Haltung zum Tod zu bemühen – die Palliativstation schafft Ihnen dann auch keine mehr. Und Ihren Leichnam begleiten (nach Eintritt des Todes werden die Verstorbenen sofort weggeschafft) und Sie beerdigen wird sie auch nicht.

Das Modell der Palliativstationen ist auf begrenzte Dauer angelegt. Selbst wenn die Förderung weitergeht – problemlos eingeführt werden Stationen, auf denen bewußt und gut begleitet gestorben werden *darf*, in den Krankenhäusern unserer Gesellschaft bestimmt nicht. Es wäre nun eine Sache des einzelnen, eine Sache der Bevölkerung, auf der Fortsetzung und Erweiterung des Modells zu bestehen. Die Krankenkassen müßten dazu bewegt werden (durch Druck der Bevölkerung wäre auch dies erreichbar), ganz in das Modell einzusteigen. Einstweilen werden die Tagessätze der Patienten zwar mit den Krankenkassen abgerechnet, Palliativstationen sind also vorläufig noch keine »Privatstationen«, aber auch diese Unterstützung könnte mit dem Ende des Modells auslaufen. Alternativ zu einer öffentlichen Förderung sind bereits erste private Fördervereine entstanden.

Die Warteliste der Palliativstationen, die gegenwärtig nur die allerdringendsten Fälle aufnehmen können – was unglücklicherweise zu einer kurzen Verweildauer des einzelnen Sterbenden führt; es gibt gelegentlich Aufenthalte von fünf bis zwölf Stunden vor dem Tod –, beweist, wie notwendig die Revision unserer Krankenhäuser in der vorliegenden Form ist. Und wie gewünscht auch. Hier und in der Revision unserer Alten- oder Pflegeheime, im Ausbau ambulanter Dienste für Haussterbefälle, möglichst in der fließenden Verbindung aller drei Ebenen miteinander, liegt die Zukunft des Hospizgedankens.

Der konsequente Ausbau ambulanter Dienste würde ermöglichen, daß wesentlich mehr Menschen, als es derzeit der Fall ist, zu Hause sterben dürften – was sich ja jeder von uns auch wünscht! – und nur diejenigen ins Krankenhaus müßten, bei denen es aus medizinischen Gründen wirklich nicht anders geht. Viel zu oft jedoch wird heute nicht aus medizinischen, sondern aus psychosozialen Gründen im Krankenhaus (oder in irgendeinem »Heim«) gestorben; sehr viele Menschen haben einfach niemanden, der sie versorgen könnte – und werden deshalb »eingeliefert«. Der massive Ausbau bezuschußter oder ganz durch Kassen, Steuergelder oder Fördermittel getragener ambulanter Dienste könnte verhindern, daß Menschen in der Fremde sterben müssen, nur weil sie einsam leben.

Es ist für unser ganzes System bezeichnend, daß mit der Singularisierung des Menschen ein Egoismus gefördert wurde, der bei auftretenden »Defekten« buchstäblich nicht lebensfähig ist; aber mehr als ein wissendes Schulterzucken nötigt uns das kaum mehr ab. Der Idealfall wäre, daß wir aus unserem edel gestylten Autismus (und auch aus unserer Verzweiflung!) wieder heraus- und zueinanderfänden, indem wir den Menschen im anderen sehen und uns somit auch der Tod desjenigen, mit dem wir nicht verwandt oder befreundet sind, berührt und zu aktiver Hilfe fähig macht, für die wir keine Entlohnung wünschen. Eine neue Form von Nächstenliebe wäre die einfachste Lösung für all unsere so kompliziert gewordenen Probleme. Reihum die sterbende Nachbarin mitzuversorgen und zu begleiten – was ist daran undurchführbar, wenn wir ehrlich sind? Es wird so gelegentlich praktiziert, ich weiß es. Aber daß es selbstverständlich würde, scheint eine Utopie zu sein. Will einem das in den Kopf?

Zu Hause Abschied zu nehmen, in einer privaten und gewohnten Umgebung, die eine Geschichte hat und wo so viele persönliche Erinnerungen sind, ist für alle leichter: für den Hinübergehenden und im Grunde auch für die, die ihn begleiten. Natürlich nur dann, wenn verschiedene Umstände gewährleistet sind – und daran scheitert es eben viel zu oft.

Es muß zum Beispiel gesichert sein, daß dem Sterbenden die Schmerzen genommen oder auf ein erträgliches Maß reduziert werden können. Allein aus diesem Grund, weil eine Schmerzbehandlung durch die Hausärzte entweder verweigert (Hausärzte scheuen sich beispielsweise oft, die unvorstellbaren Tumorschmerzen mit den notwendigen Dosierungen anzugehen) oder so hoch in Rechnung gestellt wird (viermal täglich eine Spritze, die nicht von einer Pflegekraft verabreicht werden darf, bedeutet viermal täglich ein Arzthonorar), daß der Aufenthalt im Krankenhaus billiger kommt, ist es zahllosen Menschen unserer Gesellschaft unmöglich, das Intimste vom Intimen, den eigenen Tod, in ihrer persönlichen Umgebung erleben zu dürfen.

Die Lösung dieser Probleme wäre die Rückbesinnung auf das humanitäre Prinzip (nach außen in unserem System so hochgehalten), das über dem monetären zu stehen hat. Was eben auch zur Achtung vor dem Menschen und somit zur Begleitung eines Sterbenden gehört, ist eine Ärzteschaft, die nicht bei jeder Handreichung die andere Hand aufhält. Und ferner wäre ein Gesetzgeber gefordert, der bereit ist, die ein Schmerzmittel verabreichenden Privatpersonen, wenn ihnen ein verantwortliches Handeln zuzutrauen ist, in ihrem Tun so abzusichern, daß sie sich für ihre Hilfe und Pflege nicht noch vor Gericht verantworten müssen. So geschieht das aber gegenwärtig dann, wenn ein Privatmensch (aus Zivilcourage, sachlich kundig, aber illegitim) hohe Schmerzmitteldosen verabreicht, weil der Arzt nicht erschien, der jedoch die Medikamente »vorrätig« daließ. Der schwerstkranke Mensch – der so oder so sterben wird – darf nur unter der Aufsicht und Betreuung eines Arztes sterben, sagt der Gesetzgeber mehr oder weniger deutlich. Stirbt er aber, nachdem die Ehefrau schwere Schmerzmittel verabreichte, so wird erst einmal eine Tötungsabsicht unterstellt.

Damit deutlich mehr Mitmenschen (und uns selbst später einmal) der so verstehbar dringliche Wunsch, zu Hause sterben zu dürfen, erfüllt werden kann, bedarf es der Bereitschaft *eines jeden*, den Tod wieder in die private Gesellschaft zurückzuholen, und der deutlich erhöhten Hemmschwelle vieler, am Tod soviel wie möglich verdienen zu wollen.

Üblicherweise zu Hause (und nur im Sonderfall im Krankenhaus) zu sterben, würde auch dadurch wesentlich erleichtert, wenn Krankenhäuser einen Bereitschaftsdienst für Fragen und Sorgen, die Sterbenden zu Hause betreffend, einrichteten, um nur im *Notfall* für die Aufnahme des Sterbenden bereit zu sein; wenn Hausärzte die Schmerzbehandlung erläutern und an verantwortliche Privatpersonen abgeben dürften; wenn das notwendigste Pflegezubehör (zum Beispiel ein Krankenbett, das das Heben und Betten für betreuende Personen sehr erleichtert) für einen jeden in unserer Gesellschaft so selbstverständlich zur Verfügung stünde wie Krücken für Patienten mit einem Beingips – und wenn in die Schulausbildung unserer Kinder die Pflege und Betreuung von Kranken und Sterbenden im Hause mit einbezogen würde.

Ich deute hier nur an, welche gesellschaftlichen Veränderungen wir bewirken müßten und bewirken könnten, um Menschen das Sterben zu Hause zu ermöglichen. Ich möchte Ihnen mit diesen konkreten Hinweisen Argumentationshilfen für Gespräche mit anderen bieten. Daß sich sehr viel an Äußerem verändern muß in unserer Gesellschaft, ist vollkommen klar. Ich wende mich im vorliegenden Buch aber vor allem an Ihre persönliche und sensitive Wahrnehmung. Denn nur ein anderer Glaube versetzt die Berge der Ignoranz.

Krankheiten sind ein Hinweis auf die engen Grenzen menschlicher Macht und Möglichkeiten – sofern wir nicht in der Lage sind, sie durch unser geistiges oder seelisches Bewußtsein auszugleichen, versteht sich. Das gilt für Krankheiten, die medizinisch beherrscht werden können, genauso wie für solche, derer die Medizin nicht Herr wird. Denn auch eine Krankheit, die der Arzt in den Griff bekommt, ist da oder war da. Krankheiten sind Boten unserer körperlichen Hinfälligkeit und unserer seelischen Defekte. Und es ist sehr wichtig, im Zusammenhang mit dem Tod einmal darüber nachzudenken.

Ich bin überzeugt davon, daß die Botschaft der Krankheit, auch heute, in den Zeiten der »umweltbedingten« (vom Menschen selbst geschaffenen) Krankheiten, weitaus simpler ist, als wir es wahrhaben wollen. Sie gemahnt uns permanent an den Tod. Eine Krankheit ist also immer auch ein Bote einer höheren Ebene – und dort, wo sie »umweltbedingt« ist, zeigt sie uns nur, daß uns unser äußerlicher Entwicklungswahn nicht zu »Unverwundbaren« gemacht hat. Eine jede Todesart, meine ich, insbesondere, wenn ihr eine bestimmte Krankheit vorausgeht, ist immer auch eine Botschaft. Der Mensch mit Lungenkrebs: Er, seine *Seele*, kann nicht mehr atmen auf dieser Welt, nicht seine Lungen können es nicht mehr. Lösen wir uns von dem materiell und mechanistisch orientierten Weltbild und betrachten wir diese Welt als Gleichnis einer inneren Wahrheit, so können wir erkennen, daß auch unser Körper, ja unser ganzes Sein Austragungsort dieses Gleichnisses ist.

Zu einer bewußten Todesvorbereitung gehört auch das Nachdenken über die überstandenen oder bestehenden Krankheiten auf einer übergeordneten Ebene. Ein solches Nachdenken läßt uns das, was kommen wird, leichter annehmen, weil der Blick sich nicht auf Sterbliches richtet, sondern auf das, was uns das Gleichnis unseres Körpers über unser geistiges, unser wahres Leben zu erzählen weiß. Und wenn wir mehr über dieses Leben wissen, können wir den Tod als Zäsur eher annehmen.

Der Tod kommt, wenn er nicht ein sogenannter »Unglücksfall« ist (und auch dann gibt es, bei näherem Hinsehen, Vorboten und Erklärungen), niemals überraschend. Es gibt in der Regel zahllose Anzeichen, die uns auf ein nahendes Lebensende hinweisen. Ob es das Alter, eine schwere Krankheit oder auch die Äußerungen eines Betreffenden sind: Wenn wir wach genug sind, um auf den nahenden Tod zu achten, wenn wir dafür wach sein *wollen*, so können wir ihn kommen sehen. Unsere eigene Wahrnehmungsfähigkeit, die wenig mit der Anzahl der Sterbenden oder Toten zu tun hat, die wir vorher gesehen oder begleitet haben, ist der entscheidende Faktor in der Vorbereitung auf den Tod eines Hinübergehenden, aber auch auf unseren eigenen Tod. Wir wissen, wann uns der eigene Tod nahe ist. Sterbende wissen, daß sie sterben werden. Und sie strahlen – nach meiner Erfahrung – dieses Wissen ohne Ausnahme aus. Wie nun ist zu erkennen, ob ein Mensch in naher Zukunft sterben wird?

Wenn Sie an das Bett eines Schwerstkranken treten, so sollte Ihre erste Bemühung nicht die »Aufheiterung« (also Abwehr) oder etwas ähnliches sein (»Na, wie geht es dir denn heute?«), sondern die konzentrierte Wahrnehmung *passiver Art*. Sie können das trainieren. Beobachten Sie sich einmal, wenn Sie eine Landschaft betrachten. Sie sind dabei aufmerksam, Sie nehmen wahr, was Ihnen dieser Anblick sagt. Sie schweigen, und Ihr Blick ist passiv aufmerksam. Und auf die Weise sehen Sie auf eine viel tiefere Art, was da vor Ihnen ist; Sie registrieren ganz anders Ihre eigenen aufsteigenden Gefühle, als wenn Sie zum Beispiel einen krampfhaften Kommentar über einen Schornstein machten, der sich in der Landschaft befindet.

Sie lassen zu, was da ist – ganz ohne Abwehr. Mit dieser Art Wahrnehmung, die Sie für sich selbst herausgefunden (und trainiert) haben, sollten Sie an das Bett des Betreffenden treten. Diese Form von passiver Bereitschaft, die gleichzeitig allerhöchste Aufmerksamkeit ist, wird Sie in überraschender Deutlichkeit und bereits nach kurzer Zeit bemerken lassen, wie es wirklich um den anderen bestellt ist. Denn der nahende Tod hat eine Ausstrahlung, die wir alle wahrnehmen können. Wir verschließen uns nur davor. Die Frage muß lauten: »Was sagt mir passiv dieser Anblick, was sagt mir mein Gespür?« Sie müssen diese Frage denken – und die Antwort aufnehmen, bevor Sie den Anblick totreden können.

Eine zusätzliche Hilfe zur Erlangung dieser ruhigen Wahrnehmungsfähigkeit in einer konkreten Situation kann die Konzentration *vor* dem Eintreten in das Zimmer des Betreffenden sein. »Hellsehen« können die meisten Menschen nicht. Aber die Witterung für das, was uns (oder anderen Artgenossen) an Elementarem geschehen wird, haben wir lediglich verkümmern lassen.

Ein anderer Hinweis darauf, daß ein Mensch in naher Zukunft sterben wird, kann nach meiner Erfahrung das Auftauchen einer immer irgendwie schwarzen Gestalt sein, die nur der Sterbende sieht, die für alle anderen aber unsichtbar ist. Das, was wir aus unserer Sicht eine »Geistererscheinung« nennen mögen, taucht etwa drei bis zehn Tage vor Eintritt des Todes auf. Meine Großmutter wurde vor ihrem Tod mehrfach von einem »Mann mit schwarzem Schlapphut« besucht; sie erzählte es mir halbbewußt und wie erstaunt. Sie wußte nicht, wer der Mann war. Wenige Zeit später sah sie meinen zu diesem Zeitpunkt schon über zehn Jahre verstorbenen Großvater, als eine schwarze Silhouette. Er muß vieles zu ihr gesagt haben, aber was das war, konnte ich nicht mehr von ihr erfahren.

Bei Sterbenden in Krankenhäusern habe ich ähnliches beobachtet. Soweit ich mir die Zusammenhänge zusammenreimen konnte, da ich diese Menschen ja kaum kannte, waren auch hier einige der schwarzen Gestalten bereits Verstorbene. Auch kamen Verstorbene in heller Gestalt; bei Nachfragen veränderten sich Hell und Dunkel der beschriebenen Gestalten: helle wurden dunkel und umgekehrt. Interessant ist, daß meine Mutter, die jahrelang zu keiner klaren Äußerung fähig war, bevor sie in dem Zustand starb, den wir »geistige Umnachtung« nennen, ebenfalls vor ihrem Tod nach offenbar dunklen Gestalten griff.

Die Gestalten scheinen meistens etwas zu sagen und auch stets eine Zeitlang zu verweilen. Bei meiner Großmutter war ich zweimal anwesend, während sie den »Mann mit dem schwarzen Schlapphut« sah. Sie führte eine ganze Unterhaltung mit dieser Gestalt und gleichzeitig mit mir, als hätten wir »über Eck« gesprochen.

Wichtig ist noch, daß die Mitteilung eines Sterbenden verdeckt sein kann, was die Erscheinung von Geistgestalten vor dem Tod anlangt. Sie kann sich auch in einer Frage äußern, etwa: »Ist dir da in der Tür jemand entgegengekommen, als du hereinkamst ...«, oder auch: »Was ist das? ... Das da!« Geht der andere dann nicht mit natürlicher Ehrlichkeit zwar, aber doch sensibel auf die Frage des Sterbenden ein (wie »Ich habe niemand gesehen, aber da kann schon jemand gewesen sein«), so verstummt der Sterbende über seine Wahrnehmung, weil er sich verunsichert fühlt.

Zuerst also möchte ich raten, auf diese Zeichen des nahenden Todes zu achten. Es gibt selbstverständlich noch andere, rein körperliche Anzeichen. Viele Sterbende bekommen vor ihrem Tod die sogenannte »spitze Nase« und ein weißfahles Aussehen, das auch sehr leicht grünlich sein kann. Ich persönlich halte solche Veränderungen, auch die Verknappung des Atems und die Verfärbung der Hände (sie werden durchsichtiger), jedoch für nicht so untrüglich wie die bereits beschriebenen – und die eigene Wahrnehmung, vor allem.

Wenn Sie ahnen können oder wissen, daß der betreffende Mensch sterben wird, sollten Sie sich der Entscheidung widmen, ob Sie in der Todesstunde oder im Moment des Todes zugegen sein wollen. Diese Entscheidung kann eine sehr kurzfristige sein. Am besten ist es natürlich, diese Dinge sind vorher mit einem Sterbenden geklärt und man ist miteinander sehr vertraut; manch-

mal sind die Umstände aber nicht so. Ich stand schon Sterbenden
bei, die ich noch nicht einmal eine Stunde lang kannte. Sie müssen
dazu nicht jemand sein, der beruflich oder »sowieso viel« mit
Sterbenden zu tun hat – denken Sie nur einmal an einen Autounfall
oder an eine Situation, in der Sie plötzlich zu einem Sterbefall
dazukommen. Für mich war es immer eine bewußte Entscheidung: *Dir stehe ich bei.* Glauben Sie mir, selbst wenn ein Mensch
in der unmittelbaren Nähe von anderen stirbt – die meisten, die
um ihn sind, fühlen sich nicht in der Lage, eine solche Entscheidung zu treffen. Es ist nach meiner Erfahrung erstaunlich – und
deckt sich auch mit den Erfahrungen der Menschen, die als Sitzwachen an Sterbebetten die Nächte mit ihnen meist völlig Fremden verbringen –, wie der Tod die Distanz zwischen den Menschen
mindert. Es ist das Menschenherz, das in diesen Augenblicken
das Menschenherz sucht – und annehmen will, wenn es selbst in
diesem Augenblick *ganz* angenommen wird. Ob Sie sich also
lange Zeit auf eine Todesstunde vorbereiten können oder so gut
wie gar nicht, entscheidend ist, wenn Ihre Anwesenheit wesentlich
sein soll, daß Sie im Augenblick des eintretenden Todes sagen
können: *Dir stehe ich bei.*

Ob ein Ihnen nahestehender (oder auch nur bekannter) Mensch
im Krankenhaus, in einem »Heim« oder zu Hause stirbt, an welchem Ort auch immer – schaffen Sie ihm einen in der Situation
möglichst gemäßen Raum. Bedenken Sie dabei, daß es nun nicht
mehr so sehr auf den Körper, sondern auf die Seele ankommt.
Schaffen Sie – es geht auch mit sehr bescheidenen Mitteln – Schön-
heit und auch äußere Harmonie um den Sterbenden herum, wie
Sie es eben vermögen. Wenn er im Krankenhaus liegt, so schärfen
Sie Ihre Wahrnehmung dafür, wie technische Apparaturen und
Schläuche oder Beutel mit Körperflüssigkeiten auf den Sterbenden
wirken mögen. Oft befindet sich mehr als notwendig davon im
Raum. Lassen Sie entfernen, was nicht unbedingt gebraucht wird,
und versuchen Sie, dem Notwendigen etwas von der unpersönli-
chen Häßlichkeit zu nehmen.

Wohin geht, wenn er liegt, der Blick des Sterbenden? Zur Wand?
Ist es eine kahle Wand? Wenn nein: Was hängt da? Ist es ein
Kalender? Oder ein Bild? Was für ein Bild ist es? Wenn Sie sich

vorstellen können, daß der Sterbende es nicht sehen möchte, oder
er sich dahingehend auch nur beiläufig äußert, dann tauschen Sie
das Bild durch ein angenehmeres aus, bringen Sie ein anderes mit.
Fragen Sie den Sterbenden nach persönlichen Wünschen zur Ausgestaltung des Raumes, insbesondere in seinen Blickrichtungen.
Die Zeit ist kostbar, denken Sie daran. Die letzten Blicke eines
Abschiednehmenden sollten auf etwas Vertrautem oder der geistigen Ausstrahlung nach Schönem ruhen dürfen. Dasselbe gilt,
wenn Sie glauben, daß der Betreffende »gar nichts mehr sieht«.

Der äußere Raum um einen Sterbenden ist natürlich einfacher
zu gestalten, wenn es ein privater und vertrauter oder sogar geliebter Raum ist. Schaffen Sie ihn jedoch bewußt als Sterberaum, mit
allem, was seelisch für den Sterbenden dazu von Bedeutung ist.
Zum äußeren Raum, den Sie um den Sterbenden schaffen sollten,
gehört auch die Zeit, die Sie jetzt haben – die Ihnen selbst Ruhe
und Begleitung ermöglicht. In der Sterbebegleitung der letzten
Tage sollte immer jemand, der geliebt ist, in der unmittelbaren
Nähe des Sterbenden sein, und zwar 24 Stunden am Tag. Es deckt
sich mit den Erfahrungen der Palliativstationen, wenn ich Ihnen
sage: Sterbende wollen (und können!) in der Regel kaum alleine
sein. Sie wissen, daß sie weggehen werden, und wollen bis zum
letzten Augenblick des Abschieds nahe (oder begreifende) Menschen um sich haben, die ihren Abschied teilen und bezeugen.
Und die meisten von ihnen haben Angst vor dem Tod, auch wenn
der Glaube an einen Gott oder die Einsicht in das Sterben gegeben
ist: eine Angst, die, wenn einer bei ihnen weilt, ein wenig leichter
zu ertragen ist. Wechseln Sie sich mit anderen Menschen am Sterbebett ab. Wenn es nicht geht, weil da »keine anderen sind«, so
sprechen Sie mit einem ambulanten Dienst oder der Deutschen
Hospizhilfe e. V., bei der alle im deutschsprachigen Raum im
Bereich der Sterbebegleitung tätigen Organisationen abrufbar sind
(Adresse im Anhang).

Bleiben Sie ehrlich. Sprechen Sie vom Tod, der kommen wird.
Verwenden Sie niemals Formulierungen wie »wenn dann mal etwas passiert«. Sofern Ihnen die direkte Aussprache über die Situation verweigert wird (etwa weil der Sterbende selbst den nahenden
Tod leugnet), so schweigen Sie und leisten Sie in der Situation

geistig Ihren wissenden Beistand. Verlieren Sie keinen einzigen
Satz über eine »doch noch mögliche« Gesundung, sagen Sie niemals etwas wie: »Bald schon werden wir wieder draußen sitzen«
oder »Wird schon wieder …«. Leugnen Sie nicht, was eintreffen
wird. Indem Sie nämlich leugnen, wird der Sterbende, der Sie ja
nicht quälen will, aufgefordert, es auch zu tun. Er wird sich so
Ihnen weniger mitteilen oder gar nicht. Meine Erfahrung ist, daß
Sterbende erleichtert reagieren, wenn sie nicht »spielen« müssen.
     Bleiben Sie auch Dritten gegenüber ehrlich. Geben Sie eine
klare Auskunft über den Zustand eines Sterbenden oder fragen
Sie nach einer klaren Auskunft. Wo Sie keine Klarheit geben
wollen, so sprechen Sie genau das aus und nichts anderes statt
dessen. Sagen Sie: »Darüber möchte ich nicht sprechen.«
     Die letzten Tage eines Sterbenden hier auf Erden benötigen im
Grunde genommen nichts mehr als Liebe, die nicht nur an sich
selbst denkt, und eine Meditation, die sich um eine höhere Ebene,
um Spiritualität bemüht – das Ergebnis davon *kann* in meinen
Augen nicht jammernde Verzweiflung sein. Es hindert Sie nichts
daran und es wird auch sicher von niemandem als unsittlich oder
makaber empfunden (sofern Sie es aus beseelten Motiven tun),
wenn Sie mit dem Sterbenden oder für ihn ein stilles Fest des
Abschieds feiern, ehe er hinübergeht. Sorgen Sie für schöne Kleidung, die der Sterbende in seinen letzten Tagen tragen kann, lesen
Sie ihm aus Büchern vor, die er geliebt hat; beschäftigen Sie seinen
Geist mit übergeordneten Zusammenhängen. Und helfen Sie ihm,
Mut zu fassen.
     Fragen Sie ihn, wen er noch sehen möchte, wem Sie was sagen
sollen nach seinem Tod. Schreiben Sie sich auf, was der Sterbende
Ihnen sagt; so ist er beruhigt, und Sie, wenn nach einem Todesfall
in naher Umgebung noch sehr viel auf Sie zukommt, haben die
Gewißheit, daß die gesagten Dinge nicht »untergehen«.
     Sorgen Sie für ein gutes Licht im Sterbezimmer. Kerzenlicht
ist das Licht, das sterbende Menschen beruhigen kann, auch wenn
es in unseren Breitengraden an Sterbebetten unüblich ist, weil in
der allerorten chaotischen Situation des Todes »doch keiner mehr
an so was denkt«. Gedämpft auf jeden Fall sollte die Lichtquelle
sein, vom Sterbenden abgewandt. In Krankenhäusern herrscht

grelles Neonlicht nur aus Nachlässigkeit vor, weil von den wenigen Stunden am Tag ausgegangen wird, in denen in der Tat die medizinische oder pflegerische Versorgung eine »Totalbeleuchtung« rechtfertigt. Auch die Nachttischlampen, die es in Krankenhäusern gibt, sind oft zu grell für einen Blick, der sich längst schon in eine andere Dimension zu richten beginnt.

Achten Sie auf Geräusche, die um den sterbenden Menschen sind – auch dann, wenn er »wahrscheinlich nichts mehr mitbekommt«. Summt irgendwo ein Stromaggregat, das gar nicht gebraucht wird? Ist Ruhe um den Sterbenden? Oder läuft im Nebenzimmer der Fernseher? In extremen Belastungssituationen überhört man Nebengeräusche nämlich leicht, gerade in unserer mit »Geräuschteppichen« unterlegten, von »Geräuschkulissen« umstellten Zeit. Der Sterbende aber nimmt das alles wahr

Vor allem aber: Leisten Sie geistig Beistand. Machen Sie sich jetzt, da Sie dieses Buch lesen, klar, daß Sie nur mit dem geistig Beistand leisten können, was Sie an Geistigem in sich tragen. Ich kann Ihnen Hinweise und Ratschläge geben aus meiner Sicht, aber ich kann Ihnen keine speziellen Hinweise und Ratschläge für Ihre individuelle Situation geben. Und alle meine praktischen Hinweise und Ratschläge erübrigen sich spätestens dann, wenn Sie selbst eine eigene geistige Haltung zur Begleitung der Hinübergehenden erarbeitet haben. Sie werden in jedem Einzelfall, mit dem Sie früher oder später konfrontiert werden, ganz von selbst das Richtige tun, denken und sagen.

Noch etwas aber zur konkreten Situation im Umgang mit Sterbenden, an das Sie wahrscheinlich nicht denken, wenn Sie involviert sind: Sie müssen dafür sorgen, daß Sie selbst nicht versagen. Auch wenn Sie eine gefestigte Haltung dem Tod gegenüber erarbeitet haben, ist in der Schwere der akuten Belastung die Gefahr groß, sich zu überfordern. Nehmen Sie sich deshalb in den Tagen Ihrer Begleitung auch immer wieder Zeit für sich selbst und sammeln Sie Ihre geistigen und körperlichen Kräfte. Reden Sie mit dem Sterbenden über diese Notwendigkeit; sagen Sie ihm auch, warum Sie im betreffenden Moment gehen und wohin und wann Sie wieder bei ihm sind. Machen Sie das bitte, auch wenn Sie den Eindruck haben, daß er Sie nicht hören kann. Sagen Sie ihm, daß

Sie mit neuer Kraft zurückkehren. Dabei könnte Ihnen dieser Grundsatz helfen: Wenn ich da bin, muß ich *gut* dasein.

Wenn ein Sterbender nicht das Gefühl hat, daß er grundsätzlich alleine gelassen wird von Menschen aus seiner Nähe, dann kann er Entfernung akzeptieren und ist vielleicht auch gerne mal ein paar Stunden für sich, so die äußeren Umstände es erlauben.

Machen Sie sich selbst jeden Tag erneut klar, daß die Todesstunde kommen wird und wie Sie dann in diesem unwiederbringlichen Augenblick mit dem Sterbenden sein möchten. Es ist nicht nötig und auch nicht sinnvoll und oft sogar ganz unmöglich, in der Todesstunde noch über Grundsätzliches zu reden, wie das eilig hinzugezogene Vertreter der Kirche so gerne tun. Ich habe einmal die Todesstunde eines Vierzigjährigen miterlebt, in der er dem panisch herbeigerufenen Geistlichen alles anvertraute, was ihn noch belastete, und der Geistliche, quasi mit der Stoppuhr Gottes im Nacken, erteilte eilig seinen Kommentar zu alledem, ehe er vom alles erlösenden Glauben an seine Institution zu sprechen anfing: ein Monolog, unter dem der Mann, an dessen Bett er gehalten wurde, still verstarb. Es ist furchtbar, wenn über der Todesstunde die Not des Erklärens oder der Aufarbeitung liegt.

Es ist vor allem wichtig, daß *Sie* jetzt *da sind*. In jeder Beziehung *da*. Daß Sie anwesend sind, konzentriert und geistesgegenwärtig. Seien Sie still – es ist (im besten Fall) jetzt alles gesagt. Wenn nicht, so ist es jetzt zu spät. Nehmen Sie eine körperliche Haltung ein, die Sie möglichst vorher dem Sterbenden schon vertraut gemacht haben. Setzen Sie sich neben ihn, halten Sie seine Hand oder legen Sie sich zu ihm und nehmen Sie ihn in den Arm. Letzteres wird allerdings oft als zu nah empfunden; ich habe beobachtet, daß Sterbende körperlich für sich sein möchten, wohl aufgrund mancher physischer Beschwerden und aber offenbar auch, um sich das Loslassen leichter zu machen. Fast immer aber wünschen Sie eine Berührung der Hände. Wenn das auch in Ihrem Fall so ist, dann sollten Sie die Handinnenfläche des Sterbenden fassen, da dies uns Menschen am meisten Nähe und Geborgenheit signalisiert, wenn keine Umarmung stattfindet. Auch Stirnberührungen werden als wohltuend empfunden.

Achten Sie darauf daß Ihr Händedruck jetzt nicht locker ist, auch nicht verkrampft tapfer, sondern daß Sie *bewußt die Hand eines Sterbenden ergreifen*. Er muß das Gefühl haben, daß Ihre Hand zu jeder Sekunde Ausdruck dieses Gefühls ist.

Sie brauchen nicht mehr zu sprechen – es sei denn, Sie spüren oder hören, daß es gebraucht wird. Das Hören ist jetzt sehr wichtig. Sterbende sagen in der Todesstunde viel. Hören Sie zu, hören Sie Fragen heraus und geben Sie eine Antwort. Seien Sie sehr aufmerksam, denn ein Mensch spricht in seiner Todesstunde meist undeutlich und nicht in vollständigen Sätzen. Wenn der Sterbende Schmerzen hat, die nicht zu lindern sind, so versuchen Sie sie mit einer kurzen und klaren Aussage zu relativieren: »Es ist dein Körper, der jetzt noch weh tut. Geh mit deinem Geist mit, laß dich los.« Sie können es auch stumm sagen. Je näher der Mensch dem Tod ist, um so hellsichtiger wird er; auch dann, wenn Sie einen anderen Eindruck haben.

Noch etwas Grundsätzliches: Sprechen Sie nicht zum Körper, sondern zum Geist des Sterbenden! Da ist kein Zellhaufen vor Ihnen, der in sich zusammensackt und anschließend weggeschafft werden muß. So *kann* es nicht sein, und ich bin sicher, Sie können sich das in Wahrheit auch gar nicht vorstellen, wenngleich sich sehr vieles in unserer Kultur so verhält, als glaubten es alle. Eine Seele, ein Geist verläßt den Körper, *das* ist die Schwelle des Todes. Sprechen Sie also mit dem Geist und nicht mit dem Körper.

Ich bin – eben weil meine Überzeugung die ist, daß wir vorrangig an uns selbst arbeiten müssen und tief in uns, wenn wir nur nachgraben, ein intuitives Wissen über das Mysterium des Todes haben – keine Freundin von Workshops oder Erlebnisseminaren zum Thema Tod. Private Gesprächsrunden und Hilfestellung gebende Beratung (in Buchform liegt so etwas ja vor Ihnen) für Sie selbst zur Erarbeitung in der Stille finde ich jedoch nötig und sinnvoll, sofern Ihren Vorstellungen genügend Raum gelassen wird. Vorbehaltlich dessen möchte ich Sie hier noch darauf aufmerksam machen, daß es im Umfeld der im vorigen Kapitel erwähnten »Hospizbewegung« mittlerweile Hospizbildungswerke gibt, die Veranstaltungen zu diesem Thema gegen Bezahlung anbieten. Eine Kontaktadresse finden Sie im Anhang des Buches.

Daß bei solchen Veranstaltungen im Prinzip jeder mitgestalten und mitwirken kann, kann von großem Vorteil sein, denn nicht immer sind ja die »Fachleute« auch wirklich Wissende. Und wirklich Wissende haben umgekehrt oft keine »einschlägige Vorbildung« aufzuweisen. Kein Kurs wird aber eine eigene Haltung ersetzen oder übers Wochenende schaffen. Ich denke, die beste Lehre ist das Leben selbst, wenn man sich wach verhält und bereit ist, das Wesentliche zu lernen. Indem Sie zunächst mit den Sterbenden in Ihrer weiteren Umgebung umgehen, ruhig und vorsichtig tastend, bereiten Sie sich auf die Sterbefälle Ihnen Nahestehender vor – und letztlich auf Ihren eigenen Tod. Und wenn Sie erst einmal gespürt haben, worum es geht, dann können Sie auch alleine gar nichts falsch machen. Vielleicht aber finden Sie Weggefährten bei Kursen oder Seminaren, Menschen, die Sie auf Ihrer eigenen Suche bestärken. Deshalb erwähne ich die Veranstaltungen des Hospizbildungswerkes.

Für Ihre weitergehende, vertiefende Arbeit an unserem Thema empfehle ich Ihnen das *»Tibetanische Totenbuch«* (oder: *»Die Nachtod-Erfahrungen auf der Bardo-Stufe«*. Einführung von C. G. Jung. Walter Verlag). Es ist zwar sehr schwer zu verstehen, aber ohne Zweifel eines der wenigen Weisheitsbücher der Menschheit; und es legt die vier *Bardos*, die tibetische Sicht des »Stirb und werde«, in einzigartiger Weise dar. (»Bardo« ist ein Begriff, der kaum zu übersetzen ist, er meint soviel wie Stufen oder Zeiträume. Die vier Bardos sind, grob vereinfacht gesagt: das Bardo der Geburt, das Bardo des Lebens, das Bardo des Todes und das Bardo der Zeit zwischen Tod und Wiedergeburt.) Sie werden selbst am besten wissen, auf welche Art Sie Ihr Wissen über die Dinge des Werdens vertiefen möchten!

Ehe ich nun mit Ihnen gemeinsam weitergehe und die gegenwärtigen, allgemein noch vorherrschenden Zustände im Umgang mit Gestorbenen untersuche (das Buch heißt ja im Untertitel *»Über die Unkultur im Umgang mit unseren Toten«* – und hierauf lege ich besonderen Wert, da in unserer Gesellschaft das Gespräch über den Tod, wenn es denn überhaupt geführt wird, meist in das große Schweigen über die Toten mündet) und wiederum Verbesserungsvorschläge und Alternativen anbiete, möchte ich Ihnen noch einmal die Frage nach der Kultur stellen, in der wir heute leben: Könnten Sie es sich vorstellen, daß in unserer Gesellschaft einmal Sterben und der Umgang mit Toten zum Lehrfach wird, zum selbstverständlichen Unterricht gehörend?

In Tibet ist das so. Daß wir statt dessen aber eine »florierende Marktwirtschaft« haben, hat mir persönlich im Angesicht von Sterbenden und Toten noch nie etwas geholfen. Ich wußte es in diesen Momenten nicht einmal mehr.

Der gestorbene Mensch

Was zu Beginn dieses Kapitels überdacht werden soll, ist, *wie* in unserer Gesellschaft der Tod festgestellt wird und was daraus folgt.

Der Kreislauf eines Körpers funktioniert nicht mehr, Herzton und Hirnströme sind nicht mehr meßbar; der Körper eines Menschen zeigt keine Regung mehr, der Körper eines Menschen reagiert nicht mehr – und eine Umgebung, die daran gewöhnt ist, nur das zu glauben, was sie mit eigenen Augen sehen kann und was ihr Apparate beweisen, erklärt den Menschen für tot, für nicht mehr existent. Und zwar, diesem Umstand gebührt besondere Bedeutung, *ab sofort*, übergangslos.

Da von der Existenz einer Seele, einem Unsichtbaren, das mit Meßmethoden nicht erfaßbar ist, nicht ausgegangen wird, erscheint der tote Körper schlagartig als ein Ding, ein furchterregendes Ding, weniger als ein Ding, weil zu nichts mehr zu instrumentalisieren. Der Totenschein wird ausgestellt und die Uhrzeit des körperlichen Versagens penibel festgehalten (»22 Uhr 31«). Nach unserer gegenwärtigen Auffassung ist hiermit von einer Minute auf die nächste ein Leben beendet, ausgelöscht.

Dieses *Ab-sofort*, das entsetzliche Dinge im Umgang mit gerade Verstorbenen möglich macht, fordert eine nähere Betrachtung. Im Zeitalter der Maschinen scheint auch der gestorbene Mensch wie ein Apparat angesehen zu werden, bei dem der Stecker herausgezogen wurde: ein nicht mehr funktionierender Apparat. Ein Großteil von uns hat sich dieser Sicht bereits unbewußt angeschlossen. Das ist erstaunlich, denn wir alle mußten ohne Ausnahme sieben bis neun Monate im Leib unserer Mutter heranwachsen, ehe wir zum ersten selbständigen Atemzug fähig waren und in dieses Leben treten konnten. Daß es ein pränatales Erleben gibt, ist uns allen bewußt, und wir richten uns auch danach, weil wir hierfür »Beweise« vorliegen haben, zum Beispiel durch Ultraschalluntersuchungen. Bitte bedenken Sie: Könnte es nicht sein,

daß es – den ruhigen Gesetzen der Schöpfung folgend, und auch
die Verwesung ist ein solches ruhiges Gesetz – ebenso wie ein
pränatales ein *postmortales* Erleben gibt, das wir nur deshalb nicht
seriös und gewissenhaft erforschen, weil derartige Zusammenhänge nicht in unser materielles System passen und weil uns zur
Entwicklung einer solchen Forschung (es ginge dabei auch um
andere Meßmethoden) das geistige Instrumentarium fehlt? Die
Tibeter zum Beispiel *wissen* ganz einfach, daß es vor *und* nach
unserem Sein hier auf Erden ein individuelles Seelenleben gibt,
das sich langsam *verkörpert* und langsam *entkörpert*, aber immer
ist. Sie brauchen dazu weder Ultraschall noch eine Forschung,
die Beweise für die Wahrnehmungsfähigkeit der Verstorbenen
erbringen soll. Das Wissen dieses Volkes beruht auf seiner vorwiegend geistigen Entwicklung. Wie lange müssen wir wohl mit
unserem Apparatewahn noch weiterstümpern, um zu einem solchen in uns allen angelegten Urwissen zurückzufinden? Führt er
uns überhaupt je dahin?

Der Körper eines Menschen versagt den Dienst, *wir* können
keine Regung mehr erkennen und leiten davon, unserem aktioni-
stischen Lebensstil folgend, den im Grunde genommen kanni-
balisch kulturlosen Schluß ab, es handele sich *ab dem Zeitpunkt
des körperlichen Versagens* bei einem Gestorbenen um ein wesen-
loses Etwas, um eine Art Abfall, der augenblicklich entsorgt und
restverwertet werden müsse.

Mit dieser Formulierung wird sich natürlich niemand anfreunden können. Im wahrsten Sinne des Wortes *natürlich* nicht, denn
die Ahnung um die geistigen, die eigentlichen Zusammenhänge
ist einem jeden von uns angeboren, mögen wir sie auch noch so
leugnen. Diese provozierende Formulierung entspricht aber genau den Tatsachen, von denen in diesem Kapitel gesprochen werden muß. Unser Materialismus hat uns zu einer allgemeinen Ent-
sorgungsmentalität im Umgang mit Verstorbenen geführt. Die
Verdrängung des Sterbens und des Todes (als Vorgang einer höheren Fügung) gipfelt in dem unausgesprochenen und unbewußten
Credo, der Mensch sei Material, das sich nur durch seine Mechanik
selbst empfinden kann.

Treffen wir keine entsprechenden Vorbereitungen, was eine

geistige Beschäftigung mit dem Tod voraussetzt, so werden wir, wenn wir gestorben sind, faktisch als numerierte Zellhaufen behandelt. Das ist keine Horror-Science-fiction, es ist Gegenwart, unsere alltägliche Realität. Oder milder gesagt: Da es immerhin möglich ist, daß wir unmittelbar nach unserem physischen Ableben noch eine Wahrnehmung haben, dem Schlafe entfernt ähnlich vielleicht, müßte es in unserem eigenen Interesse liegen, uns gegen die Unkultur im Umgang mit unseren Toten zu wehren. Damit wir etwas verändern können und nicht als numerierte Zellhaufen enden.

Tritt der physische Tod eines Menschen auf der Station eines Krankenhauses ein, so lautet die Losung im nächsten Augenblick einhellig: »Weg mit dem Toten!« Das ist übrigens auch auf den Palliativstationen nicht anders.

»Weg mit dem Toten« heißt: So schnell wie möglich weg von den Lebenden, so schnell wie möglich aus dem Bett und aus dem Zimmer hinaus, das Bett wird gebraucht, und im Zimmer stören sich andere an dem Toten. Starb er allein in einem Raum, muß dieser so schnell wie möglich wieder »hergerichtet« werden, für den nächsten. Niemand soll den Tod sehen müssen, keiner an ihn erinnert werden. Auf Palliativstationen: Wenn er denn da ist, keiner soll ihn betrachten müssen.

Nur sehr wenige Krankenhäuser – ich habe nur zwei ausfindig machen können, eines davon war an den Modellversuch der Palliativstationen angeschlossen – verfügen über ein sogenanntes Verabschiedungszimmer. Ein Verabschiedungszimmer ist ein an eine Station angegliederter, also nicht ausgelagerter Raum, der an sich leer und bereit steht und in den nach Eintritt eines Sterbefalls der Leichnam des Verstorbenen gebracht wird. Dort können die herbeigerufenen oder bereits anwesenden Angehörigen des Toten bei ihm verweilen und Abschied nehmen, allerdings, den Usancen des Krankenhausbetriebes folgend, höchstens einige Stunden lang, ehe der Leichnam in den Keller des Krankenhauses gebracht wird, genauer gesagt in die Prosektur.

Die Prosektur ist der Raum, in dem die Sektion der Leichen (gerne auch »abschließende Untersuchung« genannt) durchgeführt wird. Im Vorraum der Prosektur werden die Verstorbenen

vor und nach der Sektion (oder Obduktion) in Kühlfächern aus
Stahl verwahrt, die etwa zwei Quadratmeter groß sind, innen
rundherum auswaschbar und bei Verschluß vollständig lichtfrei.
Je nach Größe des Krankenhauses befinden sich etwa sechs bis
achtzehn Kühlfächer in einer solchen Aufbewahrungswand. Zu
den oberen Fächern werden die Toten auf Bahren mit einer Art
Gabelstapler heraufgefahren und dann hineingeschoben. Prosektur und Kühlfächer befinden sich grundsätzlich im Keller der
Krankenhäuser, aus klimatischen und praktischen Erwägungen
(zum Beispiel: direkte Anfahrtsmöglichkeit der Bestatter an die
sogenannte Leichenrampe). Daß noch weitere Erwägungen bei
der Erstellung der betreffenden Baupläne eine Rolle spielen, kann
nicht bewiesen werden, liegt jedoch nahe. Was in den Prosekturen
so alles geschieht – wir kommen noch dazu.
    In der Regel wird ein Verstorbener, wenn kein Verabschie-
dungszimmer zur Verfügung steht, unmittelbar nach Eintritt seines Todes im Krankenhaus in den Keller desselben gefahren. Gibt
es ein Verabschiedungszimmer und wird diese Einrichtung auch
wahrgenommen (was nicht üblicherweise der Fall ist, denn viele
Angehörige wollen den Toten im Krankenhaus gar nicht sehen;
zur Verabschiedung scheint ihnen, wenn überhaupt, der Bestattungstag eher geeignet), so findet die Verfrachtung in den Keller
einige Stunden später statt. So gut wie immer hat der oder die
Tote dann noch Körpertemperatur (»ist noch warm«) und kann
etwa nach Auffassung der Tibeter noch bis zu 72 Stunden lang
hören, die Umgebung also wahrnehmen. Die Israelitische Religionsgemeinschaft vertritt den Standpunkt, die Toten hörten sogar
noch ihre eigenen Grabreden.
    In den meisten Krankenhäusern existieren »Extra-Krankenauf-
züge« (oder so ähnlich – »Sondertransportaufzug« habe ich auch
schon gehört) für den Transport der Leichen in den Keller. Verfügt
das Krankenhaus über keinen Extraaufzug, so wird der normale
Aufzug gesperrt, um den Leichnam ungesehen in den Keller zu
bringen. Meist geschieht dies dann in der Nacht; bis dahin kann
es durchaus sein, daß der oder die Tote in der – selbstverständlich
verschlossenen! – Putzkammer »zwischengelagert« wird. In
jedem Fall meidet man die Konfrontation Lebender mit Verstorbe-

nen, man weicht mit organisiertem Taktgefühl vor allem jenen
Menschen aus, die zu Operationen gefahren werden oder auf dem
Weg zu Bestrahlungen oder anderen Behandlungen sind. Denn
diese Menschen »sollen und können ja geheilt werden« – und mit
der Selbstherrlichkeit unseres Jahrhunderts ist es mithin für jedermann selbstverständlich, daß dabei »an alles, nur an den Tod
nicht« gedacht werden darf.

Vom Eintritt des Todes an, spätestens aber ab dem Zeitpunkt
des Entfernens der Leiche aus dem Bereich der Lebenden, beginnt
nun das, was ich den *ausgeblendeten Bereich* nenne. Mit diesem
Begriff möchte ich die Zeitspanne vom Tod eines Menschen in
unserer Gesellschaft bis zu seiner Bestattung oder Einäscherung
umreißen – und zwar *vor allem auf die Toten selbst bezogen.* Das
heißt: Es wird ausgeblendet, *was mit ihm (oder ihr)* in dieser
Zeitspanne *geschieht.* Aber auch für die Hinterbliebenen ist dieser
Bereich so gut wie nicht im Bewußtsein. Man spricht niemals
über ihn als eine existente Zeit oder gar als eine einmalige Chance.
Man steht »unter Schock«. Man nimmt alles nur »wie im Traum«
wahr. Und selbst wenn man über den verstorbenen Menschen
spricht, dann auf keinen Fall darüber, was *zur Stunde* mit ihm
geschieht, während er noch über der Erde ist: wo er sich gerade
befindet, wie es dort aussieht und wer um ihn herum ist. Man ist
zu sehr mit sich selbst beschäftigt und – man meint, es müsse so
sein und es helfe auch zu verdrängen – mit Organisatorischem
und Bürokratischem.

Was mit den Gestorbenen bis zu ihrer Bestattung geschieht, ist
das größte Tabu in unserer Gesellschaft überhaupt – und zwar
unabhängig davon, wo gestorben wurde, ob im Krankenhaus oder
zu Hause oder auf der Autobahn oder sonstwo. Leichen werden
generell auf dem schnellsten Wege abgegeben, *irgendwohin,* man
weiß nicht genau, wohin – Hauptsache weg. Und wie dort, wo
immer es ist, mit ihnen umgegangen wird, ist *so* tabu, daß wir
nicht einmal daran denken, *daß wir daran denken könnten* in den
Tagen bis zur Bestattung. Es taucht in keiner Broschüre der Ver-
braucherorganisationen (»Was ist zu tun, wenn ein Mensch
stirbt?«) auf, und ist auch sonst kein Thema unserer *verbraucher-
freundlichen* Zeit. Der Umgang mit Leichen ist einfach nicht

existent, obwohl er existent ist – und zehnmal wichtiger als die
Auswahl eines passenden Sarges. Wo der *Mensch* ist, zwischen
Tod und Bestattung, der hinterbliebene, vor allem aber der verstor-
bene Mensch, wird *ausgeblendet.*

Selbst das Fernsehen, das pausenloses Sterben zur Unterhaltung
bietet, eine Massierung und Hemmungslosigkeit, durch die der
Tod sich praktisch unentwegt selbst verdrängt, weil er nicht mehr
real wahrgenommen wird, blendet den Bereich nach dem Tod
vollständig aus. Es wird gestorben, Schnitt, das Leben der anderen
geht weiter. Eine Leiche, der gestorbene Mensch selbst (nicht sein
Tod, der ja dazu dient, den Mörder zu finden – oder ähnliches),
ist auch aus der Sicht der Filmemacher Müll. Sie gibt nichts mehr
her. Man kann sie noch eine Sekunde blutüberströmt zeigen, dann
aber weg damit.

Nur unser kollektives Einverständnis, mit dem wir den Bereich
zwischen Tod und Bestattung ausblenden, wofür die tiefe Ursache
in der systematisierten Verdrängung unserer eigenen Sterblichkeit
liegt, macht es möglich, daß vor unseren Toten, wo sie nicht ganz
ignoriert werden (siehe oben), keinerlei Achtung mehr besteht.
Erst vor kurzem ist davon ein wenig in der Öffentlichkeit bekannt
geworden, zum Beispiel die in den Krankenhäusern Verstorbenen
betreffend.

Der im Krankenhaus Gestorbene wird also unmittelbar nach
seinem Tod in die Prosektur gebracht. An dieser Stelle scheint es
mir passend, Sie noch einmal an die Tatsache zu erinnern, daß
rund achtzig Prozent unserer Bevölkerung in Krankenhäusern
versterben. Die Prosektur befindet sich so gut wie immer im
Bereich der Pathologie, nur in sehr kleinen Krankenhäusern, die
keine hauseigene Pathologie haben, nicht. Der Begriff *Pathologie*
und die Aufgaben und Tätigkeiten, die er umfaßt oder elegant
verdeckt, bedürfen einiger Aufmerksamkeit.

»Pathologie« heißt die allgemeine Lehre von den Krankheiten.
Pathologen sind in unserer Schulmedizin also ungemein wichtige
Funktionsträger, um es einmal treffend zu sagen, und das nicht
nur, was die Forschung angeht. Sie nennen sich auch gerne »Dia-
gnostiker« – und sie erstellen ihre Diagnosen oft recht weit entfernt vom Menschen. Während vieler Operationen, zum Beispiel

im Falle einer Entfernung einer Krebsgeschwulst, macht der
Pathologe im Krankenhaus den sogenannten »Schnellschnitt«.
Das heißt, er untersucht die aus dem Operationssaal übersandte
Gewebeprobe unter dem Mikroskop, noch während der betreffende Patient mit geöffnetem Körper in Narkose liegt. Der Chirurg wartet zur Bestimmung des weiteren Verlaufs der Operation
den Befund des Pathologen ab, der sich so ziemlich aus allem
addiert, aus neuesten Forschungsergebnissen und Forschungsauf-
trägen, nur nicht aus dem Augenmaß des Pathologen oder seiner
direkten medizinischen Erfahrung am lebenden Menschen. Das
Labor einer Pathologie sieht etwa so aus wie eine Entwicklungs-
stätte für Computerchips, und es ist vollständig abhängig von
Apparaten, die Ergebnisse liefern, die mit dem menschlichen Hirn
kaum mehr nachzuvollziehen sind. Man arbeitet mit winzig kleinen Gewebeproben und selbstverständlich computergesteuert.
Der Chirurg nimmt also, während er einen Menschen vor sich
auf dem Operationstisch liegen hat, vom Pathologen computer-
erstellte Ergebnisse entgegen, die über das Leben des betreffenden
Patienten mitentscheiden werden; Ergebnisse, die er, der Chirurg,
»längst nicht mehr wie in vorsintflutlicher Zeit« aus seiner persönlichen Fähigkeit zur Diagnose gewinnen muß, nach denen er sich
aber richten wird. Ich möchte es hier auf den einfachen Nenner
bringen: Die Krankenhauspathologen bedienen mit enorm spezi-
fischem Fachwissen Apparate, deren Ergebnisse für sie selbst
längst so unüberprüfbar sind, daß die auf diesen Ergebnissen
basierenden Entscheidungen der Ärzte über Leben und Tod im
Grunde genommen kaum mehr menschliche Entscheidungen genannt werden können.

Gleichzeitig sind Pathologen stümperhafte Gesellen. Denn
wenn sie direkt mit Menschen zu tun haben, mit ganzen menschlichen Körpern, dann legen sie – aus ethischem Unvermögen oder
als Folge ihrer extrem nüchternen Computertätigkeit, vielleicht
auch zum Ausgleich derselben – ein sehr sonderbares Verhalten
an den Tag, ein systemkonformes Verhalten, wohlgemerkt.

Neben dem soeben erwähnten Tätigkeitsfeld obliegt den Pathologen auch die sogenannte innere Leichenschau. Sie sei, so sagt
man, dazu da, die Kontrolle über klinische (mithin die eigenen)

Diagnosen und Therapien auszuüben. Die vom Menschen nicht
mehr nachvollziehbare Computerdiagnostik, die sich ständig wei-
terentwickelt und nach meinem Dafürhalten schon verselbstän-
digt hat, soll anhand des menschlichen Körpers, der sich in den
letzten Jahrhunderten vergleichsweise nur sehr geringfügig wei-
terentwickelt hat, überprüft und reguliert werden. Wäre es so –
wir hätten eine ganz auf den Menschen bezogene Medizin; wir
müßten längst eine Rückbesinnung und im positiven Sinne Rück-
entwicklung der heutigen Medizin erkennen können. Wir haben
aber eine menschenunwürdige Apparatemedizin, noch dazu eine,
der nahezu jeder blind vertraut. Man *glaubt* der herrschenden
Diagnostik – blind und aus Todesverdrängung. Es ist also eher
anzunehmen, daß die Wirkung der Schulmedizin und deren Experimente anhand der inneren Leichenschauen überprüft werden
sollen.

Eine innere Leichenschau (Obduktion) wird nicht grundsätzlich gemacht, nur in »interessanten« Fällen. Bei Tod durch äußere
Gewalteinwirkung macht eine Obduktion Sinn, wenn Verdacht
auf Tötung besteht, ebenfalls bei Verdacht auf Tod durch Vergiftung oder eine Infektionskrankheit (zum Schutze der Angehörigen). In vielen Fällen jedoch muß davon ausgegangen werden,
daß aus den zuvor genannten Gründen obduziert wird, zum Beispiel nach einem langen Krebsleiden mit entsprechender Therapie.

Bei einer Obduktion wird der Körper des Toten etwa sechs
Stunden nach seinem Ableben (»So lange warten wir, falls der
wiederaufsteht«, sagte mir der Chefpathologe eines großen Krankenhauses) oder so früh wie möglich danach vom Bereich unterhalb des Kinns bis zum Bereich oberhalb des Schambeins der
Länge nach durch einen sogenannten Kragenschnitt geöffnet. Früher, als auch die Pathologen noch ein zusammenhängenderes Bild
vom Menschen hatten, wurden die Organe eines Toten nach der
»Wiener Methode« untersucht. Das heißt, man untersuchte die
Organe nach Öffnung des Körpers *im Körper* und war darauf
bedacht, so wenig wie möglich von ihnen zu entnehmen oder zu
zerstören. Heute, aus Faulheit und Desorientiertheit möchte ich
sagen, vielleicht aber auch aus dem Wunsch heraus, gar nicht
mehr mit dem *ganzen Menschen* konfrontiert zu werden, werden

die Organe eines Toten bei der Obduktion nach der Öffnung des Körpers prinzipiell ganz herausgeschnitten und in verschiedene bereitstehende Stahlschüsseln gegeben, von dort aus auf eine Arbeitsplatte aus Stahl geschüttet (»gelegt« wäre nicht das richtige Wort; wenn Sie es einmal gesehen hätten, würden auch Sie »geschüttet« sagen), die sich abseits vom Toten befindet. Auf der Arbeitsplatte werden die Organe einzeln bearbeitet, wobei man handfest zur Sache geht und weitaus »neutraler«, als arbeite man am geöffneten Körper. Bei einer Obduktion, meine ich, muß grundsätzlich davon ausgegangen werden, daß Organteile oder ganze Organe eines Toten nicht mehr in seinen Leib zurückgegeben werden und daß bei einer Obduktion zur Feststellung der Todesursache auch Organe entnommen und nicht zurückgegeben werden, die mit der speziellen Untersuchung gar nichts zu tun haben. Diese Organe werden entweder (ohne Wissen der Hinterbliebenen, versteht sich) präpariert und zu Studienzwecken verwendet oder auch an die Industrie verkauft oder zu Versuchszwecken im hauseigenen Labor mißbraucht.

Liegt der Wunsch eines Verstorbenen (oder seiner Bevollmächtigten) vor, ein Organ postum zu spenden, wird ebenfalls ein Kragenschnitt gemacht – allerdings sofort nach Eintritt des Todes – und nach meiner Einschätzung ebenfalls, ob sie transplantiert werden können oder nicht, weit mehr Organe entnommen, als es dem Wunsch des Spenders entspricht. »Wenn ich tot bin, spende ich meine Nieren einem Nierenkranken« – diese Erklärung, die auch nicht jedermanns Sache ist, bedeutet soviel wie einen Freibrief zur postmortalen Ausschlachtung.

Nach Beendigung der Organentnahme wird der Körper des Toten ausgestopft: mit Holzwolle oder Sägespänen. Anschließend wird mit wenigen, groben Stichen zugenäht. Die nicht selten sehr schludrig gemachte Naht geht gelegentlich auf, wenn die Leiche bewegt wird; so kann der Bestatter zum Beispiel oft sehen, daß und wie viele Organe entnommen worden sind. Danach aber fragt ihn niemand, und er sagt es niemandem – wir befinden uns im ausgeblendeten Bereich! Ist die Naht jedoch stabil, so ist das Gewicht eines Toten ein Indiz für seine Ausschlachtung: Denn wenn ein Großteil der Organe entnommen wurde, so wiegt der

Verstorbene weniger, als es bei seinem Anblick erfahrungsgemäß zu erwarten wäre. Wer aber will so etwas wissen? – Obduziert »im großen Stil« wird, wie gesagt, nicht grundsätzlich, in den zahllosen Fällen mit langer Krankheitsgeschichte (Krebs) wohl auch deswegen nicht generell, weil sich die Fälle »wiederholen« und nicht interessant genug sind, was die Forschung (Diagnostik) betrifft.

Was aber in jedem Fall nach einem Tod im Krankenhaus gemacht wird, in zirka achtzig Prozent aller Todesfälle also, ist eine sogenannte »abschließende Untersuchung«. In ihr kann sich ohne weiteres eine Sektion verbergen, was vom Wortsinn her genau das gleiche meint wie Obduktion, nämlich die Öffnung einer Leiche. »Sektion« aber klingt harmloser und bedeutet üblicherweise auch nicht eine Öffnung der Leiche durch Kragenschnitt, sondern eine gezieltere Ausbeutung der Leiche, und zwar keineswegs unbedingt mit Wissen der Angehörigen, da für die »abschließende Untersuchung« kein Einverständnis erforderlich ist, wie es bei Obduktionen jedoch eingeholt werden muß. Es herrscht Unwissen darüber, was bei der »abschließenden Untersuchung« so alles geschehen kann, und deshalb ist die Ausbeutung einer Leiche durch sie weder vorsätzlich heimlich noch – juristisch gesehen – illegal, sondern es macht sich nur niemand kundig darüber, und das verhilft den Pathologen zu ungestörtem Tun. Von sich aus sehen sie keinen Aufklärungsbedarf.

Auch bei den »grundsätzlich vorgenommenen, abschließenden Untersuchungen« wird – kommen seltene Nachfragen – so getan, als unternähme man sie aus Umsicht und diagnostischen Gründen, und zwar im Sinne des Verstorbenen, als wirke also quasi sein Recht auf Diagnosestellung ausnahmslos auch noch nach seinem Tode fort. Die Angehörigen erfahren nur selten irgendein relevantes Ergebnis. Mir kommt das logisch vor, denn es ist anzunehmen, daß bei diesen »Untersuchungen« nicht viel mehr untersucht wird als die Frage, ob sich zum Beispiel die Hirnhaut oder die Gehörknöchelchen des Toten zum Verkauf an die Industrie eignen.

Um die Jahreswende 1993/94 drang erstmals an die Öffentlichkeit, daß Pathologen und Sektionsgehilfen einen schwunghaften Handel mit Leichenteilen betreiben. Systematisch werden Toten

(ganz gezielt nach dem Bedarf der Industrie) Organe entnommen – eine serielle Zulieferung auf Bestellung gewissermaßen.
Sterben Sie in einem Krankenhaus, das gerade Hirnhäute zu liefern
hat, wird Ihnen wenige Stunden nach Ihrem Tod die Hirnhaut
entnommen; ein Eingriff übrigens, den Ihre Angehörigen, selbst
wenn sie Sie vor Ihrer Bestattung »noch einmal ansehen« würden,
kaum bemerken könnten. Ihr Bestatter, würde er je gefragt, wüßte
allerdings, daß er die Haare des oder der Toten über eine schmale
Naht gekämmt hat, die kaum zu spüren ist, da die Schädeldecke
nicht mehr durchblutet wird. Wenn Sie einen aufmerksamen und
ehrlichen Bestatter *hätten, würde* er es wissen und Ihren Angehörigen mitteilen.

Sehen wir nun einmal von der Frage ab, ob sich die Pathologen
und Sektionsgehilfen beispielsweise durch den Verkauf von Duren
(Hirnhäuten) und Gehörknöchelchen bereichern, was natürlich
ein Skandal wäre und trotzdem nicht gerade verwunderlich in
unserer Gesellschaft. Widmen wir uns der weitaus wichtigeren
Frage, was eigentlich mit den Leichenteilen gemacht oder ursäch-
lich mit ihrer Entnahme bezweckt wird.

Mit den Körperteilen, die Toten entnommen und an die Industrie »weitergereicht« werden (wie es ein Pathologe ausdrückte,
als der Skandal aufflog), werden lebende Menschen »geheilt«. Im
Klartext: Die Toten werden beklaut, um der heutigen Medizin
Erfolge und somit eine zusätzliche Daseinsrechtfertigung zu verschaffen. Den Gestorbenen werden »Materialien« entnommen,
die gegenwärtig trotz hochentwickelter Forschung in der Therapie noch durch nichts zu ersetzen sind: Hornhäute der Augen,
Muskelhäute, Knochen, die schon erwähnten Duren und Gehörknöchelchen ... Und diese »Materialien« werden Lebenden eingesetzt. Früher waren es auch Hirnanhangdrüsen, zum Beispiel.
Deren Aufbau und Funktion kann mittlerweile künstlich ersetzt
werden, was als Triumph der Schulmedizin verstanden wird; nur
deshalb werden sie nun nicht mehr entnommen. Unter dem Druck
der Aufdeckung ihrer »kühlen und sachlichen« Nebentätigkeiten,
wie ein Sprecher der Pathologen die systematisierte Plünderung
der Leichen bezeichnete, versichern Pathologen gegenwärtig, daß
die Entnahme und Weitergabe von Leichenteilen an die Industrie

in dem Moment restlos eingestellt würde, in dem der Mensch
synthetisch vollständig nachbildbar ist. Ist das nicht ein schöner
Gedanke?

Die Transplantationswut haben wir ja schon durchdacht, die
omnipotente Vorstellung des Menschen der Gegenwart, er könne
künstliches Leben erschaffen, ist Ihnen bereits bekannt; hier nun,
was die Plünderung der Leichen angeht, die gegenwärtig Usus
ist, kommt zur Perversion unserer Zeit noch etwas anderes hinzu:
der Wunsch, das Tote restzuverwerten, es für das Leben doch
noch nutzbar zu machen; es also *zurückholen* zu können und
nicht als gestorben wahrnehmen zu müssen. Die Grenze des Todes
soll nie bewußt überschritten werden, alles, was es gibt, muß sich
auf das Diesseits beziehen lassen, muß wieder eingefangen werden
können, auf irgendeine Art. Schwerste Krankheiten, das Versagen
des Augenlichts ... alles soll »rückgängig« gemacht werden können. Natürlich ändert dieses unausgesprochene Gemeinschafts-
credo unserer Zeit am Tod rein gar nichts. Und wie wir mit seinen
Beweisen, unseren Toten, umgehen, drängt doch auch, denkt man
an den oben beschriebenen Zurückholwahn, unwillkürlich Assoziationen zum Kannibalismus auf – auf einer »verfeinerten« Ebene
des Einverleibens, finden Sie nicht?

Die »Fachwelt« der betreffenden Spezialisten wird sich freilich
an solchen Schlußfolgerungen reiben, ihnen dies und das, bis zur
Unüberprüfbarkeit (auch für den intelligenten Laien) Komplizier-
tes entgegenhalten. Genau diese »Fachwelt« aber ist unser Problem. Weil sie soviel Raum für sich beansprucht, sind ein normales
Leben und Sterben in Würde und die Würde der Toten in unserer
Gesellschaft so gut wie unmöglich geworden.

Die »Fachwelt« der Pathologen fällt übrigens durch elegante
Nutzung des ausgeblendeten Bereichs für ihre Zwecke auf. So
sagte der Sprecher der Deutschen Gesellschaft für Pathologie,
MANFRED STOLTE, intern, das »oberste Gebot der Pathologen«
sei »die Prävention von Skandalen durch das Ausschalten poten-
tieller Gefahrenquellen«. Eine solche Gefahrenquelle, fügte er
offenbar notwendigerweise hinzu (was den Schluß nahelegt, daß
es wohl recht viele gänzlich unbekümmerte Plünderer von Verstorbenen gibt), sei die »Entnahme von Leichenteilen«. Diese

Äußerung heißt im Klartext: »Unser Tun – das heimliche – steht
gar nicht zur Diskussion. Wir müssen nur aufpassen, daß es nicht
durch Schlampigkeiten (offene Eimer, in denen in Spiritus Duren
herumliegen, allzu offensichtliche Verletzungen der Toten und
dergleichen) nach außen dringt.« Es ist wahr, auf viel mehr müssen
die Pathologen wirklich nicht achten, da zu ihnen in die Prosekturen so gut wie nie jemand kommt – und wenn, so nur für fünf
Minuten und nie unangemeldet. Niemand will wissen, was dort
gemacht wird. Das meinte ich vorhin, als ich Ihnen sagte: Was
bei Sektionen geschieht, ist zwar im Unbekannten verborgen,
aber nicht vorsätzlich heimlich. Die Haltung der passiven Prävention und des Schweigens reicht für die Pathologen vollständig
aus, um ihr schändliches Tun weiterführen zu können. Wenn sie
es denn als ein solches einstufen. Eine Äußerung wie die oben
zitierte jedoch legt zumindest das Vorhandensein eines intellek-
tuellen Unrechtsbewußtseins nahe.

Man macht sich also die allgemeine Verdrängung zunutze: Im
ausgeblendeten Bereich fragt keiner nach den Toten. Wir sind
unseren Gestorbenen nicht (mehr) zur Seite, wir lassen sie abtransportieren, lassen sie augenblicklich, wie in Panik, allein. Und
damit sind jeder Machenschaft, jeder Unmenschlichkeit und jeder
grausamen Verstümmelung und schließlich auch der unkontrol-
lierten Expansion und Verselbständigung der Schulmedizin Tür
und Tor geöffnet.

Ein paar Fragen an Sie persönlich, zu Ihrer gedanklichen Vertiefung: Erinnern Sie sich bitte an den letzten Sterbefall in Ihrer
nahen Umgebung. Haben Sie (hat ein anderer an Ihrer Stelle)
genau erfragt, wohin der Leichnam des Verstorbenen nach seinem
Tod gebracht wurde und was dort mit ihm geschah? Waren Sie
dort? Wie war es dort? Wie lange waren Sie dort? Hatten Sie
Gewähr, daß nichts gegen den Willen des Verstorbenen (gegen
Ihren Willen als Angehöriger oder Partner) mit ihm geschah, im
Zeitraum zwischen Tod und Bestattung? Wie haben Sie das überprüft, wenn Sie glauben, daß es so war?

Und noch zwei weiterführende Fragen: Wüßten Sie, was Sie
unternehmen müßten, um zu verhindern, daß bei der »abschließenden Untersuchung« einem Ihnen nahestehenden Toten Gehör-

knöchelchen oder die Hirnhaut »automatisch« entnommen werden? Denken Sie immer an Manfred Stolte. Ein Pathologe sagt Ihnen nie von sich aus, daß die Hirnhaut Ihres Angehörigen an die Firma Müller in Duderstadt geht! Es ist also unumgänglich, sofern Ihnen an der Unversehrtheit eines Toten liegt, daß *Sie* über eine aktive Klärung dieser Frage nachdenken. – Und würden Sie, setzte man Ihnen beispielsweise bei einer Augenoperation eine »neue« Hornhaut ein, die Frage stellen, ob es die Hornhaut von einem Toten ist, durch die Sie künftig sehen werden?

Die Lebenden sind in unserer Gesellschaft grundsätzlich wichtiger als die Toten und der Respekt vor ihnen. Alles, was mit den Toten getan wird, dient in irgendeiner Weise den Lebenden, ohne Rücksicht auf den Prozeß der Entkörperung, ohne jede Beschäftigung mit dem Mysterium des Todes – ohne Ahnung um das Bardo zwischen Tod und Wiedergeburt, von dem die Tibeter künden. Der ohnmächtige Mensch lehnt sich *mit allen Mitteln* gegen sein Schicksal auf.

Es ist aber nicht nur so, daß die organisierte Leichenfledderei den Lebenden und ihrer »Lebensqualität« dient. Mitunter dient sie auch der Erforschung dessen, wie wirkungsvoller gemordet werden kann. Sie dient »kriminalistischen Zwecken«, eine Wortwahl, die Sie bitte ihrem Ursprung nach zweideutig auffassen wollen, denn »Kriminalistik« heißt: Lehre vom Verbrechen *und* (erst in zweiter Linie) von seiner Aufklärung.

An der Hamburger Uniklinik Eppendorf (UKE) wurde Anfang der siebziger Jahre »als Versuch« eine Reihe von Toten an Kopf und Körper *beschossen*, unter anderem mit verbotener Munition, zum Beispiel mit Dumdumgeschossen. Bei den Toten handelte es sich auch um Kinder. Insgesamt kamen – übrigens erst im Jahre 1993! – mehr als 113 Versuche ans Tageslicht, die an dieser *einen* Klinik zur »kriminalistischen Aufklärung tödlicher Schußverletzungen« unternommen worden sind, und zwar mit Unterstützung des Bundeskriminalamtes. Der Direktor der UKE-Rechtsmedizin, in Bedrängnis geraten, als die Fälle bekannt wurden, sagte klug formuliert, die Experimente hätten »insbesondere der Rekonstruktion von Schußverletzungen durch Waffen und Munition aus der Terroristenszene« gedient. Insbesondere. In damals

laufenden Schwurgerichtsprozessen »gegen Terroristen«, so der
Rechtsmediziner weiter, sollte Aufschluß über Wirkungen von
Projektilen gegeben werden können. Nochmals die Zahlen: Über
113 Schießversuche auf Leichen, zur Zeit ihrer Durchführung
geheimgehalten und erst nach zwanzig Jahren an die Öffentlichkeit gedrungen, an *einer* Klinik. Natürlich liegt nahe: Mit dem
Schreckgespenst des »Terrorismus« sollen hier Experimente
gerechtfertigt werden, die in Wahrheit militärischen Zwecken
dien(t)en. Es ist zudem unvorstellbar, daß die Uniklinik in Eppendorf die einzige Klinik ist, an der es solche oder ähnliche Versuche
gegeben hat oder heute noch gibt. Die Beschreibungen und
»Ergebnisse« der Hamburger Versuche wurden übrigens Ende
der siebziger Jahre in der kriminologischen Fachliteratur veröf-
fentlicht. Kein »normaler Mensch« las diese Blätter; unsere Gesellschaft befand sich in diesen Jahren im Aufbau einer »neuen Moral
des Luxus«, nachdem die 68er Revolte fehlgeschlagen war. Man
beschäftigte sich mit anderem als mit Leben und Tod. Man war
dem »Schönen« und der »Karriere« zugetan. Und wer die ein-
schlägigen Blätter las, in denen die Winkel mathematisch genau
dokumentiert wurden, aus denen heraus das Gesicht eines toten
Kindes beschossen wurde, der störte sich nicht daran.
    Die Angehörigen der beschossenen Toten waren *nicht* infor-
miert und *nicht* gefragt worden. Die Leichenschändungen waren
auch ohne die Zustimmung der Hinterbliebenen »juristisch gesehen« vollkommen legal. Denn bis in die Mitte der siebziger Jahre
galt in der Bundesrepublik Deutschland, was jedoch kaum einer
wußte (wieder haben wir hier eine systematische Nutzung des
ausgeblendeten Bereichs!), die sogenannte »Widerspruchsregelung«. Diese besagte, daß Experimente und Obduktionen *generell*, also in beliebigem Ausmaß und Umfang, durchgeführt werden konnten, sofern nicht rechtzeitig korrekter Widerspruch bei
der zuständigen Stelle eingelegt worden war; wohlgemerkt: korrekter Widerspruch von Menschen, die gerade einen Angehörigen
verloren hatten, rechtzeitiger Widerspruch an der richtigen Stelle – von Menschen, die unter Schock standen.
    Seit März 1985 ist die offizielle Verlautbarung diese: Experi-
mente mit Leichen gibt es gar nicht, und zur Durchführung einer

Obduktion, sofern diese nicht gerichtlich angeordnet worden ist (zum Beispiel bei Mordverdacht), muß grundsätzlich das Einverständnis der Angehörigen (Bevollmächtigten) vorliegen.

Im Brustton der Überzeugung tut also nun, um bei unserem Beispiel zu bleiben, der rechtsmedizinische Direktor der Uniklinik Eppendorf kund, aufgrund der neuen Rechtslage *könnten* in der Hamburger Rechtsmedizin gar keine Leichenexperimente mehr vorgenommen werden. Das klingt vordergründig beruhigend, wenn auch sowieso pietätlos, und es klingt so, als sei mit der neuen Gesetzesregelung der Mißbrauch von Toten prinzipiell eingedämmt. Bei näherem Hinsehen ist das anders.

Bitte erinnern Sie sich nur an die »abschließende Untersuchung«. Und was *genau* mit Verstorbenen bei einer Obduktion geschieht, deren Angehörige (Bevollmächtigte) einer solchen Leichenöffnung zugestimmt haben, etwa weil sie von den Ärzten überzeugt worden sind, es handle sich um einen »seltenen Fall, dessen Aufklärung der Wissenschaft dient«, oder weil man, mit »Moral« winkend, die »Niere des so jung Verstorbenen doch nicht einfach nutzlos begraben kann«, das erfährt der abwesende Laie nicht. Einem Toten steht nicht auf der Stirn geschrieben, was mit ihm gemacht wurde und welche Organe ihm fehlen. Und weiter: Was geschieht mit Menschen, die *keine* Angehörigen (Bevollmächtigten) hinterlassen oder keine, die sich kümmern wollen, was in unserer Zeit der zunehmenden Vereinsamung immer häufiger vorkommt? Was geschieht mit den »Sozialfällen« unserer Gesellschaft, mit den Obdachlosen? Ich sage es Ihnen gleich, was mit denen geschehen kann.

Vorerst aber eine Frage an Sie, für Ihre persönlichen Überlegungen: Haben Sie sich beim letzten Sterbefall in Ihrer engsten Umgebung vor Schließung des Sarges den Toten genau angesehen? Oder wissen Sie, daß es ein anderer an Ihrer Statt getan hat? Wurde dabei unter das Leichenhemd, unter die Bekleidung des Toten gesehen? Das macht natürlich so gut wie keiner, oft auch aus Ehrfurcht vor dem Toten nicht, ich weiß. Übergeordnete Liebe, daraus folgend ein bewußtes Hinsehenwollen und das Ablegen falscher Scham zugunsten des Verstorbenen müßten wie in urchristlicher Zeit neu aufleben können – so würde vieles verändert und noch mehr verhindert. Und der schöne Satz »Sehen Sie sich den Vater lieber nicht mehr an, behalten Sie ihn lieber so in Erinnerung, wie Sie ihn kennen« würde als die Tarnung entlarvt werden, die er mitunter ausschließlich ist. Dieser Satz aber *genügt* in zahllosen Fällen, und Angehörige oder Nahestehende sehen sich den Gestorbenen vor der Schließung des Sarges nicht mehr an. Das ist so, weil viele Hinterbliebene – besonders die von Unfalltoten – vor allem die Angst vor dem eigenen Grauen packt. Es ist seltsam, aber mir kommt es vor, als ob unsere Gesellschaft, die sich gelangweilt und beständig die entsetzlichsten, blutigsten Horrorfilme ansieht, ausgerechnet in den Situationen, in denen sie real und aus ethischen Motiven gefordert wäre, zunehmend zur Wehleidigkeitsgesellschaft degeneriert.

Einen Mißbrauch von Toten, Obduktionen ohne Einverständnis, Plünderungen der Leichen sowie Experimente mit ihnen gibt es also offiziell nicht – und mittlerweile wird zu dieser Verlautbarung die bestehende Gesetzgebung zitiert. Aus all dem Erwähnten jedoch ist der Schluß zu ziehen, daß der rechtsfreie Raum noch immer enorm groß ist und das Risiko bei Rechtsbrechung äußerst gering.

Meine Erfahrung aufgrund der Arbeit beim Bestatter ist die, daß Menschen, die keine Familie hinterlassen (bei deren Auffindung keine zuständige Person ausfindig zu machen ist, die sich kümmert, beziehungsweise deren Verhältnisse offensichtlich »ungeordnet« sind und darauf schließen lassen, daß sich auch keine solche Person finden lassen wird), »zur Diagnosestellung der Todesursache« einen Kragenschnitt verpaßt bekommen und innerlich geplündert sind, wenn sie im Gerichtsmedizinischen Institut »auf Sozialschein« eingesargt werden, wohin sie eigentümlicherweise auch dann »zwecks eingehender Untersuchung« verbracht wurden, wenn sie zum Beispiel auf freiem Feld gestorben sind und der Notarzt beim Auffinden der Leiche »Tod durch Erfrieren« festgestellt hat.

Pathologen reagieren gerne auf diesbezügliche Vorhaltungen mit einem Schulterzucken (»Wo kein Kläger ist, ist kein Richter«), oder sie haben Äußerungen parat, die huldvoll ihre Art der Menschenachtung offenbaren: »So war er doch wenigstens zu *etwas* nutze ...« Mitunter fallen auch ritterlich tröstende Worte: »Aber, aber, kleine Frau, des merkt die Oma doch net mehr«; auch Mahnendes mußte ich hören: »Also, was ist jetzt – holt Ihr den Alten, oder wollen Sie hier Ihre Doktorarbeit machen?« oder sehr Rechtsbewußtes: »Der Bestatter hat nicht unter das Leichenhemd zu schauen, wenn wir es anziehen. Dies ist ein Sozialfall, und Sie sind nicht angehörig.« Angesprochen auf die Organentnahme bei der »abschließenden Untersuchung« von nahezu jedermann, also durchaus auch Menschen, die wohlgeordneten Verhältnissen entstammen, gibt man sich vor der Presse feiner: »Hier wurden nur 0,2 Prozent einer Leiche entnommen, Hirnhaut und Gehörknöchelchen wiegen insgesamt nur maximal etwa zweihundert Gramm beim ausgewachsenen Homo sapiens.« Oder: »Jedermann weiß doch, daß bei abschließenden Untersuchungen Gewebe entnommen wird.«

Würde es nicht zynisch klingen, müßte man eigentlich sagen, daß ein Gestorbener, der »lediglich« auf dem Sektionstisch geplündert wurde, im Grunde genommen noch Glück gehabt hat. Es hätte ihm Schlimmeres passieren können.

Bei sogenannten Crashtests in der Automobilindustrie, die der sicherheitstechnischen Entwicklung von Fahrzeugen dienen, wurden im Gerichtsmedizinischen Institut in Heidelberg seit Mitte der siebziger Jahre (also *nach* Abschaffung der Widerspruchsregelung!) mehr als zweihundert Leichen gegen Windschutzscheiben geschleudert, unter ihnen mindestens acht Kinder, die eines nicht natürlichen Todes gestorben waren und obduziert werden sollten. Die Leitung des Instituts hat die Versuche mittlerweile bestätigt und erklärt, die Angehörigen der betreffenden Toten seien »gefragt worden«. Die meisten solcher Opfer jedoch, setzte man begütigend hinzu, seien Obdachlose oder »ohnehin Organspender«.

Obdachlose haben in der Regel keine Nahestehenden; einen Organspender sieht nach entsprechender Mahnung (»Es ist besser so«) auch keiner mehr vor der Bestattung an. Und dann: Sollten tatsächlich »Angehörige gefragt« worden sein, so ist kaum vorstellbar, daß sie gefragt wurden, ob sie einverstanden sind, daß der Gestorbene bei 140 km/h gegen eine Windschutzscheibe geknallt wird. Entsprechende Fragen, werden sie gestellt, lauten würdiger: »Wären Sie einverstanden, wenn der Leichnam Ihres Herrn Vaters einem der Wissenschaft dienlichen Zweck zugeführt würde?« Das »Ja« der Angehörigen (»Der Papa war immer so ein guter Mensch, er hätte das bestimmt gewollt, anderen Menschen noch helfen zu können ...«) genügt. Ein Protokoll über das, *was* mit »dem Herrn Vater« gemacht wurde, wird nicht bei seiner Beerdigung verlesen.

Ich möchte Sie nun bitten, sich das eben Beschriebene vorzustellen. Die präzise Vorstellung der zuletzt beschriebenen Leichenschändung ist, so hart es klingt, für Ihre Arbeit am Thema sehr wichtig. Also:

Sechs bis acht Stunden nach dem Tod tritt die Totenstarre (Leichenstarre) ein, die Erstarrung aller Muskeln, weil diese nicht mehr durchblutet werden. Das Ende der Totenstarre ist zeitlich schwer bestimmbar, es kann je nach körperlicher Konstitution des Toten, je nach Krankheitsgeschichte und klimatischen Bedingungen nach zwölf Stunden der Starre sein; diese kann aber auch bis zu acht Tage lang anhalten. Bei Menschen, die sehr schwere Medikamente nehmen mußten, kann die Leichenstarre auch gar nicht eintreten, diese Menschen gehen faktisch vom Tod direkt in die Verwesung über. Das Ende der Leichenstarre, wann immer es ist, ist der Beginn der Verwesung.

Es ist unwahrscheinlich, daß die Toten, die zu Crashtests mißbraucht wurden, *vor* Eintritt der Totenstarre »eingesetzt« werden konnten, da so schnell weder die Leiche an den Ort des Experiments zu bringen noch das Experiment anzuberaumen war. Mithin wurden also entweder Menschen, die in Totenstarre waren, gegen Windschutzscheiben und auf die Airbag-Ballons geknallt, wobei davon auszugehen ist, daß zum Beispiel das Genick schneller bricht als beim Lebenden; oder es wurden Menschen »verwendet«, die bereits in Verwesung begriffen waren, was den Leichenschändern zweifelsohne entgegengekommen sein mußte, weil der menschliche »Dummy« (ein Fachausdruck für die bei den gleichen Experimenten eingesetzten Schleuder- und Prellpuppen) ja möglichst »locker« sein soll. Die verwesende Haut ist bei weitem nicht mehr so stabil wie die Haut eines lebendigen Menschen.

Bitte stellen Sie sich nun für sich dieses Experiment vor ... Und
das alles nur, damit wir noch schneller fahren können! Wenn es
denn *überhaupt* dieser oder irgendeiner anderen Entwicklung
wirklich »nützt«.

Die Frage, die wir als nächstes klären müssen, ist die Frage
nach dem *Sinn* (der Aussagefähigkeit und Übertragbarkeit) solcher Experimente. Simuliert der in Leichenstarre befindliche
respektive schon in Verwesung begriffene Mensch wirklich den
Lebenden »aufs Haar«? Besser als die mittlerweile gespenstisch
perfektionierten technischen »Dummies«? Ist die heutige Wissenschaft, trotz all der Tribute, die wir ihr bis heute zu zahlen bereit
waren, unfähig, Aufprallverletzungen am künstlichen Objekt
oder am Computer zu simulieren? Auf alle drei Fragen muß die
Antwort lauten: Nein, wohl kaum. Aber selbst *wenn* es so wäre,
daß die Entwicklung nach dem Motto »Höher, schneller, stärker«
ihren Weg buchstäblich mit Leichen pflastern muß – wäre dies
nicht erst recht ein Grund (neben vielen anderen), aus ihr auszu-
steigen? Könnten wir denn nicht einfach (um beim Beispiel zu
bleiben) langsamer fahren, anstatt für »mehr Fahrspaß mit Sicherheit« unsere Toten gegen die Wand zu schleudern?

Ein Wort noch zum Klima in unserer Gesellschaft. Ich habe
bei meinen Recherchen den Eindruck gewonnen, daß so gut wie
alle »für die Forschung notwendigen« Experimente mit Toten,
selbst wenn man den Argumenten und technischen Erläuterungen
der Durchführenden folgen will, am Ergebnis gemessen ziemlich
sinnlos sind. Bei der Entnahme von Leichenteilen ist dies – auch
wenn Materielles nur eine vordergründige Sinngebung ist – anders:
Hier zahlen Auftraggeber bares Geld, um am Eingekauften wiederum zu verdienen. Bleibt die Frage, warum die experimentelle
Schändung unserer Toten für »Forschungszwecke« eigentlich
betrieben wird.

Meine Beobachtung ist, daß Menschen, die mit Gestorbenen
»als Erfahrungsfeld arbeiten«, wie es mir gegenüber einmal ein
Rechtsmediziner ausdrückte, einen unbewußten und hinter allerlei Kultiviertheit für das Gegenüber nicht sogleich erkennbaren
Sadismus in sich tragen, der – in einem übergeordneten Zusammenhang gesehen – der Hilflosigkeit entspringt. Man weiß nicht

mehr, was das *ganze* Leben ist und will es durch Zerpflückung von gewesenem Leben herausfinden. Man ist kein ganzer Mensch mehr mit Herz, Verstand *und* wahrgenommener Seele; man hat sich in Intellektualität und Abstraktion abgespalten und kann darum nichts unerforscht, nichts unversucht lassen, um sich selbst – und Gott dadurch – wieder näher zu kommen. Das *entbehrte Ganze* treibt zu abenteuerlichsten und grausamen Methoden, die jeweils sachlich begründet werden können. Man hat kein Wissen um das eigene Dunkel. Man ist nie befriedigt und macht darum weiter.

Es ist übrigens interessant, daß dies auf Frauen kaum anzuwenden ist. Frauen arbeiten so gut wie nicht im ausgeblendeten Bereich, was in unserer Gesellschaft kulturhistorische Gründe hat. Bürokräfte beim Bestatter oder bei Behörden sind ausgenommen, ich meine hier den praktischen Bereich. Männer arbeiten dort, weil sie glauben, in ihrer »Unganzheitlichkeit« am »rechten Platz« zu sein: »Männersache«.

Ich behaupte, daß sich der Umgang mit Toten in unserer Gesellschaft schlagartig verändern würde, würden auch nur zu fünfzig Prozent Frauen diese Arbeiten übernehmen. Ich plädiere entschieden für eine Veränderung unseres Bestattungswesens (und aller mit ihm zusammenhängenden praktischen Bereiche) in diesem Sinne. Im Grunde genommen müßte es auch möglich sein, daß weibliche Ganzheitlichkeit (und nicht Angepaßtheit im Sinne von: »Was Männer können, kann ich auch«) endlich auf Einfluß und Rückbesinnung in der Forschung drängt und sich als Kriterium der Berufseignung in allen ethisch hochsensiblen Bereichen durchsetzt.

Es hat Sie gewiß erschüttert, wie mit Gestorbenen umgegangen wird. Wenn Sie etwas Zeit brauchen, um das Erfahrene zu verarbeiten, dann legen Sie das Buch bitte beiseite und geben Sie Ihren Gefühlen Raum. So verarbeiten Sie am besten. Unterbrechen Sie aber nicht zu lange, denn sonst ist die Gefahr erneuter Verdrängung groß.

Im folgenden möchte ich auf einen Fehler aufmerksam machen, den vermutlich auch Sie bisher im Umgang mit Verstorbenen begangen haben. Bitte fragen Sie sich jetzt, *warum* Sie die geschil-

derten Mißstände entsetzen. Weil sie »unerträglich« und »unwür-
dig« sind? Wenn ja, was meinen Sie damit genau? Ist es so, daß
die geschilderten Praktiken Sie ekeln? Daß Ihnen »schlecht wird«,
wenn Sie sich diese Praktiken vorstellen? Daß Ihnen das alles
widerlich vorkommt und es Sie belastet, sich vorzustellen, daß
einmal mit Ihnen so umgegangen werden könnte?

Wenn das so ist und im obigen Absatz alle Ihre Gefühle zu
dem geschilderten Umgang mit Leichen zusammengefaßt sind,
dann haben Sie einen grundlegenden Fehler begangen, einen Fehler, der allgemein begangen wird: Sie gehen nur von *sich*, von
Ihren Empfindungen aus. *Sie* sind entsetzt über die Experimente
mit Toten, *Ihnen* wird schlecht, *Ihrem* Gefühl für Würde läuft
das Geschilderte zuwider, *Sie* sind angeekelt und haben Angst,
daß *Ihnen* einmal ähnliches geschehen könnte, und Sie sagen sich
bestimmt: »Das will *ich* aber später einmal nicht so!«

Versuchen Sie jetzt bitte, so absonderlich es auch klingen mag,
alles aus der Sicht des *anderen*, also des *Toten*, zu sehen, mit dem
wie geschildert umgegangen wird.

Es *könnte* ja immerhin sein, daß er noch einen Rest von Wahr-
nehmungsvermögen hat! Die Gründe, die dafür sprechen, und
auch, daß in anderen Kulturen unsere allgemein übliche Vorstellung vom Tod undenkbar ist, haben wir bereits erörtert. Es kann
unseren Umgang mit Toten nur fördern, wenn wir davon ausgehen, daß sie noch eine Wahrnehmungsfähigkeit haben oder
zumindest und nicht einfach von vornherein ausschließen, daß
da noch eine sein könnte.

Also, lassen Sie sich auf die innere Gedankenreise ein: Sie sind
nicht Sie selbst, Sie sind ein anderer. Sie sind zum Beispiel der in
Ihrer Umgebung zuletzt Verstorbene. Denken Sie konkret an eine
Person; es macht das Imaginationsbild zwar grausamer für Sie,
aber letztendlich haben Sie es mit einer präzisen und Ihnen nahe-
gehenden Vorstellung einfacher, zu einer eindeutigen Haltung im
Umgang mit Verstorbenen zu gelangen, die Ihren Egoismus über-
windet.

Sie – als der andere – liegen da (wo genau?) und haben eben
noch gelebt. Stellen Sie sich vor, Sie sind in einer Art ohnmächti-
gem Schlaf; Sie nehmen wahr, ohne eingreifen zu können, ohne

auch nur eine winzige Äußerung machen zu können, egal, was mit Ihnen geschieht. Sie können nicht einmal mehr zu verstehen geben, *daß* Sie wahrnehmen. Und nun, gefangen in vollständiger Passivität, sind Sie dem Unwissen der anderen, der Lebenden, dem Unwissen um Ihre Wahrnehmungsfähigkeit ausgeliefert. Man läßt Ihnen zur Entkörperung keine Ruhe, man behindert das Austreten der unverwechselbaren und unsterblichen Seele, die Sie sind, durch Qualen. Man läßt Sie nicht von Ihrem physischen Leib Abschied nehmen.

Selbst wenn sich jetzt alles in Ihnen gegen die »Behauptung« sträubt, Sie könnten eine im Körper nicht ortbare Seele haben – was allein durch Ihre individuelle Wahrnehmungsfähigkeit, die Sie als Lebender besitzen, als »bewiesen« gelten könnte –, so versuchen Sie es bitte trotzdem, sich, wie oben angeregt, in einen Toten hineinzuversetzen. Sie werden danach jeden Gestorbenen anders ansehen – und vor allem: weniger Angst davor haben. Und Sie werden künftig anders handeln in Anwesenheit eines Gestorbenen. Denn die einmal gemachte Vorstellung der Wahrnehmungsfähigkeit der Toten bleibt in Ihnen unvergeßlich haften, Sie werden sehen. Dies ist so, *weil* sie eben einer Grundwahrheit entspricht. – Sie können sich auf diese Weise auch dem Glauben an eine höhere Sinngebung nähern. –

Hier noch einige Hilfen zur Präzision der Vorstellung Ihrer Wahrnehmung als ein (anderer!) Gestorbener: Wo liegen Sie? Wer ist um Sie? Wer sagt was, wer macht was mit Ihnen?

Jemand kommt, Sie werden weggefahren, in einen Keller. Niemand spricht mit Ihnen, alles geschieht schnell und heimlich. Man schämt sich für Sie. Sie werden irgendwo abgestellt. Sie hören die Geräusche von Türen, Stimmen, Schlüsseln. Sie wissen nicht, was jetzt mit Ihnen gemacht werden wird. Sie werden in ein Kühlfach geschoben (aus Stahl, etwa zwei Quadratmeter Grundfläche). Es ist finster. Es ist kalt. Später werden Sie wieder herausgefahren, auf eine Stahlplatte gelegt. Niemand spricht direkt zu Ihnen, es *gibt* Sie nicht mehr. Sie hören das Geräusch von Instrumenten. Die Instrumente fahren in Ihr Ohr und ziehen Gehörknöchelchen heraus ... Weiteres nur noch in Stichworten; diese Vorstellungen werden in Ihnen arbeiten, und *meine* Arbeit kann es nicht sein,

hier ein Horrorszenario zu entwerfen. Weiter: Ihr Körper wird
der Länge nach aufgeschnitten, Organe werden entnommen. –
Sie werden in eine Halle gebracht, in der Crashtests laufen. Sie
werden in eines der Autos gesetzt und angeschnallt ... Genug.

Kehren wir nun noch einmal zu den gegenwärtig im Umgang
mit Toten herrschenden Zuständen in Krankenhäusern zurück.
Dort versterben, wie gesagt, achtzig Prozent unserer Bevölkerung.

Ein Mensch ist im Krankenhaus gestorben, und seine Angehörigen sind verständigt worden; vielleicht sind sie kurz nach dem
Tod zu ihm gefahren. Vielleicht auch waren sie bei ihm, als der
Tod eintrat. Kurze Zeit später jedenfalls liegt dieser Tote in der
Prosektur des Krankenhauses. Kein Vertrauter ist bei ihm, niemand begleitet ihn. Ein anderes Verhalten wäre in den Augen der
Ärzte und Pathologen, der Juristen unserer Gesellschaft »unüblich« und »unerwünscht«. (Als Angehöriger oder engster Vertrauter könnten Sie sich aber, notfalls mit einer zu Lebzeiten verfaßten
Verfügung des Toten, jederzeit Zutritt und lückenlose Informa-
tion verschaffen oder den Toten durch einen von Ihnen beauftragten Bestatter unverzüglich vom Krankenhaus wegholen lassen,
wenn Sie nur energisch genug sind.) Der oder die Tote wird
aufgeschnitten oder auch nur »abschließend untersucht«; liegt er
oder sie nicht auf dem Obduktionstisch in der Prosektur, so ist
er oder sie in einem Kühlfach untergebracht.

Hier wird ein Mensch wie ein Gegenstand verwahrt, benutzt,
numeriert und mit Namensetikett versehen, bis er später »entsorgt« werden kann. Niemand kümmert sich im Bereich der
Pathologie um den soeben Verstorbenen *als Person*. Und die Menschen außerhalb der Pathologie, die »draußen« sind, in der »lebendigen Welt«, fragen nicht danach; sie verdrängen, was mit diesem
toten Menschen in der Prosektur gemacht wird. *Wenn* sie den
Verstorbenen aufsuchen, so höchstens für ein paar Minuten. Es
ist aber selten, daß Angehörige (oder Nahestehende) zu einem
Toten in die Pathologie kommen. Man kann sagen, sie kommen
gegenwärtig nur, wenn sie *müssen*: etwa zur Identifizierung der
Leiche, wenn ein Verunglückter nach Einlieferung in ein Krankenhaus dort wenig später verstirbt. In jedem Fall verlassen sie den
Ort, an dem sie den Toten aufsuchen oder gezeigt bekommen,

wieder sehr schnell. Der Teil der Pathologie, in dem Leichen
aufbewahrt werden, sieht so ähnlich wie ein Metzgerladen aus.
Nur in wenigen Krankenhäusern gibt es in der Pathologie einen
Aufbahrungsraum, der in Anspruch genommen werden kann,
wenn Angehörige rechtzeitig anmelden, daß sie einen Toten dort
»noch einmal« sehen möchten. Hier herrscht dann eine etwas
bessere Atmosphäre. Aber auch da wird man es nicht lange aushal-
ten. Zu der Atmosphäre in Pathologien, zur eigenen Verzweiflung
und Hilflosigkeit, zur ganzen Grundsituation und zur eigenen
Angst kommt noch hinzu, daß die Mitarbeiter in der Pathologie
(Sektionsgehilfen, Ärzte, Assistenzärzte), die in der Regel bei
einem Angehörigenbesuch anwesend bleiben, oft entweder peinlich verdrückte oder eiskalt unberührte Gesellen sind. Als ich
einmal einen Toten aufsuchte und der Sektionsgehilfe zu faul war,
die einzelnen, schludrig geschriebenen Namensschildchen an der
Kühlwand zu entziffern, öffnete er kurzerhand und ohne jedes
innere Problem einige der Kühlfächer, immer mit der Frage: »Ist
er das?« oder »Ist da überhaupt einer drin?« oder »Ne, das ist
'ne Frau, was?« Der vierte Tote schließlich, den ich vorgeführt
bekam, war der richtige. Und dann wurde ich gefragt: »Soll ich
ihn rausnehmen? Oder sehen Sie's auch so?«

Ich habe in einer Pathologie auch schon gehört: »Jetzt ist Feier-
abend. Kommen Sie am Montag wieder.« Bei energischer Zurecht-
weisung oder dem Hinweis auf sofortige Abholung des Toten
durch einen bereits beauftragten Bestatter (»Ach was, jetzt schon?
Das geht aber nicht. Die wollten den doch erst morgen abholen!«)
kamen sofort Wachheit und Schuldgefühle auf, und man wurde
überaus hilfsbereit.

Angehörige verlassen also einen Toten, der in der Pathologie
eines Krankenhauses liegt, in aller Regel wieder sehr schnell. Man
ist auch zu sehr mit sich selbst, mit dem eigenen Schmerz beschäftigt. Und man glaubt, unmittelbar vom Zeitpunkt des Todes eines
Nahestehenden an, durch all den gefühlsmäßigen und organisatorischen Wust, den man jetzt auf sich zukommen sieht, gänzlich
in Anspruch genommen zu sein. Selbst wenn man jetzt spürbar
darunter leidet, daß der Tote nun in einem Kühlfach liegt, und
sich gequält fragt, wie es dort überhaupt für ihn ist, was schon

viel an überwundenem Egoismus und an Einfühlung in den Toten
voraussetzt, so meint man doch, daran nichts ändern zu können,
und verdrängt schnell, was noch alles mit dem Toten geschehen
könnte – sofern der Gedanke daran überhaupt aufkommt.

Bei der freiwilligen Entscheidung, einen Toten im Krankenhaus
aufzusuchen, spielt generell das *eigene* Empfinden der Angehörigen oder Nahestehenden die größte Rolle. Man will sich nichts
zumuten und fürchtet Bilder, die man »nicht mehr vergessen«
kann. Diese Angst, die weniger eine »Urangst« ist als vielmehr
mit unserem selbstgemachten Menschenbild zu tun hat, ist bei
der Konfrontation mit dem Unfalltod eines anderen Menschen
besonders stark.

Vor einiger Zeit erlebte ich im Hause von Bekannten die Zeit
unmittelbar nach dem tödlichen Verkehrsunfall des neunzehnjäh-
rigen Sohnes mit. Man hatte den stark alkoholisierten Jungen tot
aus seinem Auto geborgen, mit dem er auf einen Baum aufgeprallt
war. Identifiziert wurde er noch am Unfallort durch Beamte, seine
Identität stand fest. Die Mutter erhielt die Todesnachricht in der
Nacht. Zuerst leugnete sie den Tod des Sohnes einfach, sagte zu
anderen Familienangehörigen, »der Bub« käme »noch heim«.
Anderntags realisierte die Frau die Wahrheit schließlich und
konnte sie aussprechen; später begann sich die ganze Familie um
sie zu versammeln, um sie und sich untereinander zu trösten. Die
Frage danach, wo der Sohn sich nun eigentlich befand, wurde
mir zuerst mit einem Schulterzucken und später mit »anscheinend
im Krankenhaus« beantwortet. Ein Arzt hatte von dort aus die
Angehörigen angerufen und gesagt, es sei »besser«, den Jungen
nicht noch einmal anzusehen. Ohne überhaupt genauer nachzu-
fragen, hatte die Familie diesen ungenauen Hinweis, der unterstützt wurde von der ebenfalls sehr vagen Äußerung, der junge
Mann sei »am Kopf verletzt«, hingenommen, und es war augenblicklich einhellig klar, daß niemand genauer nachfragen oder den
Toten mehr aufsuchen würde. Vermutlich stellte man sich ein
blutverschmiertes Antlitz vor, deformiert und nicht wiederzu-
erkennen, genauso anzusehen wie in den ständig in Kino und
Fernsehen vorgeführten Horrorfilmen, nur diesmal *echt* und verdammt nah dran am eigenen Leben … Selbst mein Hinweis, daß

dies eine einmalige Gelegenheit sei, den so plötzlich verlorenen
Jungen zu verabschieden, und auch die Anregung, man möge
zumindest bedenken, er könne noch über eine Art der Wahrnehmung verfügen, brachte die Mutter nicht dazu, ihr totes Kind
aufzusuchen oder wenigstens einen anderen Angehörigen hinzu-
schicken. Es versteht sich von selbst, daß gerade in einem solchen
Fall der Leichenschändung durch vollständige Organentnahme
zu experimentellen Zwecken, der »Resteverwertung« durch ille-
gale Weitergabe der noch erhaltenen Innereien sowie der Verwendung des ganzen Körpers des Toten zu welchen Versuchen auch
immer Tür und Tor geöffnet sind.

So verständlich Ihnen vielleicht die Reaktion der Mutter sein
mag, so wenig es einem, der ihr Schicksal nicht teilt, auch leichtfal-
len kann, über ihr Benehmen zu urteilen – es bleibt extremer Ausdruck von Fehlverhalten im ausgeblendeten Bereich, und zwar
vor allem *dem Toten gegenüber.* Und es verrät ein totales Vernach-
lässigen jeglicher Auseinandersetzung mit dem Tod und macht auf
diese Weise der Mutter letztendlich den Abschied von ihrem Sohn
schwerer, als er ohnehin ist. Daß der Sohn das Kommen seiner
Familie in seinem Ablösungsprozeß von diesem Leben grauenhaft
schmerzlich vermißt haben könnte, stelle ich Ihren Gedanken –
in Anbetracht des schon Erwähnten – lediglich anheim.

Dies war nun ein sehr extremes Beispiel. Zumeist aber kommt
es auch in den »normalen« Todesfällen nicht dazu, daß ein Toter
auch nur für ein paar Minuten auf der Station, im Verabschiedungszimmer oder in der Pathologie eines Krankenhauses aufgesucht wird. Man denkt nicht einmal mehr daran, daß man *jetzt*
für ihn noch etwas tun, ihm *jetzt* noch etwas sagen könnte. Sofern
sie nicht, was selten ist, beim Eintritt des Todes selbst anwesend
waren, werden die Angehörigen, Partner oder engsten Freunde
telefonisch verständigt – und sie nehmen den Tod hin, ohne sich
um den Toten zu kümmern. Man wird sich, so der miserable
Brauch in unserer Gesellschaft, den Toten »vielleicht auf dem
Friedhof noch einmal ansehen«. Waren die Angehörigen beim
Tod dabei, so verlassen sie kurze Zeit später den Ort des Todes,
nicht selten unter sofortiger Mitnahme all dessen, was dem Toten
gehörte und nun ihr Eigentum ist.

Stirbt ein Mensch in einem Alten- oder Pflegeheim, so werden
die Angehörigen gelegentlich erst einmal mit der Todesnachricht
»verschont«, zum Beispiel, wenn der Tod in der Nacht eintrat.
Es ist nicht unüblich, in einem solchen Fall die Familie des Verstorbenen erst anderentags und zu »ziviler Zeit« zu verständigen, vor
allem, wenn der Gestorbene sehr betagt verschied. Und es ist in
den meisten Heimen gang und gäbe, daß die Angehörigen eines
gerade Verstorbenen bis zur Abholung der Leiche durch einen
Bestatter persönlich gar nicht mehr in Erscheinung treten. Später
dann, wenn »alles geregelt«, also abgerechnet und »zügig ausge-
räumt« (!) werden muß, werden sie noch »genug zu tun« haben …
Und wieder: Der Tote liegt allein, ist kein Mensch mehr, ist wie
Abfall, der jetzt entsorgt werden muß. Er ist noch über der Erde,
aber sogar die, die um ihn ehrlich trauern, scheinen vergessen zu
haben, daß er selbst noch *da* ist. Kein Wunder, wenn auch hier
mit Gestorbenen viel Ungutes geschehen kann, unbemerkt – weil
ausgeblendet.

Stirbt ein Mensch zu Hause oder an einem anderen Ort, so ist
der Umgang mit dem Toten, die *Situation für den Toten* also,
ganz ähnlich, als wäre er in einem Krankenhaus oder im Heim
verstorben. Nur geht man in diesen Fällen nicht so schnell wie
möglich weg von dem Toten oder aber gar nicht erst zu ihm hin,
sondern der Tote wird weggeschafft – so rasch es eben geht.

Hat in unserer Zeit schon kaum einer den Mut, einen Menschen
sterben zu sehen – mit einem Toten allein zu sein, noch dazu in
den eigenen vier Wänden, das hält kaum einer aus.

In unserer Gesellschaft der »Auf-Teufel-komm-raus«-Lebens-
retter herrscht die gesetzliche Verpflichtung, einen Arzt zu rufen,
sobald sich Lebensgefahr ankündigt. Theoretisch soll also selbst
der 98jährige noch »gerettet« werden. Vorrangig (obwohl diesbezüglich schon einiges positiv in Bewegung geraten ist und ein
neues Bewußtsein leise wächst) soll noch immer nicht dem Sterbenden beigestanden, sondern ein Weg gesucht werden, wie der
Tod doch noch irgendwie aufgehalten werden kann. Das ist das
Gesetz. Und da bei uns, trotz aller »Mündigkeit der Bürger«,
Zivilcourage immer rarer wird, holt man also auch dann den
Notarzt herbei, wenn der 98jährige zu sterben droht. Man will

sich exkulpieren; man weiß sich auch anders gar nicht zu helfen.
Hilflosigkeit und die aus mangelnder Informiertheit sowie fehlender Haltung zum Tod heraus resultierende Angst, »etwas falsch
zu machen«, hinter der sich letztendlich die Angst vor dem Toten
selbst versteckt, sind auch die Gründe, warum unmittelbar nach
Eintritt eines Todesfalles in privater Umgebung der Arzt gerufen
wird. Man meint, man muß es so machen. Und in den allermeisten
Fällen kommt dann innerhalb weniger Minuten der Notarzt ins
Haus.

Notärzte sind so gut wie immer Ärzte, die den Menschen, zu
dem sie gerufen wurden, zum ersten Mal vor sich haben; sie
kennen ihn nicht und nicht sein soziales Umfeld, auch nicht seine
Krankheitsgeschichte. Es sind in der Regel sehr junge Ärzte, unerfahren, theoriebefangen oder aufgeregt. Manchmal versuchen sie
sogar beim Toten noch das Leben zu retten. Und meistens sind
sie alles andere als geistig reife Persönlichkeiten. Der »gute alte
Hausarzt«, der in der Nacht noch kommt, wird er zu einem Toten
gerufen, gehört der Vergangenheit an. Solche Hausbesuche lohnen
sich für niedergelassene Ärzte nicht mehr. Und da wir alle dieses
Betragen hinnehmen und schon verinnerlicht haben und wissen,
daß der eigentlich betreuende Arzt im Todesfall seines Patienten
nicht mehr zur Verfügung steht oder nicht erreichbar ist, kommt
bei häuslichen Todesfällen eben der diensthabende Notarzt ins
Haus – da man ja der Überzeugung ist, ein Arzt müsse unverzüglich geholt werden.

Diagnostiziert ein Arzt den Tod eines Menschen (und nur ein
Arzt ist, von Amts wegen, dazu befugt), so ist er verpflichtet,
einen Totenschein auszustellen. Auf dem Totenschein müssen die
persönlichen Daten des Verstorbenen, der Ort und der präzise
Zeitpunkt seines Ablebens sowie die Todesursache (vertraulich)
und auch eine eventuelle Ansteckungsgefahr durch den Leichnam
sowie Anhaltspunkte für einen nicht natürlichen Tod vermerkt
werden. Der Totenschein (auch »Todesbescheinigung«, »Leichenbegleitschein« genannt) ist, genaugenommen, den nächsten Angehörigen oder einem Bevollmächtigten auszuhändigen. Da er aber
zur Überführung des Toten (zum Beispiel zum Einsargen beim
Bestatter oder in eine Leichenhalle) benötigt wird, wird er in

Krankenhäusern oder Pflegeheimen nach den entsprechenden Eintragungen oft beim Toten belassen und dort direkt einem beauftragten Bestatter übergeben. Später wird der Totenschein zur Abmeldung des Toten beim zuständigen Standesamt benötigt, und anschließend, ist er abgestempelt, auch für die Bestattung.

In Krankenhäusern kann zur Erstellung eines Totenscheines auf vorhandene Daten und eine sehr wahrscheinlich vorhandene Anamnese zurückgegriffen werden. Auch die Todesursache und die Zeit des Todes kann ohne Hilfe der Angehörigen präzise bestimmt werden. Das ist der Grund, weshalb Menschen, die den Tod eines Nahestehenden im Krankenhaus erlebten, oft nicht einmal wissen, was genau auf dem Totenschein stand und wer ihn erstellt hatte. In Pflegeheimen diagnostiziert meist ein generell zuständiger Arzt, der die Patienten kennt, den Tod. Sollte in kleineren Heimen ein Notarzt gerufen werden, um einen Tod festzustellen, so gibt es immer noch die Karteikarte des Toten, die zugrunde gelegt werden kann.

Kommt nun der Notarzt in Ihr Haus und ist dort ein Mensch gestorben, so weiß er *nichts* über den Toten. Das heißt: Sie müssen Rede und Antwort stehen, bei Formalitäten behilflich sein, auch mehr oder weniger bei der Klärung (Erklärung) der Todesursache. Da der Notarzt in diesen Situationen (wenn er überhaupt schon eine Routine hat) daran gewöhnt ist, daß die Hinterbliebenen eines soeben Verstorbenen keine geordneten Angaben machen können, und auch, weil er verpflichtet ist, nach seinem Wissen und Gewissen sowie den vorliegenden Indizien zu urteilen, wird er den Totenschein so ausfüllen, wie er es für richtig hält. Im Klartext: So ziemlich alles, außer den persönlichen Daten des Verstorbenen und dem Ort des Todes, muß er einschätzen. Das ist fatal, denn kommt der Notarzt zum Beispiel zu dem Schluß, daß der Tote eines nicht natürlichen Todes gestorben ist oder daß der Leichnam wegen Ansteckungsgefahr die Umgebung gefährdet, so wird er sogleich die Polizei verständigen, die wiederum umgehend eintrifft, den Toten für beschlagnahmt erklärt und schließlich abtransportieren läßt; selbstverständlich nach umfangreichen Ermittlungen am »Auffindungsort der Leiche«. Der Notarzt kann auch die Polizei hinzuziehen, wenn er Zweifel an der Identität des Toten oder an Ihrer Identität als naher Angehöriger oder Bevollmächtigter hat. Seine Zweifel muß er Ihnen gegenüber nicht begründen. An der Rückseite der Totenbescheinigung befindet sich ein zuklappbarer und vertraulicher Teil. In ihm (»Nur durch das Gesundheitsamt zu öffnen!«) vermerkt der Notarzt, genau wie ein Hausarzt, der den Verstorbenen durch langjährige Konsultation gut kannte, eine sogenannte »Ursachenkette« des zu diagnostizierenden Todes. Also: »1. Todesursache: ... 2. Diese ist Folge von: ... 3. Hierfür ursächliche Grundleiden: ...« Und dann soll der Notarzt möglichst noch eintragen, ob »andere wesentliche Krankheitszustände im Zeitpunkt des Todes« bestanden haben.

Unser Gesundheitswesen beruht übrigens auf der statistischen Auswertung (»Nur durch das Gesundheitsamt zu öffnen«) ärztlicher Eintragungen in Totenscheinen. Pathologen nutzen unter anderem genau diesen Umstand zur Rechtfertigung ihrer »abschließenden Untersuchungen« – die auch nach häuslichen Todesfällen gegebenenfalls durchgeführt werden können (»Wir korrigieren die Statistik!«). Dazu wäre enorm viel zu sagen. – Zurück zum Notarzt, der die »Ursachenkette« ausfüllen soll: Stellen Sie sich diese Situation im Angesicht eines eben Verstorbenen vor. Vergessen Sie dabei nicht, sofern Sie es können, sich vor allem in den Gestorbenen hineinzuversetzen.

Die ganz pragmatisch auf der Todesbescheinigung vom Arzt notierte Todeszeit hat durchaus mehr zu bedeuten als lediglich die Feststellung der Todeszeit zur »persönlichen Erinnerung«. Sie bezeichnet exakt den Beginn eines bürokratischen Ablaufs, der mit ihrer Hilfe genauestens überprüft werden kann. Denn binnen 24 bis 48 Stunden (in Deutschland je nach Bundesland) müssen Sie nun, Zuwiderhandlungen werden bestraft, den Toten beim Standesamt »ordnungsgemäß abmelden« und binnen einer weiteren Frist – sie beträgt zwischen 48 und 96 Stunden, es gibt da aber einen Ermessensspielraum – bestatten. Es wird also präzise ab dem auf dem Totenschein vermerkten Zeitpunkt quasi ein Countdown heruntergezählt, der je nach persönlichen Gegebenheiten Hektik und ein Ohnmachtsgefühl gegenüber Anordnungen auslöst, was beides zum Ausblenden des besagten Zeitraums, zur Bewußtlosigkeit im geistigen Sinne beiträgt.

Unsere Gesellschaft ist aus hinlänglich beschriebenen Gründen
und ebenso im praktischen Sinne der Auffassung: Die Toten müssen *weg*, »ordnungsgemäß« und schnell. Wir, die wir jeder ein
Teil dieser Gesellschaft sind, haben das akzeptiert, und in eilferti-
gem Bürokratieverständnis sowie in unserer Hilflosigkeit befolgen wir den vorgegebenen Ablauf, hinter dem sich Besinnung
und das Eigentliche gut verdrängen lassen. Mitunter sind Arzt
oder Polizei dabei behilflich, einen sofort anrückenden Bestatter
ausfindig zu machen, weil die Angehörigen deutlich signalisieren:
»Ja, und was jetzt? Hier kann er doch nicht bleiben!« Oft ist aber
auch den Hinterbliebenen ein Bestatter bekannt, und unmittelbar
nachdem der Notarzt sich verabschiedet hat, wird dieser dann
angerufen und gebeten, den Toten zu holen.

Sind Hinweise auf einen unnatürlichen Tod gegeben oder besteht Ansteckungsgefahr durch den Toten, so »gehört die Leiche
dem Staatsanwalt«, und sie kann sofort beschlagnahmt werden.
In allen anderen Fällen ist ein zu Hause Gestorbener vom Zeitpunkt seines Todes an rein rechtlich gesehen unter der Obhut
seiner Angehörigen oder Bevollmächtigten. Nur sie können jetzt
verfügen, was innerhalb der gegebenen Frist mit dem Leichnam
zu geschehen hat, sie können auch darüber entscheiden, wo der
Leichnam vorerst verbleibt.

Gibt es nun keine konkreten und zwingenden Gründe, die aus
der Sicht der Angehörigen nach ärztlicher Feststellung des Todes
den sofortigen Abtransport des Toten oder eine sofortige Leichenöffnung notwendig machen (etwa weil der Verstorbene einen
Organspendewunsch hatte oder die Angehörigen eine rasche
Obduktion aus anderen Gründen beantragen wollen), so besteht
jetzt die Möglichkeit, mit dem Toten erst einmal einige Stunden
lang alleine zu Hause zu sein, ihm bewußt verabschiedend zu
begleiten, ganz ungestört. Andere könnten hinzugerufen werden,
die dem Toten nahestanden und Abschied nehmen wollen. Selbst
jetzt, da mit der Eintragung der Todeszeit in den Totenschein der
»Countdown« amtlicherseits läuft, hat das nächste, was getan
werden muß, noch mindestens 24 Stunden Zeit. Melden die Angehörigen den Toten selbst ab, so kann der Bestatter auch *danach*
gerufen werden. Möchten sie diese der eigentlichen Situation bar-

barisch unangemessene Formalität lieber einem anderen überlassen, so übernimmt sie der Bestatter. Auch in diesem Fall muß freilich der Bestatter durchaus nicht *sofort* gerufen werden. Und wenn er denn da ist, so besteht genaugenommen vorerst einmal keine Notwendigkeit, daß er den Leichnam mitnimmt. Bei der Abmeldung des Toten beim Standesamt muß keine Auskunft darüber gegeben werden, an welchem Ort sich der Tote befindet, es wird auch nicht danach gefragt. Theoretisch also könnten Sie einen Toten bis kurz vor seiner Bestattung in Ihrem Hause aufbahren, wie das heute noch in ländlichen Gebieten vereinzelt ganz selbstverständlich geschieht.

Wir aber sind gewohnt, »alles in einem Abwasch« zu machen; der Bestatter soll also, sobald das Nötige besprochen ist, den Totenschein am besten samt Leiche mitnehmen – und das alles am liebsten *sofort*. Als Argumente hierfür werden »Kein Platz in der Wohnung« oder »Temperaturprobleme« angeführt. Bei näherer Überprüfung halten diese Argumente nicht stand. In Wahrheit ist es ausschließlich die Angst vor dem Toten und der massive Wunsch nach Verdrängung, ist es – auch aus Ohnmachtsgefühlen heraus – diese spezifische Automatik der Ausblendung, worin das sofortige Abgeben unserer Toten begründet ist. Wie als Reflex wird der Bestatter herbeizitiert: Ein anderer soll kommen, einer, der sich auskennt mit so was, einer, dessen Beruf das alles ist – und der soll an unserer Statt handeln! Hilfe, eine Panne – der Fachmann muß her, ob Installateur oder TV-Notdienst! Das bringt die Haltung unserer Gesellschaft zum Tod exakt auf den Punkt.

Und so rückt er denn an, der Bestatter, mit seinem Katalog, bekommt vom Notarzt die Türklinke und den Totenschein in die Hand gedrückt; es geschieht wahrlich nicht selten, daß vor dem gerade eben Gestorbenen in seiner Hörweite blitzschnell die Modalitäten seiner Entsorgung ausgehandelt werden. Da werden aufgrund vorgelegter Hochglanzfotos Särge und Blumenschmuck (»Wie hoch ist die Sterbeversicherung?« – »Was möchten Sie in etwa ausgeben?« – »Es war immerhin der Vater, nehmen Sie doch ein schönes Lilienbukett!«) ausgesucht; da wird nach dem geeigneten Friedhof Ausschau gehalten und nicht selten sofort die entsprechende Friedhofsverwaltung angerufen, da wird nach dem Familienbuch gekramt ...

Eine Stunde etwa dauert die Unterredung, an deren Ende die Hilfskräfte des Bestatters eintreffen, um den Toten gleich mitzunehmen. Das geschieht auf einer Notbehelfsbahre, da der geordnete Sarg ja erst »gerichtet« werden muß und es »zu umständlich und auch zu teuer« wäre, brächte man den Sarg zum Verstorbenen. So aber kann alles weitere, ohne daß irgendein Angehöriger etwas mitbekommt oder gar helfen muß, beim Bestatter »fertiggemacht« werden.

Innerhalb von zwei Stunden nach seinem Tod ist auf diese Weise ein Verstorbener aus dem Haus; zu diesem Zeitpunkt hat er etwa noch weitere vier bis acht Stunden Körpertemperatur, ist er also »noch warm«. Bis zu seiner Bestattung wird der Mensch dann zuerst beim Bestatter, der ihn anzieht und einsargt, »zwischengelagert« (sofern ihn der Bestatter nicht an einen Pathologen »ausleiht«) und später in seinem Sarg in der Leichenhalle des Friedhofes aufbewahrt – wo er vielleicht noch einmal, für ein paar Minuten, von denen, die ihn liebten, aufgesucht wird. Und wieder möchte ich Sie anregen, sofern Sie das können, sich alles Schritt für Schritt aus der Wahrnehmung des Toten heraus vorzustellen.

Fast alle Menschen wünschen, habe ich bei meiner praktischen Arbeit erfahren, daß ein zu Hause Verstorbener »so schnell es geht« abgeholt wird. Auf Platz zwei der Wunschliste steht die Bitte, man möge den Toten zwar so schnell wie möglich, aber nicht vor Einbruch der Dunkelheit holen, damit niemand mitbekommt, was geschehen ist, und damit man nicht angesprochen wird und keine Fragen beantworten muß.

Stirbt ein Mensch im Krankenhaus, so ist die Situation noch losgelöster vom eigentlichen Geschehen. Der Bestatter sucht die Hinterbliebenen auf, läßt sich das Krankenhaus oder Heim nennen und wird dann »alles Weitere veranlassen«, also den Toten abholen. Es gibt dann *noch* weniger Berührungspunkte mit dem Tod. Und genau diese Abstraktion des Geschehens ist es, die seine Verarbeitung auf Dauer gesehen so schwer macht.

Wie Sie sicher wissen, gibt es auch Bestatter, die nicht in ein Trauerhaus kommen, sondern die man zur Besprechung eines

Trauerfalles aufsucht. Diese Bestatter geben sich in Deutschland gerne »repräsentativer«. In den USA hingegen existieren *death-shops*, in denen alles, wirklich alles – auch ein gebrauchter Cadillac – als Sarg angeboten wird. Diese Shops sind billigen Supermärkten ähnlich, und eine Bestattung kann mit dem Kauf eines Sarges gleich »mitgebucht« werden: eine Entwicklung, die auch bei uns denkbar wäre.

Anstatt mit Katalogen arbeiten die repräsentierenden Bestatter mit Schauobjekten im Laden, und sie »schlagen die Ladenmiete halt auf die Särge«, wie mir einmal einer von ihnen anvertraute. Ich finde aber, weil sich Menschen, die gerade einen großen Schmerz erfahren haben, in einer vertrauten Umgebung, in der der ihnen nahegehende Todesfall der einzige ist, besser fühlen als in einem Bestattungsgeschäft, ist es ratsamer, den Bestatter ins Haus kommen zu lassen.

An dieser Stelle scheint es mir angebracht, Ihnen einiges über das Berufsbild des Bestatters zu sagen. Ich erwähnte eingangs, daß die Berufsstatistik, die von den Bestattern selbst erstellt wurde, zwanzig Prozent sogenannter »schwarzer Schafe« ausweist und daß ich persönlich diesen Anteil auf fünfzig Prozent schätze. Wie auch immer, Ihnen wird der schlechte Ruf dieser Zunft gewiß auch schon einmal zu Ohren gekommen sein. Es gehört jedenfalls zu unserem Thema, daß wir uns über die Arbeit, die im ausgeblendeten Bereich geleistet wird, und über die Menschen, die sie verrichten, Gedanken machen.

Bestatter kann in unserer Gesellschaft grundsätzlich jeder werden, der einen Gewerbeschein hat. Das ist die gleiche Qualifikation wie die, die ein Mensch benötigt, um auf dem Jahrmarkt Zuckerwatte zu verkaufen. Eine Ausbildung, außer der praktischen Erfahrung, gibt es für den Bestatter nicht. Man könnte es so sagen: Wo die im ausgeblendeten Bereich verrichtete praktische Arbeit keinem diesseitigen Zweck mehr untergeordnet werden kann, ist die Ausbildung zu ihrer Verrichtung gleich mit ausgeblendet worden. Bestatter sind (*gegenwärtig*, Perspektive siehe Folgekapitel) so unausgebildet wie Müllmänner. Wir haben uns allerdings in letzter Zeit mehr Gedanken über den Müll als über unsere Toten gemacht …

Das Bestattergewerbe geht ursprünglich, aus ganz praktischen und naheliegenden Gründen, aus dem der Schreinerei hervor. Auch Totengräber haben häufig als Bestatter fungiert. Die Berufserfahrung wurde einfach »von Mund zu Mund« weitergegeben. Und so ist das – während sich alle anderen Branchenzweige als etwas Lernenswertes im anerkennenden Bewußtsein der Bevölkerung entwickelt haben, denken wir nur einmal an die Schreinerei – meist heute noch so bei Bestattern. Und bei Totengräbern auch, versteht sich. (Inzwischen gibt es allerdings neue Denkansätze, auch Eigeninitiativen diesbezüglich. Ich komme etwas später, bei den Alternativen zur Misere, darauf zurück.) Bestattungsunternehmen, die an eine Schreinerei angegliedert sind, finden Sie heute nur noch selten, auf dem Land noch am ehesten. Heute, wo alles spezialisiert ist, ist auch das Bestattergewerbe eine spezielle Branche geworden. Nur eben, daß die dort Arbeitenden zumeist keine Spezialisten sind, keine Menschen, die es aus inneren oder gar geistigen Motiven zu ihrer kunstfertigen Arbeit gemacht haben, Menschen würdig und mit Andacht einzusargen und zu bestatten – »auf die Reise zu bringen«, wie man im alten Ägypten eine der sinnvollsten und weihevollsten Tätigkeiten bezeichnete.

Im Bestattergewerbe finden Sie heute in unserer fachidiotischen Zeit viele »verkrachte Existenzen«: Menschen, die nach allerlei beruflichen Versuchen nun dort gelandet sind, wo aus Scham oder Verdrängung einer ganzen Gesellschaft nahezu unkontrolliert gearbeitet und zumeist unwidersprochen »abkassiert« werden kann. »Abkassiert« wird, ohne Zweifel; seit einiger Zeit jedoch etwas gehemmter, seitdem sich die Verbraucherzentralen eingeschaltet haben und dazu anregen, »unbedingt Rechnungen von Bestattern zu vergleichen«. Diese empörte und sehr äußerliche Empfehlung kümmert sich um das der Unseriosität vieler Bestatter zu Grunde liegende gesellschaftliche Problem nicht im geringsten. Dieses Grundproblem ist die Verdrängung des Todes in unserer Gesellschaft.

Die meisten Bestatter haben enorme soziale Probleme. Sie sind Menschen in unserer Gesellschaft, die jedermann am liebsten meidet, auch im Privaten. Ihre Beziehungen gehen schnell in die Brüche, nicht nur weil ihre Arbeitszeiten extrem belastend sind und sie unter dem Druck leiden, ständig erreichbar sein zu müssen (wie Ärzte), sondern vielmehr, weil Partner oder Freunde die Tätigkeit eines Bestatters nicht verarbeiten können, zumindest nicht über eine längere Zeit hinweg. Ein Bestatter erzählte mir einmal eine dafür bezeichnende Alltagsgeschichte: »Als beim ersten Treffen in meinem neuen Kegelklub alle ihre Berufe nannten, da sagte der eine: ›Ich bin Friseur.‹ Alle nickten und wollten sich gleich zum Haareschneiden anmelden. Ein anderer hat gesagt, daß er einen Metzgerladen hat, und alle wollten jetzt dort kaufen. Als wieder ein anderer sagte, er habe ein Pornogeschäft, gab es großes Gegröle und Gelächter. Und dann war *ich* an der Reihe. Ich habe, obwohl's mir schwerfällt, gesagt: ›Und ich, ich bin Bestatter.‹ Da haben alle nur geschwiegen. Und manche sind ein bißchen abgerückt, obwohl sie sich Mühe gaben, nett zu mir zu sein. Nach ein, zwei Treffen bin ich dann nicht mehr hingegangen. Es hat auch mit der Zeit nicht mehr geklappt, ich kann mich eben nicht wöchentlich einmal abends zuverlässig freimachen.«

Bestatter haben häufig Alkoholprobleme, oder sie leiden unter einer anderen Sucht. Ein Fall ist mir bekannt, ein etwa fünfzigjähriger Bestatter, der alle drei Monate für vierzehn Tage nach Bangkok fliegt, um dort »wie im Suff junge Weiber« zu haben. Der Mann sagt seinen armen Schönen im fernen Land garantiert nicht, was für einen Beruf er ausübt. Und derartige regelmäßige Ausflüge zur »Frustbekämpfung« müssen – um das abkassierende Finanzgebaren mancher Bestatter auch einmal von dieser Warte aus am genannten Beispiel auszuleuchten – auch erwirtschaftet werden.

Es gibt allerdings auch Bestatter, die ihre Arbeit mit vollem geistigem und praktisch-solidem Bewußtsein ausüben. Sie sind nach meiner Beobachtung im nicht kirchlichen Sinne religiös gebunden und arbeiten in Unternehmen mit langer Tradition. Ich kenne einen Bestatter, der in mehrmaligen Reisen nach Tibet die Kraft für eine wirkliche Haltung zu seiner Arbeit gefunden hat, eine Kraft, die ihn weitgehend trägt. Und ein anderer nimmt aus dem Anblick der Toten selbst Ruhe und Sicherheit für sein Tun. Solche Leute sind aber immer noch selten in einer Branche, die kaum nach Voraussetzungen fragt.

Die Arbeit der Bestatter ist extrem hart: körperlich, vor allem aber psychisch. Und sie wird mit zunehmender Vereinsamung und Ignoranz in unserer Gesellschaft immer schwerer. Kommt ein Bestatter in ein Trauerhaus, so ist er inzwischen nicht selten, wenn Kirche, Familie und Freunde »ausfallen«, der alleinige Ansprechpartner für die *ganze* Situation. Er wird zum Seelsorger – ob er will oder nicht.

Ein gerade eingetretener Todesfall zieht den Hinterbliebenen die Maske gesellschaftlicher Konvention vom Gesicht. Und was dann zum Vorschein kommt, ist mitunter scheußlich. Es ist die Summe aller Irrtümer, eine grausame Wahrheit. Es gibt Hinterbliebene, die den Bestatter anschreien, daß sie sich jetzt das Leben nehmen werden. Der Bestatter trifft in der Mehrheit der Fälle auf das jahrzehntelange Versäumnis innerer Arbeit, das sich durch den Tod von einem Tag auf den anderen offenbart und an ihm, dem Fremden, dem »Zuständigen«, der selber vieles verdrängt, in einer einzigen Stunde entlädt. Häufig tritt auch ein wirklich unglaublicher Haß auf den Verstorbenen zutage (»Mir egal, wohinein – endlich raus, das ist mir wichtig!«) oder auch Haß Hinterbliebener auf irgendwelche Familienmitglieder. Nicht selten wird auch die – beim Besuch eines Bestatters ja nun wahrlich verfrühte – Erbschaftsdiskussion lautstark ausgetragen. Man scheut sich vor nichts, wenn der Bestatter kommt. Alle Hemmungen fallen. Man glaubt, wahrscheinlich unbewußt, man sehe den »Totenvogel« ja sowieso nie wieder. Oder man meint auch, in der besonderen Situation habe *jeder* – und besonders der für die »Entsorgung« Zuständige – *alles* zu verstehen. Und oft herrscht auch absolute Fassungslosigkeit, die gar nichts mehr meint, nur noch *ist*.

Der Bestatter kommt also meist in ein Chaos, und da er »wirtschaftlich denken muß«, verläßt er dasselbe so schnell wie möglich wieder; fast immer, wen nimmt es Wunder, von der Situation vollkommen überfordert. Er findet Chaos vor und läßt meist auch Chaos zurück, obwohl man sich an ihm abreagiert hat. Dazwischen, solange er da ist, muß er als »Nahtstelle« den Angehörigen gegenüber für alles fungieren, das jetzt, nach einem Todesfall, bei ihm zusammenläuft. Neben den hohen psychischen Belastungen sind für ihn auch die notwendigen organisatorischen Maßnahmen aufreibend. Der schnelle Ablauf, mit dem wir unsere Toten entsorgen, macht auch ihm, sofern er nicht eine eigenwillige Haltung hat und prinzipiell mögliche Sonderlösungen sucht und anbietet, sehr zu schaffen. Denn jetzt muß er sich (in den meisten Fällen wird der Bestatter mit allem betraut, auch mit dem, was Hinterbliebene selbst machen könnten) um Standesamt und Friedhofsverwaltung kümmern, eventuell um einen Pfarrer, um Blumen und die Ausgestaltung der Trauerfeier, um eine eventuelle Zeitungsannonce und um den Druck privater Trauerpost ... und alles soll – nicht selten zusätzlich durch die Angehörigen angetrieben – sehr schnell gehen. Behörden sind oft peinlich stur, das gilt auch für Friedhofsämter und die Abteilung »Abgänge« der Standesämter. Was da mit dem Bestatter mitunter geredet wird (»Ja, geht schon, aber das Grab schaufeln dann *Sie* zu, weil meine Leute sind freitags ab 14 Uhr nicht mehr da«), kann er nur gefiltert an die Hinterbliebenen weitergeben; auch muß er – die Bestattung ist sein Auftrag – sofort nach eventuellen Alternativen schauen, wenn Schwierigkeiten auftauchen. Und jedem Hinterbliebenen hat er das Gefühl zu geben, *sein* Verstorbener sei der einzige, obwohl die organisatorischen Probleme des Bestatters sehr oft gerade in der Massierung von Bestattungen liegen. Daß es diese Massierung gibt, hängt mit den behördlichen Arbeitszeiten auf Friedhöfen, mit der Zusammenlegung von Friedhöfen – immer weniger Personal für immer mehr Bestattungen – und auch mit dem zeitlich sehr engen Spielraum zusammen, der üblicherweise zwischen ärztlich festgestelltem Tod und der Bestattung liegt. Besonders nach Wochenenden ist der dadurch entstehende Druck groß. Die zunehmende Ignoranz der Pfarrer, die immer öfter »nicht erreichbar« sind, tut ein übriges, sofern christlich bestattet werden soll. Erklären Sie einmal einem Hinterbliebenen ruhig und taktvoll, daß der gewünschte Pfarrer »belegt« ist, wenn ebendieser Ihnen gerade eben am Telefon gesagt hat: »Nee, also schon wieder so früh, ich hab' da abends vorher Kirchengemeinderatssitzung! Sagen Sie, ich bin auf einer anderen Beerdigung. Und außerdem kommen diese Leute sowieso nie in die Kirche.«

Bestatter haben viele besondere und komplexe Probleme aufgrund des Klimas in unserer Gesellschaft. Ich möchte hier nur noch eines herausgreifen: die Aufbewahrung von Toten.

Viele Bestatter haben in ihrem Institut rein baurechtlich gesehen Probleme, Leichen zu lagern. Sie benötigten dazu aufgrund verschiedener Vorschriften quasi eine eigene Leichenhalle. (Es handelt sich hier um spezielle Gewerbevorschriften. Ein in seinem eigenen Bett Gestorbener kann dort selbstverständlich noch einige Zeit liegen bleiben.) Diesen besonderen Raum, der viele technische Voraussetzungen erfüllen muß (Kühlung, Lüftung), haben viele mittelgroße Bestatter nicht. Sie verfügen lediglich über einen größeren Raum zum Einsargen und eine große Lagerfläche oder ein Ladengeschäft für die von ihnen angebotenen Särge und andere Bestattungsutensilien. Soll nun ein Toter »so schnell wie möglich« aus einem Privathaus abgeholt werden, etwa in der Nacht, und steht der Bestattungsort (Friedhof) ebensowenig fest wie der Sarg, in den der Gestorbene gebettet werden soll, so wird der Bestatter, der über keinen eigenen Leichenraum verfügt, den Verstorbenen erst einmal in seine Werkstatt fahren. Dort wird der Tote regelrecht abgestellt, neben die Werkbank oder das Schraubenregal, auf der provisorischen Bahre, mit der er geholt wurde; Plastikplanen, die rechts und links an der Bahre befestigt sind, werden über das Gesicht geschlagen. Brächte der Bestatter den Leichnam erst einmal zu »irgendeinem« Friedhof (viele Bestatter verfügen über Schlüssel zu den Leichenhallen von Friedhöfen), der dann vielleicht doch nicht der richtige ist, so bekäme er erstens sehr wahrscheinlich Ärger mit dem irrtümlich belegten Friedhof und zweitens Ärger mit den Angehörigen, die später auf der Bestattungsrechnung »mindestens einmal Transportkosten zuviel« entdecken würden. Und selbst wenn der Bestatter diese Zusatzkosten mit ihnen zugunsten einer würdigeren »Lagerung« des Toten bespräche, wozu er viele Erklärungen bräuchte, bleibt das Ganze für ihn äußerst umständlich und auch rechtlich riskant. So wird er es bleibenlassen und den Toten neben dem Schraubenregal lagern – oft auch *unter* einem Regal, falls unangemeldet eine amtliche Kontrolle kommt –, bis er ihn einsargen und zum richtigen Friedhof fahren kann.

Weshalb ich dies so ausführlich beschreibe: Machen Sie sich bitte klar, daß Sie, wenn Sie auf schnellem Abtransport eines Toten bestehen, höchstwahrscheinlich gar nicht wissen, wohin man den Verstorbenen bringt. Vermutlich wären Sie bisher nicht einmal auf die Idee gekommen, danach zu fragen. Wir befinden uns im ausgeblendeten Bereich!

Bitte stellen Sie sich nun das Erwähnte wieder aus der Wahrnehmung eines Toten vor, der vor wenigen Stunden noch gelebt hat. Und hier, zur weiteren Anregung Ihrer Gedanken, noch einiges Weitere, was mit einem Gestorbenen beim Bestatter geschehen kann, wenn niemand ein Auge darauf hat. Wobei ich betonen möchte, daß es nicht aus Bosheit geschieht und auch nicht aus absichtlicher, analytisch begründeter Schändung der Leichen; es ist vielmehr Ausdruck von mangelnder persönlicher Haltung zum Tod, Ausdruck von unbewußtem Haß auf die eigene, geistig unverarbeitete Tätigkeit und – wieder! – jener männlich-unreifen Halbheit, die den Kreislauf der Gezeiten nicht aus sich selbst heraus spürt. Allerdings – diese »Halbheit« drückt sich hier »harmloser« aus als zum Beispiel bei Pathologen, weil das intellektuelle Niveau ein anderes ist.

Hätten Sie bisher geglaubt, daß bei vielen Bestattern die Toten beim Einsargen unter anderem auf Müll gebettet und die von den Hinterbliebenen ausgewählten Leichenkissen mit altem Zeitungspapier ausgestopft werden, weil das ein billiges und leicht verrottendes Füllmaterial ist? »Auf Müll gebettet« meint: Zuunterst in einen Sarg kommt grundsätzlich eine sogenannte »saugfähige und verrottende Unterlage«, die etwa einen halben Meter hoch sein muß, da die Körperflüssigkeit eines Toten nach etwa sechs bis zwölf Tagen, der Schwerkraft folgend, aus der Haut vollständig auszutreten beginnt. Über dieser Unterlage wird dann der Sarg (oft nur im Kopf-Brustbereich übrigens!) mit einem meist weißen Tuch ausgeschlagen, das am Innenrand des Sarges »festgetuckert« wird. Die saugfähige Unterlage (man spart, und es »sieht eh keiner«) besteht meist aus Juteabfällen oder anderen, häufig eben mit Müll vermengten »geeigneten« Materialien. Da werden Flaschenkorken oder auch die Plastikhüllen der Sargbeschläge und überflüssige Nägel mit oder vor der Jute in den Sarg geschmissen, oder eine leere Zigarettenschachtel landet auf dem Jutehaufen und wird dann mit der Jute im Sarg »bestattet«; da werden Zigarettenkippen im Sarg ausgedrückt, ehe man Jute, Leichentuch und

schließlich die Leiche selbst unter das Leichendeckbett »eintütet«
oder »rinnetut«, wie sich manche Sarggehilfen oder Bestatter ausdrücken, und da wird die Zeitung als Unterlage und Auspolste-
rung genommen, wo immer es geht, weil dann die Leiche »nicht
verruckelt« – Zeitungspapier ist formbarer als zum Beispiel ge-
preßte Baumwolle.

Es gibt übrigens, dem chaotischen Berufsbild des Bestatters
folgend, in den meisten Betrieben keine feste Regelung, *wer* einsargt. Zumeist macht es ein angelernter Gehilfe (mit irgendeinem
zweiten, der hinzugerufen wird, um die Leiche oder den Sarg
kurz »anzupacken«), mitunter auch, wenn viel zu tun ist, der
Bestatter selbst oder ein Vertreter des angelernten Gehilfen ...
Die Fluktuation der Hilfskräfte im Bestattungswesen ist groß.
Wundert es einen da, wenn beim Einsargen einer Mutter von vier
Kindern ALICE COOPER aus dem Radio brüllt oder beim Einsargen einer Kinderleiche über den Salat, den man noch kaufen muß,
geplaudert wird? Wundert's einen, wenn manche Leichenbesor-
ger, nachdem sie eine Plastikstütze unter das Kinn eines Toten
bugsiert haben, damit der Mund des Toten geschlossen ist, diesen
Mund mit dem Leichenfrisierkamm in liebliche Form zurechtkne-
ten; vielleicht, weil sie einfach Angst vor der Hautberührung eines
Toten haben?

An all das denken Sie wohl kaum, solange Sie es nicht wissen.
Und wenn Sie es nun wissen, so könnte es immer noch sein, daß
Sie all diese Mißstände (dieses Buch ist kein Sensationsreport; ich
habe deswegen auch hier die detaillierte Schilderung solcher
Zustände knapp gehalten) für unveränderbar halten. Sie sind aber
veränderbar. Wir müssen nur wissen *wollen*, was mit unseren
Toten geschieht, geschehen kann, wenn wir sie einfach liegenlas-
sen (Krankenhaus) oder so schnell wie möglich »weghaben« wollen (Haussterbefall).

Auf Friedhöfen, wohin die eingesargte Leiche später schließlich
gebracht wird, herrschen noch die der Totenruhe angemessensten
Umstände. Aber auch hier, ich möchte es nicht ausführlich
beschreiben, gibt es manch einen Friedhofsgehilfen, der mit den
Leichen »Scherze« treibt, gibt es manch ein unglaublich rohes
Putzfrauengespräch im Angesicht von Gestorbenen. Auch die

Menschen, die auf Friedhöfen arbeiten, sind ungelernte Kräfte,
unvorbereitet, geistig oft unorientiert. Und sie leiden unter dem
vielen, was sie demzufolge nicht verarbeiten können. Sie leiden
unter schlechter Bezahlung, und unter ihrer mangelnden sozialen
Anerkennung leiden sie auch. Oft kompensieren sie all das mit
Alkohol oder mit einem übertriebenen Munterkeits- und Lebensgefühl.

Bei der Sargschließung meiner Mutter, die ich eigenhändig und
in Anwesenheit meines Bruders vornahm, erzählte mir ein Fried-
hofshelfer, er habe gerade »Sportschau geguckt« – er erzählte es,
während ich die Nägel einschlug, die besiegelten, daß wir das
Antlitz unserer Mutter niemals wiedersehen würden.

Es ist mir später gelungen, ein unaggressives Gespräch mit
diesem Helfer zu führen, eines, das ihm von meiner Mutter als
Mensch erzählte. Er wird wohl kaum jemals wieder in Anwesenheit eines Toten seine einfältigen und hilflosen Bemerkungen
machen müssen. Er sagte mir, für ihn seien »des da« – und er
deutete vage hinter sich in Richtung Leichenhalle – »koine Men-
sche mehr«. Ich machte ihm klar, daß er sich irrt.

Keine Menschen mehr – so liegen unsere Toten, numeriert und
abgestellt, auf unseren Friedhöfen. Allein gelassen bis zur Bestattung. Der oft durchgeführte Zehn-Minuten-Besuch der Angehörigen vor der Trauerfeier (»Ich möchte ihn noch einmal sehen«)
ändert nur wenig mehr als nichts daran, zumal die Angehörigen
dabei oft an sehr vieles denken, nur an die Toten selbst nicht.

Totenwache gilt als »unzeitgemäß«, als ein Brauchtum »niede-
rer Kulturen«. Und wir glauben, sie hier, in unserer durchbürokra-
tisierten Gesellschaft, im System unserer *Verdrängung* gar nicht
mehr durchführen zu können. Aber wäre nicht vieles, wovon wir
in diesem Kapitel sprachen, durch abwechselnde eigene (oder
organisierte) Totenwache zu verhindern? Sieht *so* ein Abschied
aus, wie alles, was ich hier beschreiben mußte?

Wir stellen uns diese Frage nur zögernd. Ihre ehrliche Beantwortung hätte viele Konsequenzen.

Sie haben es längst aus allem Geschilderten entnommen: Der
ausgeblendete Bereich läßt alle Möglichkeiten offen. Es gibt keinen typischen Verlauf, was nach dem Eintritt eines Todes mit

einem Menschen geschieht, der von seinen Hinterbliebenen »weg-
gegeben« oder »liegengelassen« wird. Es gibt bis zur Bestattung
kein reguläres Verfahren, wo der Gestorbene wie lange »gelagert«
wird und wer sich dort an ihm eventuell in irgendeiner Weise
vergeht. Das alles hängt von sehr vielen Umständen ab, um die
wir uns nicht kümmern mögen, die wir *verdrängen*. Riefen mich
Hinterbliebene, die meine Arbeit, meinen Umgang mit Gestorbenen kennen und Rat suchten, unmittelbar nach einem Sterbefall
an, so konnte meine erste Frage: »Wo ist er Tote jetzt?« in keinem
Fall präzise beantwortet werden. So freilich kann es sich leicht
ergeben, daß sich viele verschiedene Menschen der Leiche zumindest vorübergehend in jeweiliger Unorientiertheit bemächtigen.
So wird, im Rahmen des Gewohnheitsrechts, mit dem Gestorbenen zu verschiedenen Zwecken »improvisiert«. Und eine unheilvolle Zusammenarbeit aller im ausgeblendeten Bereich Arbeitenden ist überdies denkbar.

Kehren wir zum Abschluß dieses Kapitels zur Vorstellung einer
schon beschriebenen Situation zurück. Der Bestatter tritt ein, der
Tote ist erst kurze Zeit zuvor verstorben. Und nun sind unsere
üblichen Gedanken, geben wir es zu, folgende: *Ich* bin furchtbar
traurig. Und was *auf mich* jetzt alles zukommt! Der Ausweis des
Verstorbenen wird benötigt, möglichst auch die Geburts- oder
Heiratsurkunde ... O Gott, wo ist das alles nur? Bestand nun
eine Sterbeversicherung oder nicht ...? Wie hoch? Muß ich jetzt
viel bezahlen? Wen rufe ich jetzt noch schnell an? Leichenwäsche,
Leichendecke ... Hatte der Tote nicht irgendeinen Wunsch? Wie
lautet der nur? Und wo soll das Grab sein? Oder die Urne liegen?
Ist eine Feuerbestattung nicht billiger? Welche Urne also? Welche
Blumen? Inseriert man? Was soll im Inserat stehen? Etwas mit
Liebe und unfaßbarer Trauer ... Hat der *Bestatter* nicht irgendwelche Formulierungsvorschläge? Und dann ... die Trauerfeier:
Wer soll sprechen? Und nachher die private Feier: Was zieht man
nur an? Wo macht man diese Feier? Wen lädt man ein? Was darf
das kosten? Schadet es meinem Prestige, wenn es nur Schnitzel
gibt? Verschickt man Trauerkarten? Bekommt man frei am Ar-
beitsplatz?

Wir verfallen nach Eintritt eines Todesfalles in Hektik, selbst

wenn ein Tod sich in Wahrheit schon lange Zeit zuvor angekündigt hat. Unsere Hektik hilft uns beim *Verdrängen*, es ist eine
panische und egozentrische Hektik, die nur mit unserer eigenen
Todesangst zu tun hat und die nach keinem anderen fragt. Am
wenigsten nach dem Gestorbenen. Wir sind unvorbereitet, geben
uns »total geschockt« – und wissen doch alle, daß wir alle sterben
werden.

Wir bekommen, solange wir leben, viele Tode gezeigt. Und
jedesmal verweigern wir uns auf die gleiche Weise einer höheren
Einsicht und ruhigen Umsicht. Wir verweigern uns einer Wahrnehmung von Abschied und Tod. Wir tun es, indes wir altern.
So werden wir es nie erreichen, mehr darüber zu wissen. Und so
quält unser Unwissen mißachtend jene, die die Schwelle des Todes
überschritten haben.

Sind Tote Gegenstände, so sind wir es auch.

Wenn ein Mensch stirbt, muß unsere Zuwendung diesem Menschen gelten. Wenn wir später auf seinem Grab die Blumen gießen
und im Schmerz an ihn denken – warum waren wir dann nicht
an seiner Seite, als er noch über der Erde war?

Klarheit im ausgeblendeten Bereich

Die Toten müssen *weg*, weil wir Angst vor ihnen haben. Sie werden mißachtet, geschändet, zerpflückt, weil uns ein unbewußter Haß auf sie leitet. Denn Tote strahlen eine Wahrheit aus, die zu *verdrängen* wir wahrlich rastlos bemüht sind: Wir hassen es und können es nicht annehmen, daß die Toten uns daran erinnern, wie wenig wir uns mit unserem *ganzen* Leben auseinandersetzen, mit unserem Werden *und* Vergehen. Wir hassen es, daß der Tod uns zeigt, wie halb wir in unserer selbsterschaffenen Omnipotenz sind. Wir haben Angst, daß sich etwas einmal für unsere grenzenlose Vermessenheit rächt, und wir vermuten, dieses Etwas liege im Bereich des Todes. Also lehnen wir alles ab, was tot ist, hassen es, schieben es weg. Eine törichte Notwehr, sehr kurz gedacht. Wir setzen *alles* auf die fünf oder acht Jahrzehnte, die wir hier sind.

Unsere Angst und unser Haß reichen in ihren Auswirkungen von völliger Gleichgültigkeit Verstorbenen gegenüber und totaler Ignoranz bis hin zum eiskalt genauen Zerpflücken und stückweisen Verhökern toter Körper. In allen diesen Fällen ist der Bereich zwischen Tod und Bestattung im Eigentlichen *ausgeblendet*. Blenden wir uns in diesen Bereich bewußt und mit all unseren Sinnen und Fähigkeiten wieder ein, so können wir – neben der Beseitigung geschilderter Mißstände – auch zu einer insgesamt wünschenswerten Neuorientierung unserer ganzen Gesellschaft beitragen. Ein *ganz* wahrgenommenes Leben hätte eine andere Realität zur Folge als die, in der wir heute leben müssen.

Dem Haß auf alles Tote und seiner letztlichen Ursache, der *Angst* vor dem Toten nämlich, müssen wir also Klarheit, freiwillige Arbeit und die Frage nach unserem gesamten Sein entgegensetzen. Das Mysterium des Todes entzieht sich naturgemäß dem analytischen Verstand, dem Willen. Ein gutes Stück weit aber können Ihnen Ihr Verstand und Ihr Wille im Umgang mit dem Tod hilfreich sein. Sie müssen diese beiden Fähigkeiten lediglich einer Motivation unterordnen: *Ich will da jetzt hinschauen, und zwar mit wahrhaftiger Aufmerksamkeit. Es handelt sich hier um mein ganzes Leben. Ich will darüber mehr erfahren.*

Daß Sie sich mit Ihrem *ganzen* Sein auseinandersetzen, dazu fordere ich Sie in diesem Buch immer wieder auf. Wie Sie das machen, muß letztlich Ihnen überlassen bleiben. Um im Umgang mit Toten bewußt und handlungsfähig zu werden, um das Gefühl totaler Betäubung, das die meisten von uns befällt, wenn sie in der Realität auch nur einen flüchtigen Blick auf einen Verstorbenen werfen, wieder durch lebendiges Empfinden zu ersetzen, sind neben geistiger Arbeit auch konkrete Hilfen in Form von Informationen nötig: *Licht im ausgeblendeten Bereich!*

Allem voran scheint mir noch eine Begriffsklärung wichtig, und zwar nicht im wortklauberischen, äußerlichen Sinn, sondern weil Sie durch diese Begriffsklärung Ihrer persönlichen geistigen Haltung näherkommen. Ich möchte, daß Sie darüber nachdenken, was *für Sie* das Adjektiv »tot« bedeutet.

Durch die bisherigen Kapitel zog sich immer wieder der Gedanke, der »organische Tod«, über dessen rein materielle Feststellungskriterien wir sprachen, könne nicht das ausschließliche Indiz der Beendigung einer irdischen Existenz sein. Ein so jähes Ende anzunehmen verbietet sich für einige eher *geistig* orientierte Völker. Auch meine Überzeugung möchte ich hier noch einmal erwähnen: Ich würde *dieses* Buch nicht schreiben, wollte ich Ihnen nicht nahelegen, den Prozeß der Entkörperung als einen länger währenden anzusehen: länger als unsere Schulmedizin behauptet. Ich bin aufgrund meiner Erfahrungen davon überzeugt, daß der Tod nicht das Ende unserer persönlichen Existenz bedeutet. Dies muß natürlich nicht ebenfalls Ihre Auffassung sein. Damit jedoch keine Mißverständnisse aufkommen, ist mir folgende Klärung wichtig: Ich habe in diesem Buch, der einfacheren Verständigung wegen und um Sie nicht mit für Sie persönlich noch nicht akzeptablen Formulierungen zu manipulieren, den Begriff »tot« (für den menschlichen Körper) auch dort benutzt, wo er nach meiner Auffassung noch gar nicht angebracht ist. Für mich müßten die Begriffe neu definiert werden. Der »organische« (nach rein mate-

riellen Kriterien festgestellte) Tod könnte so als der *Beginn* der
Entkörperung bezeichnet werden, und der Begriff »tot« (für einen
Körper) wäre erst angebracht, wenn die Entkörperung nach bestem Wissen unserer seelischen Wahrnehmung abgeschlossen ist.
    Ein Beispiel: Meine Mutter, von der ja schon die Rede war,
begann sich an einem 15. August (ihrem »Todestag«) von ihrem
irdischen Körper zu lösen. Ich persönlich hatte den Eindruck,
daß Ihre Entkörperung erst an einem Tag Ende September vollständig abgeschlossen war. So lange schien mir der Geist meiner
Mutter, mit dem ich in Kontakt stand, wie jeder nahe Angehörige
oder enge Freund mit dem Geist eines Verstorbenen in Kontakt
stehen kann, noch sehr an ihr irdisches Dasein gebunden. Meine
Hinweise waren Träume, auch plötzliche Gedanken bei Tag, ebenfalls Antworten der Toten auf meine Fragen. Erst Ende September
also war meine Mutter für mich, in der körperlich manifestierten
Existenz, die ich als »meine Mutter, Gabriele Faerber« zusammen-
faßte, *tot*. Es versteht sich: Obwohl ich die Bestattung, wie jede
mir anvertraute andere auch, so lange wie möglich hinauszögerte,
war es in unseren Lebensumständen unmöglich, über vier Wochen
damit zu warten. Ich gab meine Mutter zum spätestmöglichen
Zeitpunkt zur Beerdigung frei und hatte an diesem Tag zumindest
den Eindruck, daß sie nun körperlich nichts mehr wahrnehmen
könne, auch wenn ich ihre geistige Person noch als im Körper
befindlich sah. In den Tagen bis zu ihrer Bestattung blieb ich ihr,
um all diese Wahrnehmungen machen zu können, natürlich intensiv zur Seite. Es war *meine Mutter*, die wir bestatteten. Ein ent-
seelter Körper lag erst Wochen später in ihrem Grab. Genaugenommen haben wir eine Lebende bestattet, weil es in unserem
Kulturkreis letztendlich nicht anders möglich ist.
    Beobachtungen und Entscheidungen dieser Art und eine genaue
Definition der Begriffe sind eine sehr persönliche Angelegenheit. Es gibt keine allgemeinverbindlichen Kriterien dafür – ob-
gleich einige Religionen welche aufstellen und auch das *»Tibetanische Totenbuch«* einen bestimmten Zeitraum der Entkörperung
benennt, der übrigens etwa demjenigen entspricht, den ich (in
damaliger Unkenntnis des *»Totenbuches«*) bei meiner Mutter
wahrnahm. Mit der Erwähnung dieser Umstände möchte ich Sie

lediglich dazu anregen, sich Ihre eigenen Gedanken zu diesem Problem zu machen. Ratschläge kann ich kaum geben.

Ich habe mich also in diesem Buch weitgehend der landläufigen Wortwahl, den Begriff »tot« betreffend, angepaßt, und ich werde es weiter so halten. Formulierungen zu prägen, die eine sehr persönliche Sicht des Autors ausdrücken, und diese den Lesern mehr oder weniger aufzunötigen, halte ich für unangebracht und unserer Sache wenig dienlich. Nur einmal, an dieser Stelle, wollte ich – an meinem persönlichen Beispiel – mit Ihnen über die notwendige Klärung der Begriffe sprechen, die eine eigene geistige Haltung voraussetzt.

Wichtig ist, daß Sie das Adjektiv »tot« für sich selbst als Begriff definieren. Das ist etwas, das sehr viel Zeit und beobachtende Nachdenklichkeit braucht. Es ist ein jahrelanger Reifeprozeß und ganz sicher eine der vornehmsten Aufgaben unseres Daseins. Eine Tendenz Ihrer Haltung in dieser so grundsätzlichen Frage aber werden Sie gewiß sofort in sich verspüren. Und diese sollten Sie schon jetzt Ihrem Umgang mit Verstorbenen zugrunde legen.

Entweder glauben Sie, daß der Prozeß der Entkörperung ein langsamer ist, oder Ihre persönliche Meinung liegt »so in der Mitte«, wie ich das oft von Menschen höre (»Ich glaube schon, daß da noch was ist, aber was … keine Ahnung. Bestimmt kein klares Bewußtsein, aber irgend etwas sicher«), oder aber Sie stehen auf dem Standpunkt, daß der Verstorbene von der Feststellung seines organischen Todes an keinerlei Wahrnehmung oder »Seele« mehr in sich hat, so daß es sich also bei einem Toten tatsächlich nur noch um einen Zellhaufen handelt.

Selbst wenn letzteres zutrifft, so kann es gewiß nicht Ihr Wunsch sein – jetzt, wo Ihnen die katastrophalen Zustände im »ausgeblendeten Bereich« bewußt geworden sind –, daß unsere Gesellschaft weiterhin *so* mit ihren Toten umgeht. Auch wenn Sie sich ganz und gar als Anhänger der Schulmedizin verstanden wissen möchten, werden Sie es aus Achtung vor dem *gewesenen* Leben des Toten als ethisch verwerflich empfinden, daß mit Gestorbenen so würdelos verfahren wird. Sie werden sich vermutlich inzwischen auch die Frage gestellt haben, ob der Fortschritt der Schulmedizin *jeden*, also auch diesen Tribut fordern darf. Es ist notwendig, daß wir uns besser auskennen im ausgeblendeten Bereich, vom Eintritt des Todes eines Menschen an. Und zu diesem Auskennen gehören notwendigerweise auch ganz praktische Klärungen. Welche »Markierung« auch immer der organische Tod für Sie bedeuten mag – Sie müssen ihn sicher erkennen können. Sie müssen wissen, wann Sie, landläufig gesprochen, eine Leiche vor sich haben oder ob der betreffende Mensch noch lebt.

Wie auch immer die konkreten Umstände künftiger Sterbefälle in Ihrer Umgebung sein werden, ob viel Krankenhauspersonal um ein Sterbebett steht, das Ihnen sagt, daß der Betreffende tot ist, oder ob Sie beim Eintritt des nächsten Sterbefalls gar nicht zugegen sind – ich möchte, daß Sie *alleine*, ohne fremde Hilfe und ohne technische Hilfsmittel, ohne den berühmten »Monitor«, zweifelsfrei diagnostizieren können, wann ein Mensch tot ist.

Zunächst sind selbstverständlich dauerhaft aussetzender Pulsschlag und Atem (Faustregel: Pulsschlag, der länger als zwei Minuten, Atem, der länger als zwei Minuten aussetzt) deutliche Anzeichen. Den Pulsschlag können Sie, wenn Sie sich bei der üblichsten Meßmethode – Ihre Fingerkuppen am inneren Handgelenk des Betreffenden – nicht sicher sind (die Durchblutung der äußeren Gliedmaßen ist bei Schwerstkranken häufig nur noch sehr schwach), auch an der Halsschlagader, vom Ohrläppchen des Betreffenden in Richtung Halsmitte langsam herabfahrend, überprüfen. Sehen Sie *weg* bei der Überprüfung des Herzschlages, weil Sie sich so besser darauf konzentrieren können.

Den Atem eines Menschen kontrollieren Sie am verläßlichsten mit Ihrer äußeren Handkante, die Sie ruhig *(wegsehen!)* unter die Nase des Betreffenden halten. Auch einen Spiegel können Sie an dieser Stelle vorhalten; er beschlägt beim winzigsten Atemzug.

Die völlige und andauernde Reaktionslosigkeit eines Menschen auf feste Berührung oder heftiges Anrufen ist ein zusätzliches Zeichen.

Es ist übrigens am besten, den Betreffenden in einer diesbezüglichen extremen Situation bei seinem Vornamen anzurufen, bei dem Namen, auf den er zuallererst in seinem Leben reagieren lernte. Mein Rat ist, falls es sich um einen Ihrer Elternteile handelt, *nicht* »Vater« oder »Mutti« oder dergleichen zu rufen; ich habe einige Male erlebt, wie sich ein solcher Ruf offenbar als Aufforderung zur Suche übertrug – daß also der Angerufene sich fragte, wo *seine* Mutter, *sein* Vater sei. Bedenken Sie, daß Sterbende sich bereits teilweise in einer anderen Realität befinden, und wenn es sich dabei auch »nur« um das sekundenweise Aufarbeiten von früh prägenden Erinnerungen handelt. Rufen Sie nicht fordernd, möglichst nicht verzweifelt. Rufen Sie sehr deutlich hörbar, aber *fragend*.

Weitere Anzeichen, die jedoch nicht unbedingt auftreten müssen, sind die sogenannten Totenflecken. Das sind leicht lilafarbene, mitunter auch dunkelviolette Hautveränderungen, die unter anderem im Gesicht und auf den Handrücken sichtbar werden, je nach körperlicher Konstitution des Toten unterschiedlich schnell und unterschiedlich stark. Menschen, die ohne fortwährende Einnahme starker Medikamente sterben, auch tote Kinder, die »gesund« starben, haben meist keine Leichenflecken. Hat ein Mensch über einen längeren Zeitraum starke Medikamente eingenommen, hat zum Beispiel eine Chemotherapie stattgefunden oder war er zum Zeitpunkt seines Todes schwerst stoffwechselkrank, so verfärbt sich die Haut nach seinem Tod zumindest stellenweise binnen etwa einer Viertelstunde (beginnend), später wird sie mehr oder weniger großflächig dunkel. Die Farbe »variiert« hierbei von Dunkelbraun über Dunkelviolett bis zu einem eher gräulichen Schwarz. Tote mit starker Leichenfärbung strömen einen durchdringenden Geruch aus, den der Instinkt des lebenden Menschen – ohne ihn jemals zuvor wahrgenommen haben zu müssen – sofort als Leichengeruch identifiziert, ein Geruch, der den vollständigen Zusammenbruch eines Organismus suggeriert. Dieser Geruch an sich hat aber für Sie, rein gesundheitlich gesehen, nichts Bedrohliches.

Man könnte es also mit einer Faustregel so sagen: Je kränker, je chemisch behandelter ein Mensch stirbt, desto schneller verfärbt er sich, um so dunkler wird er, und in manchen Extremfällen ist der Leichengeruch ebenfalls extrem. Letzteres ist noch am Todestag selbst selten der Fall – aber auch dann ist es wichtig zu bedenken, daß das eigene Wohlbefinden nicht über der Hinwendung an einen Toten zu stehen hat. Mitunter haben auch Schwerkranke bereits in den letzten Tagen ihres Lebens einen solchen Geruch an sich. Ich rate an, sofern Ihnen der Sterbende nahesteht oder Sie sich ihm einfach aus humanitären Gründen nahe fühlen, sich auf das Wesentliche der Situation zu konzentrieren und sich nicht angeekelt abzuwenden. Wenn Sie ein blutendes Kind von einer Autostraße tragen, fragen Sie schließlich auch nicht, wer Ihnen die Reinigung Ihrer Jacke bezahlt. Halten Sie sich notfalls ein Taschentuch vor Mund und Nase, berühren Sie aber den Sterbenden oder Toten, und sehen Sie ihn an. Richten Sie Ihr Bewußtsein auf den Menschen vor Ihnen und weg von Ihrer Befindlichkeit.

Die Leichenstarre tritt – wie schon gesagt – erst etwa sechs bis acht Stunden nach dem Tod ein. Sie beginnt am Kinn des Toten, nachdem er »erkaltet« ist, und erstreckt sich schließlich auf den ganzen Körper. Alle Muskeln erstarren nach und nach vollständig, da sie ja nicht mehr »versorgt« und demnach »geschmeidig gehalten« werden. Der genaue Zeitpunkt des Eintretens und auch die Andauer der Leichenstarre hängen wiederum von der körperlichen Konstitution eines Toten ab, von einem eventuellen Krankheitsverlauf und von den klimatischen Bedingungen, die in der Umgebung des Toten herrschen. Ich habe es schon einmal erwähnt: Bei vielen Schwerstkranken, und eigentlich immer, wenn sehr viel Medikamente verabreicht worden waren, tritt die Leichenstarre gar nicht mehr ein; der längst nicht mehr natürlich arbeitende Körper des Toten geht dann direkt in die Verwesung über. Bei diesen Toten fallen die Augäpfel (unter den geschlossenen Lidern) sehr schnell nach innen.

Wenn Ihnen ein solch mechanisches Vorgehen einem anderen Menschen gegenüber in der betreffenden Situation nicht zu pietätlos erscheint, so können Sie auch die Reaktion der Pupillen testen, um den Tod festzustellen. Halten Sie eine starke Lichtquelle (Taschenlampe, Feuerzeug) rasch vor das geöffnete Auge des Betreffenden. Sind die Augen bereits geschlossen, so heben Sie die Augenlider am besten unterhalb der Augenbrauen an. Verengt sich die Pupille des Betreffenden nicht, so ist auch das ein sicheres Zeichen, daß der Mensch gestorben ist.

Es ist nicht zu verantworten, Ihnen hier haarklein aufzulisten, was wann und wie genau am Körper eines Toten eintritt oder auftritt. Wenn Sie aber die oben erwähnten Fakten kennen und dazu all jene Umstände zählen, die Ihnen vom Leben eines Verstorbenen bekannt sind, so können Sie den eingetretenen Tod zweifelsfrei diagnostizieren. Einfache Stichworte: kein Atem, kein Puls, demzufolge keine Durchblutung mehr. Anzeichen der fehlenden Durchblutung beachten; dies können Leichenflecken, großflächige Verfärbungen und die Leichenstarre sein. Reaktionslosigkeit, auch der Augen und der gesamten Motorik.

Mit der nicht mehr vom Herzschlag »angetriebenen« Durchblutung hängt auch die Bildung der sogenannten Blutplatten bei Toten zusammen, sofern es sich nicht um einen Unfalltod oder einen anderen Tod mit hohem Blutverlust handelt. Der Schwerkraft folgend, sammelt sich das nicht mehr bewegte Blut an den zuunterst gelegenen Körperstellen eines Toten. Beim auf dem Rücken Liegenden also: im Hinterkopf, am Rücken, Gesäß, an den Oberschenkeln hinten und an den Waden. Blutplatten werden etwa nach einer bis drei Stunden nach Eintritt eines Todes sichtbar, und die Verfärbung der toten Haut durch sie entspricht nach vollständiger Bildung (etwa sechs Stunden nach dem Tod) ungefähr der eines Blutergusses zu Lebzeiten.

Dies alles einmal vorweg, denn vielen Menschen, so absurd das auch in unserer informationsbesessenen Gesellschaft klingen mag, sind *diese* Informationen unbekannt. Sollten Sie dieses Defizit an Wissen auch bei sich festgestellt haben, lesen Sie die vorangehenden Abschnitte gleich noch einmal, in Ruhe und ohne sich zu erschrecken oder sie teilweise rasch zu »überlesen«. Je genauer und selbstverständlicher Sie das hier Beschriebene parat haben, desto leichter werden Sie in der realen Situation, die ja doch irgendwann einmal auf Sie zukommt, mit all dem, was Sie sehen und erleben, umgehen können. Vielleicht macht es auch in bezug auf einen ganz bestimmten Menschen Ihrer persönlichen Umgebung, der in nächster Zeit sterben könnte, Sinn, wenn Sie auf den äußeren Zustand dieses Toten speziell vorbereitet sind. Je mehr Sie an äußeren Gegebenheiten über den Tod wissen, um so schneller können Sie ihm *geistig* begegnen.

Nicht um irgend etwas zu beschönigen, sondern lediglich um Ihnen etwas aus meiner Erfahrung im Umgang mit Toten mitzu-

teilen, möchte ich Ihnen sagen, daß die meisten Leichname keineswegs scheußlich verfärbte oder stinkende Kadaver sind, vor denen
man davonrennen möchte. Meist haben Menschen unmittelbar
nach Eintritt ihres physischen Todes (trotz stellenweise auftreten-
der Verfärbung, trotz der sogenannten Leichenflecken, die im
Beginn leicht rosa sind) ein weißlich-blasses Aussehen (»Toten-
blässe«); die erhobenen Körperteile (Nase, Kinn) ragen spitz hervor, das Gesicht wirkt, weil abnehmend und schließlich gar nicht
mehr durchblutet, feiner als noch bis vor dem Tod; Gesichtszüge
treten deutlicher, mitunter auch »schärfer« hervor. Insgesamt
sehen soeben Verstorbene oft so aus, als schliefen sie, wenn auch
etwas konturierter und blässer. Ich habe – übrigens auch bei
weniger friedlich anzusehenden Toten, auch bei Unfallopfern,
Suizidtoten – niemals Angst vor einem Gestorbenen empfunden,
weil ich mit meinem ganzen Wesen *hinsah*. Und ich habe es auch
noch niemals erlebt, daß ein anderer Mensch in der Nähe eines
Toten oder aufgrund seines realen Anblickes (nicht im Film) ohn-
mächtig wurde oder sich erbrach. Das *Auge* allerdings, das habe
ich beobachtet, das nicht mehr reagierende, nicht mehr wahrnehmen könnende Auge eines Verstorbenen schockiert die Zurück-
bleibenden meist heftig, wenn auch auf stille, oft erst lange nach
der entsprechenden Situation geäußerte Art.

Die Augen von soeben Verstorbenen – auch das bitte ich Sie,
sich *vorab* einfach einzuprägen – sind entweder (je nach Mus-
kelspannung der Lider zum Zeitpunkt des Todes) geöffnet und
starr oder halb beziehungsweise ganz geschlossen. Das geöffnete
(oder gerade noch zu sehende) Auge eines Toten hat *keinen* Ausdruck.

Das Kinn eines Gestorbenen (diese Anmerkung ist vielleicht
auch noch wichtig, um sich auf den Anblick eines Toten vorzubereiten) fällt meist noch in der Sekunde seines organischen Todes
zurück, mitunter bleibt der Mund des Toten leicht geöffnet.

Noch ein praktischer Ratschlag: Die geöffneten Augen eines
Toten schließen Sie – besser *Sie* machen es als irgendein Fremder –
mit der Innenseite Ihrer gestreckten Hand, mit leichtem Druck
von Mittelfinger und Daumen. Manchmal lassen sich die Augen
eines Toten nicht schließen, oder sie öffnen sich wieder. In diesem

Fall wiederholen Sie das Schließen eine oder zwei Stunden später. Mit absackender Blutmasse lassen sich die Augen schließen.

Das herabgefallene Kinn eines Verstorbenen mit einem Tuch nach oben zu binden, ist keine schöne, aber häufig praktizierte Maßnahme. Ich finde, daß das Aussehen eines Toten, als habe er Zahnweh, nicht situationsadäquat ist. Es genügt, wenn Sie ein zusammengefaltetes Handtuch unter das Kinn des Toten legen. Ihr Bestatter hält auch sogenannte Kinnstützen bereit, sie sind durchsichtig und können recht gut mit einem Halstuch verborgen werden.

Noch ein anderer Hinweis: Die Körpertemperatur eines Toten ist entgegen der volkstümlichen Meinung, die Toten seien »eiskalt«, zunächst noch weitgehend »normal«. Erst im Laufe von Stunden sinkt sie allmählich ab, in der ersten Stunde kaum merklich. Grobe Faustregel: Der Beginn der Leichenstarre (sechs bis acht Stunden nach dem Tod) ist der Zeitpunkt des vollständigen Erkaltetseins. Ich gebe Ihnen zu bedenken, daß das Erkalten eines Gestorbenen ein unwiderruflicher Vorgang ist. Als meine Mutter starb, habe ich das besonders empfunden: Ich blieb nah bei ihr, solange die Hand warm war, hielt diese Hand, aus der – für *immer* – nach und nach die Wärme wich. Erst anschließend begab ich mich für kurze Zeit nach Hause, um wenig später die Totenbegleitung anzutreten. Die letzte Körperwärme eines geliebten Menschen kann sehr viel bedeuten.

Im folgenden gehe ich nochmals auf einen Komplex im *ausgeblendeten Bereich* ein, der bereits im vorangegangenen Kapitel breiteren Raum einnahm: Was ist zu tun, wenn ein Mensch im Krankenhaus verstirbt; wie ist mit dieser Situation umzugehen; und wie können Sie den Verstorbenen vor Übergriffen ärztlicherseits, vor der »abschließenden Untersuchung« mit anschließender Organentnahme schützen? Gehen wir einmal davon aus, Sie stimmen einer Organentnahme *nicht* zu und es liegt auch keine diesbezügliche Verfügung des Verstorbenen vor, auch kein juristischer Grund, der eine Obduktion rechtfertigen würde.

Was Sie sich grundsätzlich einprägen sollten: Die Rechtslage ist – insbesondere in Deutschland, mit wechselnden Bestimmungen in den Bundesländern – verwirrend. Ständig werden Änderungen diskutiert und erwogen, neue Gesetzesentwürfe angekündigt oder eingebracht und wieder verworfen, zum Beispiel 1994 in Rheinland-Pfalz: die sogenannte Widerspruchsregelung – sie ist inzwischen schon wieder vom Tisch. Fast scheint es, als würde absichtlich keine klare Linie geschaffen. Entscheidend ist also vorrangig eines: daß Sie eine klare Linie haben und an deren Durchsetzung keinen Zweifel lassen.

Bezüglich der »abschließenden Untersuchungen« bezeichnete ich manches Tun der Pathologen und Sektionsgehilfen indirekt als illegal. (Sektionsgehilfen sind übrigens, entgegen der öffentlichen Berichterstattung, in meinen Augen erst in zweiter Linie die Leichenschänder; hier wird etwas auf sozial Schwächere abgeladen. Gehilfen sind Gehilfen, und was sie tun, wird immer angeleitet und beobachtet, meist sogar angeordnet.) Das ist es nach meinem Rechtsempfinden – und auch wieder nicht, in der auf Unklarheit angelegten Rechtslage mag keine eindeutige Ausdrucksweise gelingen.

Nach bisheriger gesetzlicher Regelung ist das Entnehmen eines Organs einer Leiche ohne ausdrückliches Einverständnis des Verstorbenen zu Lebzeiten oder seiner Angehörigen »nicht durchführbar«. Es wird dennoch unentwegt durchgeführt, und zwar in erster Linie deswegen so seelenruhig, weil sich keiner darum kümmert, und in zweiter Linie auch deshalb, weil man dem ohnehin unbeobachteten Tun für den Fall der Fälle (einer unliebsamen Entdeckung) neben anderen Vorkehrungen eine mehr oder weniger gleichlautende juristische Klausel und mit dieser Klausel eine weit auslegbare Legalität nachgeschoben hat.

An sich verhält es sich generell so, daß ein Verstorbener bis zu seiner Bestattung unter der Obhut (Entscheidungsgewalt) seiner nächsten Angehörigen oder seiner Bevollmächtigten steht, selbstverständlich auch, wenn er im Krankenhaus gestorben ist. Welche Angehörigen aber sind nun schon so gut informiert, daß sie ihre Rechte (und Pflichten!) diesbezüglich kennen? Und selbst wenn dies der Fall ist und die Angehörigen sogar die dezidierte Frage stellen, was nun mit der Leiche vor dem Abtransport noch alles geschehe, so könnte die ruhige Auskunft »Keine Sorge, wir achten darauf, daß nichts geschieht, womit der Verstorbene vor seinem

Tod nicht ausdrücklich einverstanden war« gerade in einem Fall, in dem eine Organentnahme *nicht* gewünscht war, bedeuten, *daß* sie vorgenommen wird.

Die meisten Menschen wissen nicht, was sie vor einer Operation oder auch schon bei der Einlieferung in ein Krankenhaus neben »Es werden keinerlei Regreßansprüche gestellt« oder »Ich versichere die Richtigkeit meiner Angaben zur Person« noch so alles unterschreiben. Was zum Beispiel der rechtschaffen klingende und jedermann einleuchtende Satz »Die Hausordnung des Krankenhauses wird anerkannt« bedeuten kann – wenn er überhaupt zur Kenntnis genommen wird –, vermögen sie sich kaum auszumalen.

Mit der Einwilligung in eine Operation wird meist automatisch auch die »Klärung der Ursachen« im Falle eines (finalen) Mißlingens unterschrieben, und die Hausordnung nahezu aller Krankenhäuser (separat nachzulesen, versteht sich, und wer läßt sich schon am Vorabend einer Operation die Hausordnung des Krankenhauses auseinandersetzen?) besagt, daß der Leichnam eines in diesem Krankenhaus Vestorbenen unmittelbar nach dem Tod dem Fachbereich der Pathologie »untersteht«. Ehe der Totenschein vollständig ausgefüllt und von einer staatlichen Stelle »zu den Akten genommen« wurde, ist ein Toter juristisch ohnehin schwer zu bezeichnen: Er ist kein lebender Mensch mehr, aber auch noch kein »richtiger, amtlicher« Toter, also am ehesten noch so eine Art Sache, deren Mißbrauch nur eine Ordnungswidrigkeit darstellt. Mithin kann in der Pathologie mit einem Leichnam mehr oder weniger ad libitum verfahren werden. Der gesetzliche Rahmen ist groß, und wo kein Kläger, da kein Richter.

Die Entnahme von Leichenteilen ist zwar laut Gesetz nur dann statthaft, wenn eine Obduktion richterlich angeordnet worden ist (Verdacht auf Mord; unnatürlicher, unerklärlicher Tod) oder wenn die Angehörigen oder Bevollmächtigten ausdrücklich zugestimmt haben oder eine persönliche Verfügung des Verstorbenen vorliegt. In den allermeisten Krankenhäusern existieren aber gut kaschierte Bestimmungen, die – zwei weitere Beispiele – die Obduktion eines Toten auch *ohne* direkten Wunsch des Toten zu Lebzeiten oder der Angehörigen legalisieren kann, wenn »anders die Todesursache nicht ermittelt werden kann« oder ein »begründetes wissenschaft-

liches Interesse« besteht. Die Hinterbliebenen haben zwar eine
theoretische Möglichkeit, jedem Eingriff am Toten sofort nach
Eintritt des Todes zu widersprechen, notfalls mit Hilfe eines
Rechtsanwalts per einstweiliger Verfügung, jedoch müßten sie
dazu ja erst einmal genau wissen, was die andere Seite hinter
unklaren Formulierungen denn nun eigentlich im Schilde führt.

Sezieren und entnehmen Pathologen *ohne* Einverständnis der
Angehörigen Organe eines Toten und werden sie dabei überführt –
was schwer und selten genug ist, solange unsere Gesellschaft den
ausgeblendeten Bereich weiterhin ausblendet –, so argumentieren
sie gerne mit Paragraph 34 des deutschen Strafgesetzbuches, der
besagt, daß sie nicht rechtswidrig handeln, weil sie ja schließlich
mit ihrem Tun die Gefahr für das Leben *anderer* abwendeten (»es
dient der Wissenschaft«). Und hier, genau hier, müßte nun eine
neue, klare und jedermann zugängliche, unmißverständliche Gesetzgebung einhaken – die es momentan eben noch nicht gibt.
Obwohl diesbezügliche Gesetze und Gesetzesentwürfe ständig
neu diskutiert und – empört bis hochkompliziert – kommentiert
werden, ist auch in absehbarer Zeit nicht mit einer solchen, schon
gar nicht bundesländereinheitlichen (oder gar europaweiten)
Gesetzgebung zu rechnen. Denn die Ärzteschaft und die Industrie
haben schon vor ein paar Jahren klargemacht, daß sie ein Gesetz,
das grundsätzlich die Entnahme von Leichenteilen strafrechtlich
verfolgt, niemals billigen wird. Und bisher ist denn ja auch außer
einigem Wirbel rein gar nichts geschehen. Ganz allgemein hält
man den Paragraphen 168 des Strafgesetzbuches für dem Themenkomplex angemessen und ausreichend, nach dem mit Gefängnis
von »bis zu drei Jahren bestraft werden kann«, wer die Totenruhe
stört, was nun auch wieder ein sehr dehnbarer Begriff ist. Es wird
hier also höchstenfalls eine Ordnungswidrigkeit begangen, und
noch dazu eine, die nicht so einfach nachzuweisen ist wie eine
im Straßenverkehr oder die nächtliche Ruhestörung.

Bleibt also alles in allem nur die Klärung der eigenen Position,
der *persönlichen* Gesetze, der eigenen Wünsche – und eine notfalls
unerschütterliche Zivilcourage auf allen Ebenen zur Durchsetzung derselben.

Die oberste Merkfrage bei diesem ganzen Themenkomplex

muß immer lauten: *Wo ist der Leichnam jetzt*, genau in *diesem* Augenblick, und was *könnte* dort mit ihm geschehen? Machen Sie sich grundsätzlich klar, daß Sie als Laie im nachhinein nur schwerlich werden erkennen können, ob zum Beispiel die Gehörknöchelchen eines Toten entnommen worden sind (was durch die Ohren geschieht) oder ob unter dem Haarwuchs ein kleiner Teil der Schädeldecke geöffnet wurde. Nicht alle Eingriffe an einem Verstorbenen können Sie mit bloßem Auge feststellen – und wenn Sie sie feststellen können, so ist es schon zu spät, dann sind sie schon durchgeführt worden. Es ist mithin in diesem Bereich wichtig, daß Sie *präventiv* zu denken lernen, und zwar völlig unabhängig von allem, was Ihnen im Krankenhaus in der betreffenden Situation gesagt oder nahegelegt werden könnte.

Im folgenden gehe ich davon aus, daß Sie nicht wünschen, daß an einem Toten irgendein Eingriff vorgenommen wird. Anderslautende Vereinbarungen sollten am besten im voraus besprochen und schriftlich festgelegt werden; und hier empfiehlt es sich nach meiner Erfahrung unbedingt, deren strikte Einhaltung zu verlangen und auch eine diesbezügliche Kontrolle anzukündigen (notfalls durch die Hinzuziehung eines unabhängigen Sachverständigen). Wollen Sie einen Verstorbenen vor Eingriffen jeglicher Art schützen, so ist es auch aus diesem Grunde gewiß das beste, Sie sind beim Eintritt des Todes in der unmittelbaren Nähe des Sterbenden. Wurden die Überlegungen, das postmortale Ergehen betreffend, gemeinsam angestellt, so wird Ihre Anwesenheit schon allein deswegen eine zusätzliche Beruhigung für den Sterbenden sein. Ist der Sterbende nicht mehr bei Sinnen und ist es bisher versäumt worden und nun zu spät zu erörtern, wie mit seinem Körper nach seinem Tode verfahren werden soll, und sind Sie angehörig oder befugt, darüber zu entscheiden, so ist es sehr *wichtig*, daß Sie bereits vor dem Tod anwesend sind. Ermächtigen Sie sich notfalls mit der Kraft der Liebe – den Chefarzt möchte ich sehen, der des Hauses verweist oder die Polizei holt, wenn zum Beispiel eine Frau um einen würdigen Umgang mit der Leiche ihres Lebenspartners kämpft und ihm nicht von der Seite weicht. In der Regel werden Nahestehende erst dann verständigt, wenn der Betreffende schon mindestens eine oder zwei Stunden tot ist.

Begründet wird das mit verschiedenerlei Verrichtungen oder einer
seltsamen Rücksicht auf die Angehörigen (»So spät in der Nacht
wollten wir nicht stören, Sie hätten ja bestimmt nicht noch in
der Nacht vorbeischauen wollen«); Sie spüren selbst, was das
bedeuten kann.

Grundsätzlich möchte ich sagen, daß neben der Sterbebegleitung, der Begleitung bis zum und während des Eintritts des Todes
also, sofern man ihn absehen kann, die Begleitung der Leiche
(später Totenwache) genauso wichtig ist. Weichen Sie einem Verstorbenen, an dem Ihnen etwas liegt, nicht von der Seite. Das ist
die sicherste und einfachste Methode, um nicht nur einer Schändung der Leiche vorzubeugen, sondern auch, um dem Prozeß der
Entkörperung die Achtung zuteil werden zu lassen, die er eigentlich verdient.

Sprechen Sie mit dem Toten, richten Sie Ihre volle Aufmerksamkeit auf ihn. Denken Sie über den Ort nach, an dem der Tote sich
befindet. Holen Sie gegebenenfalls einen anderen vertrauten Menschen hinzu, der Sie ablösen kann, falls Sie physisch oder psychisch zu längerem Beistand nicht in der Lage sind. Auch in der
Frage der Organisation eines Totenbeistands ist es wichtig, daß
Sie vorbereitet sind. Je besser Sie und die anderen Nahestehenden
auf die Situation vorbereitet sind, desto weniger schwer zu ertragen wird sie sein. In anderen Kulturen ist ein Beistand dieser Art
vom Eintritt des Todes bis zur Stunde der Bestattung übrigens
selbstverständlich und wird meist von mehreren gleichzeitig
durchgeführt, unter Verrichtung verschiedenster Rituale, je nach
Herkunft und Glauben.

Nehmen Sie den Totenschein sofort an sich, nachdem er ausgestellt wurde. Als naher Angehöriger oder als Bevollmächtigter
(rechtzeitig an eine solche Vollmacht denken!) können Sie verlangen, daß Ihnen diese Bescheinigung augenblicklich ausgehändigt
wird. Der Besitz des Totenscheins bedeutet nach allgemeiner
Rechtslage, daß der (berechtigte) Besitzende ein Dokument in
Händen hält, mit dem er über den Aufbewahrungsort des Toten
sozusagen »amtlich« bestimmen kann. Ohne Totenschein darf
eine Leiche zum Beispiel nicht transportiert werden. Später also
muß er vorübergehend dem Bestatter ausgehändigt werden und,

falls dieser auch die standesamtliche Abmeldung vornehmen soll,
zunächst bei ihm verbleiben, ehe er – als »Begleitpapier« der
Leiche bis zur Bestattung oder Verbrennung – über den Friedhof
wieder zu den Behörden zurückkommt, wo er einbehalten wird.
Für die Unterlagen der Hinterbliebenen wird anschließend eine
Sterbeurkunde ausgestellt.)

Haben Sie den Totenschein an sich gebracht, ist es theoretisch
unmöglich, daß der Leichnam ohne Ihre Kenntnis irgendwohin
gefahren werden kann, genaugenommen auch nicht in die Pathologie – hier aber greift nun oft genug wieder die »Hausordnung«
der Krankenhäuser. Geht es allerdings hierbei hart auf hart, macht
es natürlich wenig Sinn, juristische Prinzipienreiterei zu betreiben. Wichtig ist, daß Sie wissen, was Sie wollen (den Leichnam
nicht aus der Obhut lassen), und daß Sie die grundsätzlichen
Zusammenhänge und Fakten kennen, mit deren Hilfe Sie dann
die jeweilige Situation gefühlsmäßig meistern.

Es gibt keinen vernünftigen Grund, sofern Sie die Dinge mit
sich selbst geklärt haben, weswegen Sie nicht (zumindest in Sicht-
weite) einen Verstorbenen in den Bereich der Pathologie begleiten
dürften – wenn Sie nahe angehörig oder bevollmächtigt sind,
versteht sich, und wenn der Tote überhaupt in die Pathologie
gebracht wird, nachdem man weiß, ein Nahestehender möchte
dabeibleiben. Setzen Sie Ihren Wunsch klar und ruhig durch,
drohen Sie notfalls mit rechtlichen Schritten. Hierbei ist es von
großem Nutzen, wenn der Verstorbene zu Lebzeiten eine Verfügung erstellt hat, daß er keine Eingriffe und Ihre persönliche
Begleitung wünscht, und wenn diese Verfügung im Krankenhaus
schon vor dem Tod bekannt war. In so einem Fall wird von
vornherein von »Unternehmungen« mit der Leiche abgesehen,
sofern diese nicht zwingend geboten sind. »Das sind unange-
nehme Leute, solche Ärgermacher, Prozeßhansel, laßt denen ihren
Willen«, habe ich einmal einen Arzt sagen hören.

Es geht, wenn ein Mensch im Krankenhaus verstirbt und sofern
kein Eingriff gemacht werden soll oder muß, nach seinem Tode
eigentlich nur darum, daß er an einem ruhigen Ort liegen kann,
bis der Bestatter kommt. Aufgrund der hohen Belegzahlen in
Krankenhäusern und weil die Berührung zwischen Lebenden und

Toten strikt vermieden werden soll, ist dieser Ort, auch wenn nichts »an der Leiche gemacht« werden soll, zumeist im Keller, im Vorraum der Prosektur. Wenige Krankenhäuser, ich sagte es schon, verfügen über ein sogenanntes Verabschiedungszimmer. Die Toten der »Ärgermacher« läßt man nicht selten auch einfach liegen, wo sie gestorben sind, und bringt die eventuellen Zimmernachbarn kurzfristig in anderen Zimmern unter.

Wie auch immer, sorgen Sie dafür, daß der Tote liebend und schützend umgeben ist, bis der Bestatter Ihres Vertrauens (es empfiehlt sich, nicht erst in Konfrontation mit dem Tod das Branchenbuch aufzuschlagen oder sich kurzerhand irgendeinen Bestatter nennen zu lassen) eingetroffen ist und den Verstorbenen abholt. *Wohin*, ist dann die Frage – und mit ihr sollten sofort wieder die Gedanken daran auftauchen, *wie es dort ist* und *was mit dem Toten dort gemacht werden wird.*

Haben Sie oder der Verstorbene mittels einer Verfügung deutlich gemacht, daß Eingriffe am Leichnam zu unterbleiben haben, so gibt der Pathologe (wenn er denn unter diesen Umständen überhaupt noch konsequent seines Amtes waltet) in der Regel den Leichnam sehr schnell frei, das heißt, er vermerkt auf dem Totenschein, was die Todesursache war, sofern das nicht schon ein anderer Arzt gemacht hat, und ob Ansteckungsgefahr durch den Leichnam besteht oder nicht. Sollte jedoch trotz Ihrer Entscheidung in der Pathologie noch irgend etwas mit dem Verstorbenen »gemacht« werden müssen (»Wir müssen ihn nur noch schnell mal eben ansehen«, »Wir brauchen nur noch ein paar Fakten«), so lassen Sie sich genau erklären, was es ist und weswegen es getan werden soll. Grundsätzlich können Sie zunächst einmal Einspruch erheben; Ihre Verfügungsgewalt über einen Toten kann Ihnen, zumal wenn eine klare Verfügung des Toten selbst vorliegt, nur ein Richter nehmen, Hausordnung hin oder her. Dringen Sie darauf, daß man Sie – unter Einhaltung hygienischer Vorschriften, wenn nötig – mit in den Sektionsraum nimmt, wo der Eingriff gemacht werden soll, wenn Sie meinen, ihn nicht abwenden zu können. Es klingt hart, aber die Frage, Ihren eventuellen »Ekel« betreffend, ist, ob Sie ausgerechnet dann, wenn Sie wirklich elementar gebraucht werden, sachlich wie mental, wegschauen müssen.

In einigen Vorräumen zur Prosektur in Krankenhäusern gibt es nicht nur die schon erwähnten »Schubladenwände«, in denen die Toten verwahrt sind, bis sie abgeholt werden, sondern eigene Aufbahrungsräume, wo Sie mit dem Toten alleine sein können. Ist das nicht der Fall, so improvisieren Sie etwas; bitten Sie zum Beispiel darum, daß der Tote auf einer Bahre in einen Nebenraum gebracht wird, notfalls warten Sie auf dem Gang, in der Nähe des Toten.

Bestellen Sie grundsätzlich bei einem Sterbefall im Krankenhaus so früh wie möglich den Bestatter oder einen anderen Vertrauten, der Ihnen hilft, den Toten wegzubringen. Ich möchte es einmal so kraß formulieren: Selbst wenn Sie als Berechtigter einen Verstorbenen in Ihrem eigenen Kombifahrzeug transportieren würden, könnte Ihnen vorerst niemand juristisch ans Leder. Später vielleicht – und dann wegen einer Ordnungswidrigkeit. Entscheidend ist, daß Sie angehörig oder bevollmächtigt sind, die Todesbescheinigung bei sich haben, die ohne Abmeldung beim Standesamt nicht älter als 24 Stunden sein darf (regional verschieden: in manchen Gegenden 48 Stunden; weniger als 24 Stunden haben Sie jedoch niemals Zeit zwischen Todesdatum auf dem Schein und Abmeldung) und daß der Tote nicht so transportiert wird, daß seine Würde verletzt wird oder ein sogenanntes »öffentliches Ärgernis« entsteht – wobei es sich bei letzterem auch wiederum um eine juristische Geringfügigkeit handeln würde.

Bei Todesfällen im Krankenhaus ist allgemein zu beachten: Bleiben Sie klar und ruhig, so gut es geht. Seien Sie durch Wissen und Vorbereitung der Situation, zumindest was die praktische Seite anlangt, um einiges voraus. Der unverständigen (es gibt auch eine andere, versteht sich) Belegschaft eines Krankenhauses, im speziellen einer solchen Ärzteschaft gegenüber werden Sie sich nur wirksam durchsetzen können, wenn Sie nicht sofort Drohgebärden an den Tag legen oder hysterisch werden – so sehr es vielleicht auch verständlich wäre, wenn man Angst haben muß, einem geliebten Menschen könne der Frieden eines ruhigen Abschiedes von seiner körperlichen Existenz genommen werden. Machen Sie sich klar, daß die meisten Ärzte »Normopathen« sind, so möchte ich das einmal nennen. Das heißt: Sie ordnen emotiona-

les Verhalten sehr schnell als »unzurechnungsfähig« ein, besonders in einer Situation wie der gegebenen. Versuchen Sie also mit wenigen klaren Sätzen zu sagen, was Sie wollen, sagen Sie es in bestimmtem Ton und bleiben Sie ruhig, egal, was Ihr Gegenüber sagt. Hören Sie genau zu und geben Sie einfache Antworten:
»Ich bin die Frau von diesem Mann, wir haben besprochen, daß ich bei ihm bleibe nach seinem Tod, weil wir keine Eingriffe am Toten wünschen.«
»Ich bin der Lebensgefährte von dieser Frau und zuständig für die Abwicklung der ganzen Sache.« (Sagen Sie es so, es soll ja wirken). »Hier meine Vollmacht.«
»Ich habe ein Recht darauf, mitzugehen – der Tote steht unter Obhut seiner Angehörigen. Eine anderslautende Klausel (Hausordnung) haben wir nicht unterschrieben.«
»Haben Sie bitte Verständnis dafür, daß mich in meiner Situation nichts so sehr beruhigt, wie wenn ich dabeibleiben darf.«
»Erläutern Sie mir bitte diesen Eingriff, ich möchte genau wissen, was Sie da machen. Auch, warum Sie es machen, bitte.«
»Wir sind Angehörige der ... Religion, ich muß mit dem Toten beten.«
»Unser Bestatter heißt Soundso, und er kommt in drei Stunden. So lange will ich hierbleiben, beim Toten, denn wir glauben an eine Wahrnehmung nach dem organischen Tod.«
Sätze dieser Klarheit und Einfachheit werden ihre Wirkung nicht verfehlen. Erst wenn es doch der Fall sein sollte, können Sie einen anderen Ton anschlagen und mit dem Rechtsanwalt drohen.
Selbstverständlich können Sie zur vertrauensvollen Begleitung der Leiche auch vorab einen (unbedingt persönlich genauer bekannten) Bestatter bestellen. Er hat keine Schwierigkeiten, sich Zutritt zu den Räumen der Pathologie zu verschaffen; gegebenenfalls können Sie mit ihm gemeinsam gehen.
Wichtig ist, daß Sie sich sehr schnell (besser noch: vor dem Tod) darüber klarwerden, wohin ein Verstorbener nach »Freigabe« durch die Klinik gebracht werden soll. Lassen Sie ihn nicht in der Klinik »liegen«, bis ein Friedhof gefunden ist! Nehmen Sie lieber finanziell einen zusätzlichen Transport auf sich und bahren Sie den Toten zwischenzeitlich zu Hause oder gegebenenfalls in

den dafür geeigneten Räumen des Bestatters auf, wo wiederum
jemand bei dem Toten Wache halten sollte oder am besten natürlich Sie selbst jederzeit dasein dürfen.

Bei alldem ist wichtig, daß Sie den Toten selbst, sein Wesen
und seinen Abschied wahrzunehmen versuchen und zu begleiten
nicht versäumen, so gut Sie es nur irgend vermögen. Sehen Sie
den Toten an, berühren Sie ihn, sprechen Sie mit ihm. Ich bin
sicher, Sie selbst wollten es an seiner Statt genau so erleben.

Jede Situation und mit ihr tausenderlei Gegebenheiten sind
anders, was einen Sterbefall im Krankenhaus anlangt. So konnte
ich Ihnen hier nur einige großlinige Empfehlungen und grundsätzliche Informationen geben, die Sie stark genug machen sollen,
die nächste vergleichbare Situation, in der Sie gefordert sind, anzugehen und zu meistern. Denken Sie bitte immer daran, daß Zivilcourage, zumindest unser Thema betreffend, auch deswegen so
selten ihr Ziel verfehlt, weil Sie sie grundsätzlich auf einem Gebiet
ausüben, auf dem nur wenige Menschen sich überhaupt genau
umzuschauen trauen. Das gilt selbstverständlich auch für die Belegschaft eines Krankenhauses selbst. Ich kenne zahllose Ärzte,
die Angst vor dem Mysterium des Todes haben.

Wenn Sie klar sind und wissen, was Sie wollen, wird Ihnen
tatsächlich kaum ein Hindernis nennenswerte Schwierigkeiten
bereiten. Schwierigkeiten entstehen nämlich höchst selten angesichts geistiger Klarheit, gekoppelt mit Mut. Und überdies: Sollten
Sie wirklich vor Gericht kämpfen müssen, so wären Sie nicht der
erste und hoffentlich auch nicht der letzte Angehörige, der dies
tut. Es gibt inzwischen schon einige Fälle, denen vieles zu verdanken ist. Denken Sie nur einmal an die Eltern der im Juli 1993 an
Leukämie gestorbenen kleinen Katharina aus dem bayerischen
Markt Rettenbach; ein Fall, der bundesweit Schlagzeilen machte.
Postum kämpften die Eltern, die zu Lebzeiten des Kindes eine
Chemotherapie des hochsensiblen Mädchens per Gerichtskampf
verhindern konnten, sogar auch noch gegen die gegen ihren Willen
verfügte Obduktion und für die Rückgabe der entnommenen
Organe in den Körper des Kindes. Dieser Kampf, auch wenn er
grausam und im konkreten Fall nicht erfolgreich zu nennen war,
erreichte dennoch eine Öffentlichkeit, die aufhorchte. Er bewirkte

ein geschärftes Bewußtsein. Man kann davon ausgehen, daß die Ärzteschaft heute, auch nach dem Aufschrei der Bevölkerung, den Transplantationsgesetzesentwurf in Rheinland-Pfalz betreffend (die sogenannte Widerspruchsregelung war das – wer nicht rechtzeitig widerspricht, darf ausgeschlachtet werden), kein gesteigertes Interesse an einer Öffentlichkeit diesbezüglich hat. Sollten Sie aber dennoch für die Wahrnehmung Ihrer gewonnenen ethischen Interessen vor Gericht kämpfen müssen, so helfen Sie damit nicht nur sich selbst, wenn Sie es gut machen und ehrlich meinen; es wird Ihnen Sympathie und Hilfe entgegengebracht werden. Langsam, jedoch nur sehr, sehr langsam, formiert sich so etwas wie ein kollektives Interesse am beseelten Umgang mit dem Tod.

Was ist nun konkret zu tun und zu lassen, wenn ein Mensch zu Hause verstirbt?

Zunächst einmal: Realisieren Sie den Tod. Hier findet ein Übergang in eine andere Welt statt – wenn Sie das nicht glauben: dann zumindest ein großer Abschied. Er sollte in Würden vonstatten gehen, und dazu gehört auch, daß er nicht schiere Panik auslöst.

Es gibt, nachdem ein »normaler« Todesfall zu Hause eingetreten ist, in Wahrheit keinen Grund, sofort unmittelbar darauf einen Arzt oder die Polizei ins Haus zu rufen. Ist der Arzt bereits anwesend, weil es sich um einen Unfall mit Todesfolge handelte oder um einen Notfall, bei dem man hoffte, den Tod abzuwenden, so werden Sie ihn nicht daran hindern können, augenblicklich die Todesbescheinigung auszustellen, womit die Maschinerie der Bürokratie (wie gesagt, binnen 24 bis 48 Stunden muß der Tote beim Standesamt abgemeldet werden, binnen 96 Stunden in der Regel begraben sein) automatisch in Gang gesetzt wird und durch diese ein nach meiner Auffassung situationsinadäquater Zeitdruck entsteht. Gegebenenfalls kann der Arzt den Leichnam sogar beschlagnahmen und sofort abholen lassen.

Sprechen wir im folgenden jedoch von dem Tod, der die meisten Menschen, wenn sie denn in den eigenen vier Wänden sterben dürfen, heimsucht: von einem Tod ohne Arzt, einem Tod, den man hat kommen sehen, dem eine hohe Anzahl von Lebensjahren, vielleicht auch eine längere Krankheit vorausging.

Ist der Tod eingetreten und haben Sie ihn zweifelsfrei feststellen

können, so sollten Sie in den folgenden Stunden unbedingt bei
dem Toten bleiben, ihn berühren und mit ihm sprechen, auch um
die Situation selbst so nach und nach zu verinnerlichen.

Ein Arzt muß *nicht* noch am selben Tag gerufen werden; und
mithin auch der Bestattungsunternehmer nicht. Von Gesetz wegen
sind Sie verpflichtet, den Tod eines Angehörigen oder Nahestehenden, den Tod eines jeden Menschen, dessen Zeuge Sie sind,
»unverzüglich« anzuzeigen. So streng diese Formulierung auch
klingen mag, so weit auslegbar ist sie. »Unverzüglich« heißt: ohne
Verzug, mehr nicht. Und wie Sie das interpretieren, ist Ihre Sache.
Eine Frist, und das ist das entscheidende, setzt Ihnen der Gesetzgeber nicht. Eine Frist wäre dann gesetzlich ausgesprochen, wenn
die Formulierung zum Beispiel lautete: »In der nach der Entdek-
kung des Todes folgenden Stunde.« »Unverzüglich« (oder auch
in manchen Festschreibungen »umgehend«) ist eine sogenannte
»Gummiformulierung«; machen Sie sich das zunutze. Nichts
und niemand in der ganzen Welt kann Sie daran hindern, mit
dem Toten erst noch einmal einen Tag oder eine Nacht allein zu
sein (wenn Sie das wollen), ehe Sie Fremde hinzurufen. Und
überdies – falls sich die Gesetzgebung einmal ändern sollte –
möchte ich *den* Richter sehen, der einer Frau vorzuhalten wagt,
daß sie mit der Benachrichtigung eines Arztes einen Tag zu lange
gewartet habe, wenn sie mit dem Tod ihres Lebenspartners konfrontiert war.

Unsere systemhörige Gesellschaft ruft *aus Angst* vor dem Toten
immer sogleich eine Behörde, einen Zeugen, einen, »der mich
freispricht«, hinzu. Einen anderen Grund hat sie nicht.

Und bedenken Sie bitte immer: Erst *nach* der Ausstellung der
Todesbescheinigung läuft die »Uhr der Bürokratie«.

Ich möchte Ihnen hier nicht ausführen, *wie* Sie den Abschied
am Bett eines Toten in Ihrem Hause gestalten können. Mir ist
nur wichtig, daß Sie ein Bewußtsein dafür entwickeln, *daß* dieser
Abschied *gestaltet* werden sollte, und zwar beizeiten vorbereitet,
soweit möglich. Sie sind es dem Toten schuldig, der Ihnen ausgeliefert ist und nichts mehr beitragen kann. Und auch für Sie selbst
ist es wichtig, sich bewußt und rechtzeitig vorzubereiten und mit
der Situation zu konfrontieren: bei einer Aufbahrung zu Hause

die Feierlichkeit abzuhalten, an die Sie sich Ihr ganzes restliches Leben erinnern werden.

Beziehen Sie das Leben, Wollen, Wirken des Toten in diese Feierlichkeit als elementar wichtig mit ein. Lesen Sie ihm etwas Bestimmtes vor, bedanken Sie sich bei ihm, sagen Sie ihm das vielleicht trotz allem Ungesagte. Bleiben Sie nah beim Toten, sorgen Sie für eine stille und weihevolle Atmosphäre, zum Beispiel mit Kerzen, Blumen, Bildern. Schalten Sie Haustürklingel und Telefon ab, nachdem Sie das Nötigste geregelt, Freunde verständigt, Termine abgesagt haben. Ihre ganze Aufmerksamkeit sollte in den folgenden Stunden bei dem Toten sein. Verzweifelt aufzuschreien, wenn ein Tod eingetreten ist, die Tür hinter sich zuzuwerfen und den Toten »nicht mehr ansehen zu können« – das ist in unserer Zeit eine eigentlich allen Menschen »verständliche« oder »normal« erscheinende Reaktion. In Wahrheit ist es ein tief gestörtes Verhalten, das selbst denjenigen unterlaufen kann, die sich stark genug fühlen, in »wirklich jeder Situation« die »Nerven zu behalten«. Ich habe es oft so miterleben müssen und hatte jedesmal ein tiefes Mitleid mit den Toten, wenn um sie herum Hysterie und vehemente Ablehnung ausbrachen. Meine Beobachtung ist nach alledem, daß es allein die rechtzeitige Auseinandersetzung mit dem Tod ist, die Menschen in der entsprechenden Situation nicht versagen läßt. Gute Nerven, auch ein verdrängerisches, mechanisches »Beherrschen jeder Lage« nützen da gar nichts, so wenig wie die exakte Kenntnis des bürokratischen Ablaufs allein.

Es ist eine der vornehmsten Aufgaben von uns Menschen, uns solange wir leben auf den Tod vorzubereiten. Wir haben zumeist sehr, sehr viel Zeit dafür. Jahrzehnte.

Einige praktische Aspekte möchte ich noch anmerken, weil ich immer wieder auf Einwände gegen eine Hausaufbahrung gestoßen bin, die sich des Vorwandes der Hygiene, der »Unpraktikabilität« oder sogar der Architektur bedienten. Es ist unrichtig, wenn gesagt wird, daß in »unseren heutigen Wohnungen« ein Leichnam keine zwanzig bis sechzig Stunden aufgebahrt werden könne. Ist freilich eine solche Wohnung nur ein Ort der Bequemlichkeit, Ablenkung und Verdrängung, so mag das, psychisch gesehen, stimmen. Gerne genannte Ausflüchte sind diesbezüglich der Platzmangel, die hohen Temperaturen in unseren überheizten Wohnungen und die eigenen täglichen Gewohnheiten.

Wo ein Mensch jahrelang geschlafen hat, da wird er auch einen oder drei Tage liegen können, wenn er tot ist. Soviel zum Platz. Die Temperaturen in unseren Wohnungen, zumal in den immer heißer werdenden Sommern, sind ein Argument, mit dem man sich aufhalten muß, besonders, wenn dem Tod eines Menschen eine Krankheit mit langer chemischer Behandlung vorausging. Denn dann tritt die Leichenstarre möglicherweise gar nicht ein, der Körper des Toten könnte also direkt nach dem Ableben in die Verwesung übergehen. Diese allerdings ist kein rasend schneller Prozeß, machen Sie sich das bitte klar. Das einzige, was Ihnen in so einem Fall bereits nach wenigen Stunden widerfahren kann, ist, daß der Tote einen starken und für Sie unangenehmen Geruch ausströmt.

In diesem Fall können Sie sich mit rechtzeitiger Vorbereitung ein wenig helfen: Halten Sie ein Tuch bereit, das Sie mit Parfüm tränken und sich vor die Nase halten. Ziehen Sie sofort nach dem Tod ein festgewirktes Leinentuch über den Körper des Leichnams und wickeln Sie ihn darin ein, Gesicht und Halsbereich selbstverständlich freilassend. Betten Sie den Leichnam auf eine saugfähige Unterlage. Machen Sie sich klar, daß es richtig ist, sich nicht von einem *Geruch* davon abhalten zu lassen, einen Ihnen wertvollen Menschen würdig und in Ruhe zu verabschieden.

Schalten Sie grundsätzlich die Heizung in Ihrer ganzen Wohnung ab, wenn Sie einen Toten aufbahren. Öffnen Sie im Aufbahrungszimmer die Fenster und lassen Sie die Rolläden herunter oder ziehen Sie die Vorhänge zu. Im Sommer betten Sie den Leichnam nötigenfalls auf den Fußboden. Das ist immer noch besser, als würde er beim Bestatter hinterm Regal gelagert.

Fragen Sie sich, ob Sie den Toten vor seiner Umbettung in den Sarg zur Aufbahrung eigens ankleiden möchten – und welche Kleidung in diesem Fall die richtige wäre. Bitten Sie gegebenenfalls jemanden, Ihnen beim Ankleiden zu helfen.

Falls Sie Hilfe benötigen bei einer privathäuslichen Aufbahrung und diese nicht in Ihrem persönlichen Umkreis finden, steht Ihnen ein Bestatter, der seine Arbeit ernst nimmt, gerne zur Seite. Am besten ist es natürlich auch hier, wenn man sich nicht erst in der betreffenden Situation kennenlernt!

Achten Sie besonders – man tut das »automatisch« in den meisten Fällen – auf die Hände des aufgebahrten Toten. Ihr Bild, wie auch das der Augen des Toten zu Lebzeiten wird in Zukunft immer in Ihnen sein. Handwerkerhände, ich darf das hier so persönlich einflechten, haben mich bei mir nicht näher bekannten Toten immer am meisten berührt. Die tote Hand, die vieles geschaffen hat, ist für mich letztendlich zum Symbol unseres Daseins geworden. Bedenken Sie, welche die letzte Position der Hände des von Ihnen aufgebahrten Toten sein sollte, Priorität haben dabei die gelebte Konfession des Toten und seine persönliche Lebenshaltung.

Die eigenen täglichen Gewohnheiten sind kein Grund, um einen zu Hause verstorbenen Toten sofort aus dem Sterbehaus zu entfernen. Nicht einmal der Gang zur Arbeit an oder nach einem solchen Tag ist es. Dieser Tag, der Tag nach dem Tod eines nahestehenden Menschen, und möglichst auch die ihm folgenden, sollten dem Toten und Ihrem Abschied von ihm gehören. Falls Sie dennoch unbedingt gewohnte Dinge tun möchten, diese sogar fast als Zwang oder auch nur als eine Notwendigkeit empfinden, sollten Sie sich vergegenwärtigen, daß Sie damit unbewußt vielleicht nichts anderes versuchen, als den eingetretenen Tod zu verdrängen und ihn zu leugnen. Das aber hilft nicht, es hilft am allerwenigsten. Konfrontieren Sie sich – und halten Sie den Schmerz aus.

Vollziehen Sie also in größtmöglicher Ruhe und Besonnenheit, in längstmöglichem Zeitraum den Abschied vom Gestorbenen in seiner und Ihrer persönlichen Umgebung. Erst danach verständigen Sie einen Arzt, der als einziger befugt ist, die Todesbescheinigung auszustellen. Sofern Sie nicht ein außerordentliches persönliches Vertrauensverhältnis zu einem bestimmten (Haus-)Arzt haben, der in diesem Fall ja auch gewiß zu Ihnen kommen wird, möchte ich sagen: Es ist egal, wer den Totenschein ausstellt; rufen Sie direkt den Notarzt an oder die Polizei, die ihn schicken wird. Nur dann aber ist es gleichgültig, wer zur ärztlichen Feststellung des Todes zu Ihnen ins Haus kommt, wenn Sie eine persönliche

Haltung erlangt haben, mit der Sie selbst bereits den Abschied gestalten konnten, und sofern Sie den Arzt *nicht sofort* und *anstatt* persönlicher Verantwortungsübernahme rufen.

Bleiben Sie dabei, wenn der Arzt den Toten in Augenschein nimmt, beantworten Sie seine Fragen wahrheitsgemäß und knapp; er könnte sonst einen Grund sehen, an den Umständen des Todes zu zweifeln, und Ihnen die Befugnis, über den weiteren Umgang mit dem Gestorbenen zu entscheiden, entziehen, das heißt, den Leichnam beschlagnahmen. Stellen Sie sich auch dem Arzt gegenüber *ganz* der Situation, in der Sie stehen. Verteidigen Sie, wenn nötig, den zeitlichen Verzug, auf den Sie höchstwahrscheinlich angesprochen werden, mit klaren Worten: »Ich wollte allein Abschied nehmen, und so hat es sich auch der Tote selbst gewünscht.« Machen Sie am Telefon, wenn Sie den Arzt rufen, *keine* genaue Angabe darüber, wie lange der Tod schon zurückliegt. Sagen Sie, Sie wüßten es nicht genau, es solle der Arzt kommen, um das festzustellen. Mit dem Arzt allein werden Sie sich besser einigen, als wenn er gleich mit der Polizei anrückt, weil ihm – warum auch immer – »irgend etwas an dem Fall unklar« vorkommt.

Bleiben Sie, auch wenn der Arzt da ist, immer des Toten selbst eingedenk und aller Verabredungen, die Sie mit ihm zu Lebzeiten getroffen haben, sowie Ihrer eigenen, gedanklichen Vorbereitungen. Die wichtigsten Fragen hierbei: Wo soll der Tote (nicht) hin? Was könnte dort mit ihm geschehen? Was hat er selbst gewollt? Welche Meinung habe ich in alldem?

Nehmen Sie die Todesbescheinigung an sich, wenn sie unterschrieben ist. Halten Sie am besten, sobald Sie den Arzt erwarten, Ihren Ausweis und den Ausweis des Toten, gegebenenfalls die wichtigsten Auszüge aus Ihrem Familienbuch und eventuell die persönliche Verfügung des Toten, die Sie berechtigt, bereit; das beschleunigt den Vorgang und beugt Komplikationen oder Verdächtigungen vor. Den Erhalt der Todesbescheinigung kann sich der Arzt von Ihnen schriftlich bestätigen lassen. Er will damit sichergehen, daß Sie (falls Sie mit dem Toten nicht verheiratet oder verwandt sind) für die Abmeldung des Toten beim Standesamt verantwortlich zu machen sind. Leisten Sie diese Unterschrift

ohne Bedenken. Diese Unterschrift bedeutet übrigens nicht, daß
Sie auch für die Bestattung zuständig sind. Sie hat mit der Bestattung nur insofern zu tun, als später der zuständige Friedhof die
standesamtliche Abmeldung eines Bürgers benötigt, um ihn auch
bestatten zu können.

Öffnen Sie den Innenteil der Todesbescheinigung (Rückseite,
oft steht »Nur durch das Gesundheitsamt zu öffnen« darauf),
sofern der Arzt etwas hineingeschrieben hat, das er Ihnen nicht
zeigen wollte. Genau in diesem Innenteil könnten sich Formulierungen und Informationen verbergen, die mitunter zu Folgenschwerem führen. Schreiben Sie sich ab, was dort vermerkt ist,
und heben Sie es auf. Und das kann im vertraulichen Teil einer
Todesbescheinigung vermerkt werden: die Ursachenkette der
Todesursache; andere wesentliche Krankheitszustäde zum Zeitpunkt des Todes (zum Beispiel Diabetes); bei Unfall, Vergiftung,
Gewalteinwirkung oder Selbsttötung nähere Angaben über den
Hergang (in diesem Falle wird die Leiche voraussichtlich beschlagnahmt und Sie können die Todesbescheinigung praktisch
nicht einsehen, Sie sich aber theoretisch – als Angehöriger oder
Bevollmächtigter – zugänglich machen); ob Verdacht auf eine
Schwangerschaft besteht und wie weit diese fortgeschritten ist –
und ob den Angaben ein Sektionsbefund zugrunde liegt oder
nicht.

Ist der Arzt gegangen, so haben Sie normalerweise noch einmal
einige Stunden Zeit, ehe Sie einen Bestatter verständigen, um mit
ihm alles Weitere zu besprechen. Dieser sollte einem Ihnen persönlich bekannten Institut angehören, noch besser: Ihnen persönlich bekannt sein. Nochmals: Sich vom Notarzt einen Bestatter
empfehlen zu lassen oder sich jetzt erst im Branchenfernsprechbuch einen »herauszupicken«, kann unheilvoll sein.

Es ist nicht sinnvoll, wenn Ihnen der Bestatter alle weiteren
Erledigungen abnimmt. Sie sollten nach Kräften und Möglichkeiten an allem nun Notwendigen beteiligt sein, denn je weniger Sie
das gesamte Geschehen verdrängen, je weniger Sie den Toten
innerlich »abgeben«, desto besser werden Sie den Abschied von
ihm verkraften können und um so beseelter wird der Gestorbene
begleitend umgeben. Ein guter Bestatter kooperiert gerne mit

Werden in der darauffolgenden Zeit weitere Genossenschaftsanteile erworben, so entsteht durch sie – sozusagen auf dem Vorsorgeweg – Anspruch auf vielfältige Leistungen der Genossenschaft: Bestattungen nach persönlichen Wünschen, Trauerbeistand für die Angehörigen und dergleichen mehr. Die Dienste einer solchen Genossenschaft *müssen* preisgünstig sein, denn von Gesetz wegen ist eine Genossenschaft verpflichtet, ihre Mitglieder wirtschaftlich, sozial und kulturell zu fördern. Überschüsse sind den Mitgliedern zurückzuerstatten, und jedes Mitglied kann den Geschäftsbericht (den Kontostand und die Abrechnungen) einsehen. Es handelt sich hier also um ein nicht gewinnorientiertes Unternehmen, das überdies weltanschaulich offen ist. In einer solchen Genossenschaft werden verschiedene Kurse zum Thema Sterbebegleitung angeboten, es finden auch Gesprächskreise zu den Bereichen Tod und Trauer statt. Sie haben es hier jedoch nicht mit einer Institution zu tun, an die Sie sich »abgeben« können, mit all Ihren Fragen und Problemen zum Thema Tod; denn die Mitglieder einer Genossenschaft bestimmen gemeinsam deren Richtlinien, so ist es Gesetz – und das ist auch gut so. Eigenverantwortung ist mithin gefragt, eigener, vorsorglicher und vor allem rechtzeitiger und zeitintensiver Einsatz, auch eine eigene Haltung zum Tod, wenngleich deren Erarbeitung gewiß in einer Genossenschaft Hilfestellung durch erfahrenere Menschen zuteil werden kann.

Ein anderer in unserer heutigen Gesellschaft neuer Ansatz im Bestattungswesen ist der der Thanatologen. Die Bewegung der Thanatologen kommt ursprünglich aus England (dort sind es die sogenannten *Embalmer*), hat sich aber mittlerweile in Form eines Verbandes auch in Deutschland begründet. Thanatologen sind herkömmliche Bestatter, die sich jedoch einer freiwilligen, zeitaufwendigen und kostenintensiven Zusatzausbildung unterworfen haben, um vor allem – neben speziell angebotener Trauerarbeit und anderen zur »normalen« Bestattung zusätzlichen Dienstleistungen – auch in Problemfällen eine offene und langzeitige Aufbahrung eines Toten (wo auch immer) gewährleisten zu können, damit den Hinterbliebenen grundsätzlich ein bewußtes Abschiednehmen am offenen Sarg möglich ist oder erleichtert wird.

Das oberste Ziel der Thanatologen ist die Konfrontation der Hinterbliebenen mit den Toten *über einen längeren Zeitraum*. Und sie bewerkstelligen das so, daß sich weder das Aussehen des Toten nennenswert verändert (verglichen mit seinen letzten Lebenswochen) noch jemals ein Totengeruch ausströmt; auch Krankheitskeime können nach einer thanatologischen Behandlung nicht vom Toten auf einen Lebenden, der ihn intensiv berührt, übergehen, wie das der Fall sein könnte, wenn dem Tod eine längere und schwere Krankheit vorausging und er bereits einige Tage zurückliegt.

Diese Konservierung und gegebenenfalls auch Wiederherstellung kommt durch die Injektion einer von den Thanatologen selbst entwickelten Lösung in die Blutbahn des Toten zustande. Thanatologen sind auch häufig sehr kunstfertige Gesichtsrekonstrukteure: mit Hilfe einer ebenfalls speziell entwickelten Modellierpaste, die in wenigen Sekunden erstarrt. Visagistische Fähigkeiten hat ein Thanatologe ebenfalls – wie übrigens auch viele »normale« Bestatter. Die Gesichtsrekonstruktion insgesamt gutzuheißen, ist freilich nicht jedermanns Sache. Sie kann aber im Falle eines sehr frühen oder wirklich nicht vorhersehbaren Todes, etwa beim Tod eines Jugendlichen durch Verkehrsunfall oder auch bei einem anderen unnatürlichen Tod, für die Hinterbliebenen – zumal, wenn sie sich noch nicht mit dem Tod an sich auseinandergesetzt haben – eine große Hilfe beim Abschiednehmen sein.

Obwohl man einräumen muß, daß die Thanatologen ihre Behandlungen an Toten nicht gering in Rechnung stellen, scheinen sie mir doch, alles in allem, tatsächich ethischen Grundsätzen verpflichtet – der wichtigste davon ist der, auch im Leichnam noch immer einen *Menschen* zu sehen und nicht etwa einen Gegenstand oder ein modellierbares Etwas mit menschenähnlichem Äußeren.

Ich möchte hier noch kurz von einem Fall berichten, bei dem die offene Aufbahrung im Friedhof nur deswegen überhaupt noch möglich war, *weil* eine thanatologische Behandlung in buchstäblich letzter Minute durchgeführt wurde; andernfalls hätte der Friedhofsaufseher kraft seines Amtes darauf bestanden, daß der Sarg nur wenige Stunden nach der Einlieferung des Toten auf dem

Friedhof geschlossen worden wäre. Es handelte sich um den acht-
zigjährigen Vater zweier erwachsener Kinder, die in Übersee lebten. Er war sehr schwer an Krebs gestorben, und sein Leichnam
ging aufgrund der extrem starken Medikamente sehr rasch in
Verwesung über. Die starken Medikamente hatte der alte Mann
auch deshalb bekommen, weil er noch »durchhalten« hätte sollen,
bis beide Kinder angereist waren. Wie auch immer, der Tod kam
doch früher. Dank der thanatologischen Behandlung konnten die
schließlich anwesenden Kinder den Vater aber wenigstens noch
einmal sehen. Diese beiden erwachsenen Kinder verweilten übrigens viele Stunden bei ihrem toten Vater – nicht zuletzt weil sie
sich infolge der Arbeit des Thanatologen vor einer plötzlichen
Veränderung der Leiche sicher fühlten.

Es ist alles in allem eine zweischneidige Angelegenheit. Bestatter
mutieren auch deswegen gelegentlich zu Thanatologen, um sich
von anderen Kollegen abzuheben und um gezielt einige weithin
noch unbekannte Dienstleistungen anbieten zu können. Es empfiehlt sich dennoch, die Möglichkeiten der thanatologischen Arbeit einfach einmal in die eigenen Gedanken mit einzubeziehen,
und sei es nur vorbereitend, um jene Argumente vor sich selbst
zu entkräften, die einen so schnell vor einem Leichnam fliehen
oder ihn so schnell wie möglich aus dem Haus schaffen lassen.
Bedenken Sie dabei aber bitte auch, daß jegliche Behandlung eines
Thanatologen einen Eingriff an der Leiche darstellt. Sie entnehmen diesem Hinweis die Andeutung auf meine persönliche Haltung, die auch hier sehr konsequent ist. Mit der Tatsache, daß
man in der thanatologischen Behandlung grundsätzlich eine Stö-
rung der Totenruhe und des Entkörperungsvorganges sehen kann,
hängt es aber gewiß nicht zusammen, daß die Ausbildungsgänge
der Thanatologen bisher noch keinerlei staatliche Anerkennung
in Deutschland gefunden haben.

Kehren wir zum Ausgangspunkt all dieser Informationen
zurück: Was immer für eine Art Bestatter derjenige Ihres Vertrauens auch ist, es ist auf keinen Fall sinnvoll, wenn er Ihnen, sobald
er gerufen wurde, alles abnimmt, was nach dem Tod eines Menschen zu tun ist. Der viel bessere Weg ist der, daß *Sie* genau
wissen, was Sie möchten (und was der Verstorbene gewollt hat),

und daß Sie den Bestatter beauftragen, Ihnen nur dort zu helfen,
wo Sie selbst nicht weiterkommen und wo Sie sich überfordert
fühlen. So kann der Bestatter mit Ihnen zum Beispiel nötigenfalls
auch Vorkehrungen treffen, um einen verstorbenen Menschen so
lange wie möglich zu Hause aufzubahren; er kann die für Hinterbliebene in ihrer Situation wahrlich unangenehmen Behörden-
gänge abnehmen, er kann Ihnen helfen, die Bestattung so lange
wie möglich hinauszuzögern – Ihnen folglich indirekt dabei behilflich sein, daß Sie so lange oder so oft wie möglich bei dem
oder der Toten selbst verweilen können. Bestatter sind also günstigstenfalls versierte Helfer – damit alles im »ausgeblendeten
Bereich« bewußter, klarer und vor allem letztendlich immer eingedenk des Toten geschehen kann, konzentriert auf ihn.

Zunächst ist mir wichtig, daß Sie einen Bestatter grundsätzlich
nicht als universal zuständig und *für alles und jedes verantwortlich*
ansehen und daß Sie ihm nicht den Leichnam eines Nahestehenden
einfach *übereignen.* Das Wichtigste nach dem Ableben eines Menschen ist immer der Tote selbst. Das Zweitwichtigste aber sind
sogleich Sie selbst als Hinterbliebener, mit Ihrer *persönlichen Haltung* zum Tod und deren *Durchsetzung* im Umgang mit dem
Toten. Prägen Sie sich diesen Satz bitte ein: Der Bestatter ist ein
Helfer – mehr nicht. Er ist, wir sprachen bereits darüber, mit der
gegenwärtigen Inanspruchnahme durch unsere Gesellschaft restlos überfordert: Ihn überfordern die täglich neuen Menschen, die
sich in ihrer Not ganz an ihn hängen, die ihn, den von allen sonst
eigentlich immer Gemiedenen, auf einmal alles entscheiden und
alles durchführen und leiten lassen. Nicht wenige unter den Bestattern nützen die Lenkbarkeit und klammernde Hilflosigkeit
der wie im Schock bewußtlosen Hinterbliebenen aus. Seien Sie
nach Möglichkeit *nicht* lenkbar und *nicht* hilflos nach dem Tod
eines Menschen. Denken Sie klar durch, was nun zu tun ist. Es
bleiben in aller Regel nach der amtlichen Meldung eines Sterbefalls
mindestens 96 Stunden Zeit, ehe der Tote bestattet werden muß.
Eine Ausnahme ist möglich, und auch wenn sie nicht gemacht
werden wird, ist die angegebene Frist kein geringer Zeitraum.
Durchleben Sie ihn bewußt. Gestalten Sie ihn bewußt.

Der Schließung eines Sarges möchte ich hier noch einige Aufmerksamkeit widmen, bedeutet sie doch, daß das Antlitz, die ganze Erscheinung des Toten danach für immer den Blicken unserer Welt entzogen ist. Günstigstenfalls kann mit der Schließung eines Sarges auch eine unvergeßliche Ruhe und das feierliche Abschiednehmen der Hinterbliebenen von der irdischen Existenz des Gestorbenen verbunden sein.

Scheuen Sie sich nicht, bei der Sargschließung auf jeden Fall anwesend zu sein oder auch sie eigenhändig vorzunehmen. Betrachten Sie den Toten zuvor noch einmal in Andacht, nehmen Sie bewußt von der physischen Ausstrahlung Abschied, die hier in diesem Leben unter dem Namen des Toten zusammengefaßt war. Falls Sie den Leichnam bis zur Schließung des Sarges längere Zeit allein lassen mußten oder nach einem Tod im Krankenhaus nicht rechtzeitig anwesend waren, können Sie auch noch einmal genau feststellen, ob ein Eingriff am Toten vorgenommen wurde. Kündigen Sie grundsätzlich bei allen Beteiligten, die mit dem Toten zu tun haben, an, daß Sie das vor der Sargschließung tun werden. (Vorausgesetzt, Sie sind gegen einen Eingriff, versteht sich.) Das ist eine sichere Methode, Mißgriffen vorzubeugen. Stellen Sie dennoch etwas am Körper des Toten fest, das Ihnen durch die Umstände des Todes oder nach dem Tode nicht erklärlich scheint, so dokumentieren Sie es fotografisch; Sie können später damit die in Frage kommenden Schuldigen belangen. Entscheidend ist aber nun, vor der Schließung des Sarges, daß Sie den Toten – also auch gegebenenfalls seine Wunden und Verletzungen – mit stillen und mental guten Gedanken begleiten. Fangen Sie am offenen Sarg niemals eine Streitigkeit an, lassen Sie sich niemals in Panik versetzen, versetzen Sie selbst sich auch niemals in eine solche Aufregung, sofern es irgendwie vermeidbar ist.

Wenn Sie einen Sarg selbst geschlossen haben (es sind etwa acht Nägel einzuschlagen, nachdem der Sargdeckel aufgelegt wurde, und in den meisten Fällen noch einige wenige Zierschrauben zu befestigen; praktisch kann das jeder, Sie könnten sich aber auch von kundigem Personal anleiten lassen, falls Sie es sich nicht auf Anhieb zutrauen) oder auch nur, wenn Sie während der Schließung selbst anwesend waren, werden Sie bei der Trauerfeier und Beerdigung eine ganz andere Beziehung zum Sarg haben. Sie wer-

den beruhigter sein – und die später in vielen Fällen halb unbe-
wußte Frage, ob der oder die Tote »tatsächlich da drin war«, wird
von vornherein durch klares Wissen aus Ihrem Denken eliminiert.

Noch ein praktischer Hinweis: Können Sie (gemeinsam mit
anderen) dem Toten bis zur Schließung des Sarges nicht fortwährend zur Seite sein, so bitten Sie den Friedhofsaufseher (Bestatter
schließen Särge selten, in aller Regel wird die *endgültige* Schließung erst auf dem Friedhof vorgenommen), Sie einige Stunden
vorher anzurufen, ehe er den Sarg schließt. Auch falls der Sarg
aufgrund von äußeren Umständen oder der persönlichen Konstitution des Verstorbenen theoretisch früher als vorhersehbar geschlossen werden könnte, empfiehlt sich vorsorglich solch eine
Bitte um Benachrichtigung. Sagen Sie einfach, Sie müßten die
Sargschließung unbedingt selbst vornehmen oder zumindest ihr
beiwohnen; Sie hätten das dem Toten zu Lebzeiten versprochen,
oder es sei in Ihrer Familie so Sitte. Mit rechtlichen Argumenten
kommen Sie nicht durch: Der Friedhofsaufseher oder die von
ihm autorisierte Hilfskraft hat Hausgewalt auf dem Friedhof. Er
bestimmt, wann ein Sarg zugemacht wird, und er kann das ohne
weiteres ohne einen Angehörigen oder Bevollmächtigten tun.
Einen Ermessensspielraum hat er jedoch immer, und ein Mensch
ist er auch – zudem einer (nutzen Sie das!), mit dem nur sehr
wenige Leute beruflich ein bewußtes oder freundliches Wort
wechseln.

Selbstverständlich können Sie auch Ihren Bestatter bitten, bereits beim Einsargen der Leiche dabeisein oder mithelfen zu dürfen. Spüren Sie Widerstände, so sollten Sie sich nach einem Bestatter umsehen, der nichts gegen Ihre Anwesenheit oder tatkräftige
Mithilfe beim Einbetten der Leiche hat.

Es ist unmöglich, in diesem Buch auf alle denkbaren Gescheh-
nisse während und nach einem Todesfall einzugehen. So verschieden die Menschen voneinander sind, so verschieden sind auch
ihre Tode und das, was nach Eintritt des Todes mit einem Leichnam alles geschehen kann: wann er vom Sterbeort an einen Auf-
bahrungsort gefahren wird, wie lange er dort bleiben kann bis
zur Bestattung und welche Gegebenheiten man dort vorfindet.
Die Gepflogenheiten sind in den einzelnen Regionen und Ge-

meinden überdies sehr unterschiedlich. Zur Erarbeitung ihrer persönlichen Haltung, an der sich messen lassen wird, was nun genau mit dem Toten geschieht, der der nächste in Ihrer persönlichen Umgebung ist, kann ich Ihnen lediglich ein paar grundlegende Hinweise geben.

Hier noch einige Gedanken zu Todesfällen auf offener Straße oder an einem anderen unvertrauten oder dafür nicht eingerichteten Ort, desgleichen zum Unfalltod. Stirbt ein Mensch an einem ihm (und Ihnen) unvertrauten oder darauf gänzlich nicht eingerichteten Ort, so ist im wesentlichen nur zweierlei wichtig: daß Sie als naher Angehöriger, Bevollmächtigter oder Vertrauter (selbstverständlich einfach auch nur als Mitmensch, wenn der Tote Ihnen fremd ist, Sie aber helfend eingreifen wollen oder müssen) *dabeibleiben* oder erst einmal so schnell wie möglich zu dem Toten hingelangen, und zum zweiten die Frage, wohin der Tote nun gebracht werden kann und was dort mit ihm geschieht.

Bei der Bergung einer Leiche in der Öffentlichkeit ist nahezu immer ein amtlicher Vertreter zugegen. Dieser Polizist, Amtsarzt oder Notarzt wird, wenn die Todesursache bereits festgestellt ist (zum Beispiel Herzversagen) und der Tod dokumentiert wurde (Todesbescheinigung), nichts dagegen einwenden können, daß Sie augenblicklich über den weiteren Verbleib der Leiche entscheiden, sofern Sie nahe angehörig oder bevollmächtigt sind und der Tod nicht durch Mord (Verdacht genügt zur Konfiszierung der Leiche) oder Selbsttötung (muß überprüft werden) eingetreten ist. Daß ein auf der Straße, einem vergleichbaren Ort oder im Krankenwagen verstorbener Mensch in unserer Gesellschaft so gut wie immer umgehend zum »nächsten Friedhof eben, wo wohnen Sie denn, dann schauen wir, daß wir gleich den Zielfriedhof erwischen«, gefahren wird, was so gut wie immer *ohne* Diskussion mit den Angehörigen geschieht, liegt einzig und alleine daran, daß die Hinterbliebenen sich nie zuvor mit den nun auftretenden Fragen beschäftigt haben und froh sind, wenn ihnen einer, noch dazu ein »Amtlicher«, die Entscheidung abnimmt.

Selbstverständlich – ein Toter muß weggebracht werden von einer Straße, aus einer Gaststätte oder von einem anderen öffentlichen Ort, an dem er gestorben ist. Aber es ist hiermit noch längst nicht gesagt, daß er deswegen auf den nächsten *Friedhof* gebracht werden muß. Sie hätten keine großen Schwierigkeiten, in so einem Fall einen Leichentransport zu sich nach Hause zu veranlassen oder zumindest die Überbringung des Toten zu einem Bestatter Ihres Vertrauens. Lassen Sie sich, besonders im ersten Fall, nicht durch das Argument der dadurch entstehenden »zusätzlichen« Überführungskosten beeindrucken. Die Gebühren für Leichentransporte sind nicht bar zu entrichten, und Sie können sich später noch immer Gedanken darüber machen, wie Sie argumentieren möchten, falls diese in Ihren Augen und für Ihre Möglichkeiten überhöht sind. Am wichtigsten in der Situation, in der Sie sich jetzt befinden, ist das Grundsätzliche: Sie bestimmen (von begründeten Ausnahmen abgesehen), wohin der Leichnam Ihres Nahestehenden gebracht werden soll, und Sie sind auch dafür verantwortlich, was dort mit ihm geschieht; vor allem sollten Sie dafür Sorge tragen, daß er – insbesondere nach einem »öffentlichen« Tod – in Stille und Würde aufgebahrt werden kann.

Unfalltote betreffend möchte ich noch den Rat geben, sie in jedem Falle *anzusehen*. Nach Möglichkeit sollten Sie auch hierbei für einen längeren Zeitraum zur Verabschiedung Sorge tragen. Denken Sie dabei bitte an den Toten selbst, an seine Wahrnehmungsfähigkeit, die eventuell noch vorhanden ist, und machen Sie sich ebenfalls klar, daß gerade Unfalltote (»Am besten, Sie behalten ihn so im Gedächtnis, wie Sie ihn kannten«) Opfer von illegaler Organentnahme werden und daß gerade bei ihnen nicht selten der Bestatter jede Würde beim Einbetten vermissen läßt.

Es gibt keinen Grund, warum Sie nicht die Kraft aufbringen sollten, einen geliebten Menschen, den Sie durch einen Unfall verloren haben, noch einmal anzusehen, um Abschied zu nehmen. Machen Sie sich bitte klar, daß Unfalltote *nicht* aussehen wie die Toten in Action-Krimis. Sobald sie geborgen sind, sind selbst große Körperwunden nicht mehr durchblutet. Und sollte das Schicksal es wollen, daß die Todesart des Betreffenden sehr grausam war, so können Sie noch immer einen Bestatter Ihres Vertrauens (hier sind, wie gesagt, die Thanatologen spezialisiert) bitten, den Verstorbenen mit möglichst wenigen Eingriffen so aufzubahren, daß Ihnen ein bewußtes Abschiednehmen nicht versagt bleibt.

Bitte bedenken Sie *grundsätzlich*,

o daß Sie ein Recht auf die unmittelbare Begegnung mit der oder
dem Toten haben, sofern sie oder er Ihnen nahestand, ein Recht
auch, bei ihr oder ihm zu bleiben;

o daß Sie – außer in Ausnahmefällen – bestimmen dürfen, was
mit dem toten Menschen geschieht und wohin er gebracht
wird, sofern Sie angehörig oder bevollmächtigt sind;

o daß Sie, wenn Sie keine ständige Totenwache halten können,
den Toten immer wieder aufsuchen sollten, um wenigstens
mehrere Stunden bei ihm zu verweilen;

o daß der Tote ein Recht darauf hat, daß seine Aufbahrung und
später die Einbettung würdig vonstatten gehen;

o daß ihm das Tragen persönlicher Habe, falls er das wollte oder
gewollt hätte, grundsätzlich ermöglicht werden sollte;

o daß Ihnen im Grunde genommen niemand die Durchsetzung
persönlicher Rituale und Ideen im Zusammenhang mit einer
Verabschiedungszeremonie, einem Leichenbegängnis verweh-
ren kann;

o daß es *immer* eine wirksame Begründung Ihres Tuns gegenüber
Institutionen gibt, sofern es redlichen Motiven entstammt und
die Begründung klar und unbeugsam vorgetragen wird;

o daß Sie sehr gut vorbereitet sein müssen auf die Konfrontation
mit dem Tod und allen Wünschen des Verstorbenen gewissenhaft Folge zu leisten haben;

o daß die Besorgungsgespräche, die Unterredungen mit dem
Bestatter von *Ihnen* geführt werden müssen und nicht umgekehrt;

o daß Sie alle behördlichen Obliegenheiten ohne weiteres an den
Bestatter delegieren können, auch alle friedhofstechnischen
Angelegenheiten mithin, sich aber bei den praktischen Verrichtungen an der Leiche immer zuerst die Frage stellen sollten,
ob Sie sie nicht selbst vornehmen oder dabei mithelfen möchten.

o daß die geistigen Belange in allem, was nun konkret zu tun
ist, niemals untergehen dürfen und die Prämisse allen Tuns
(und Lassens!) in den Tagen bis zur Bestattung immer beim
Toten selbst liegen muß.

Ich schlage Ihnen vor, in den Tagen zwischen Eintritt des Todes und Bestattung sich die Betreuung und Besorgung, die Begleitung des Toten gemeinsam mit anderen zu teilen, sofern Ihnen das möglich ist, denn selbstverständlich sind auch einige praktische Dinge »draußen in der Welt« zu erledigen, die von hoher persönlicher Wichtigkeit für Sie und den Verstorbenen sein können. Ein Grabplatz muß gegebenenfalls ausgesucht werden, auch eine Feier, mit vielleicht anschließendem Beisammensein, ist zu besprechen und zu organisieren. Vielleicht haben Sie selbst in Ihrem persönlichen Umfeld auch noch etwas zu regeln; ein Tod richtet sich ja nicht nach Alltagsplänen. Teilen Sie sich alle anstehenden Aufgaben gut ein, Sie haben im Grunde genommen jetzt viel Zeit, wenn Sie bewußt nachdenken; lassen Sie sich zu nichts drängen. Bitten Sie notfalls Ihren Bestatter um Mithilfe. Finden Sie nach Erledigung Ihrer verschiedenen äußeren Aufgaben jedoch immer wieder, möglichst nach jeder Erledigung, den Weg zum Toten selbst – innerlich und äußerlich. Und machen Sie sich immer wieder klar, sofern Sie sich mit diesem Gedanken anfreunden konnten, daß die Entkörperung einer Seele ein langwieriger Prozeß ist.

Sprechen Sie mit dem Toten, auch über unvorhergesehene Umstände. Erklären Sie ihm jeweils, wohin Sie gehen, wenn Sie ihn für einige Zeit verlassen müssen, und wann Sie wiederkommen. Versuchen Sie, ihm geistig eine Hilfe bei seiner Ablösung vom irdischen Körper zu sein. Meditieren Sie beim Toten. Finden Sie, möglichst bei ihm, immer wieder zu mentaler Ruhe. Versuchen Sie es zumindest.

Gehen Sie gegen die Erwartungshaltung Ihrer Mitmenschen an; gehen Sie mit der eingetretenen Situation so um, wie *Sie* es möchten, wie *Sie* es für richtig halten. Unsere Gesellschaft, auch wenn sie eine diktatorische *Norm* hat im Umgang mit Toten, hat keine *Kultur* im Umgang mit Toten – keine Kultur und keine wirkliche Besinnung. Wenn Sie sich einmal klarmachen, wieviel Ihres eventuellen Zögerns, mit Toten in Zukunft *anders* umzugehen als vielleicht bisher, allein in der »Angst vor den Leuten« begründet ist, so erfahren Sie viel über sich selbst und viel über die sich ständig fortsetzende Fehlentwicklung unserer Gesellschaft. Fast möchte ich sagen, daß wir uns aus Angst vor der

Wahrheit einen Normkodex aus Kälte aufgebaut haben: Auf gar keinen Fall dürfen wir in der Nähe der Toten sein. Auf gar keinen Fall können wir liebevoll mit ihnen umgehen ...

Eine informierte und geistig wache Vorbereitung verhindert, daß wir diesem Kältekodex verfallen. Anders gesagt: Je genauer unsere Gedanken und Vorbereitungen sind, um so mehr Platz ist für angstfreie Ruhe, ein bewußtes und warmherziges Erleben – nicht nur im Umgang mit den Toten.

Die schnelle Entsorgung
unserer Toten

Die in unserer Gesellschaft normierte Verhaltensweise im Umgang mit Verstorbenen zieht sich üblicherweise nahtlos durch, bis diese entweder unter der Erde oder verbrannt sind. Gerade in den Bereichen Totenfeier und Bestattung gibt es etliches Unerträgliches zu berichten, das aber traurigerweise jedem von uns aus nächster Umgebung oder unmittelbar persönlicher Erfahrung bekannt sein dürfte.

Es beginnt damit, daß der verstorbene Mensch selbst vor der Trauerfeier, die ja zu seinen Ehren abgehalten werden soll, meistens nicht mehr auch nur eine einzige Sekunde lang angesehen wird. Irgendwann – keiner hat es so genau mitbekommen, und es fragt auch niemand danach – ist der Sarg geschlossen worden; *vielleicht* hat man sich davor noch vom Antlitz des Toten verabschiedet, die Regel ist das keinesfalls. Man scheut, man meidet den Anblick von Toten. Und besonders am Tag der Trauerfeier scheint überhaupt kein Platz zu sein für einen letzten Blick auf den Leichnam oder gar eine persönliche Gedenkstunde bei ihm. Die offene Aufbahrung ist in Deutschland überdies nicht Sitte; wo sie ausdrücklich gewünscht ist, wird sie zuerst einmal mit vielerlei Mitteln rechtlicher Art (Bestattungsverordnung, Friedhofsgewalt des Aufsehers, mitunter sogar Nachweisbeibringung des Einverständnisses des Verstorbenen) und mit medizinischen Einwänden erschwert. Sie ist aber auch nicht Ansinnen der Mehrheit – ganz im Gegenteil.

So eilt man denn hin zur Totenfeier, verläßt sich darauf, ähnlich wie bei einem Geschäftstermin, daß der andere, um den es geht – der Tote nämlich –, ebenfalls beim »Treffpunkt« sei, hingebracht »in seinem Behältnis«, von Menschen, deren Aufgabe das ist. Man selbst hat Wichtigeres zu tun. Man mußte sich vorbereiten auf die Stunde des Abschieds – in erster Linie rein äußerlich; man ist geeicht auf die Konfrontation mit Mitmenschen, vor denen man etwas gelten möchte, man ist *busy*. Es ist, als nähme man gar nicht wahr, daß da ein anderer *tot* ist. Auch der Anblick eines blumengeschmückten Sarges allein läßt die meisten unserer Artgenossen keinen rechten Bezug dazu entwickeln, daß in ihm ein *Mensch* liegt, verstorben. Das allgemein übliche Ambiente um einen solchen Sarg herum, zumal in einer persönlich verwirrten, weil kopflosen Situation, tut ein übriges: Mäßig gekonnt inszenierte Bestattungsweihe steigt auf, die mit dem wirklichen Tatbestand, mit der wirklichen Verabschiedung von einer irdischen Existenz, einer naturgemäß sehr individuellen, rein gar nichts mehr zu tun hat.

Und dann nimmt nicht selten eine Feier ihren Lauf, die niemand in der Form, in der sie heruntergespult wird, gewollt haben kann – über deren Alternative allerdings auch niemand zuvor gründlich nachgedacht hat. In unserer individualitätsbesessenen Zeit scheinen Trauerfeiern in ihrem normierten Ablauf als eine Art Naturgewalt angesehen zu werden, die hinzunehmen nun einmal das Schicksal Hunderttausender ist. Was Trauerfeiern betrifft, so ist unser allgemeines Bewußtsein auf dem Stand eines freiwillig Entmündigten.

Trauerfeiern werden hingenommen, wie sie »nun mal eben sind«, wie es »der Pfarrer sagt«, wie die Gemeinde es »vorschreibt«; sie finden in dem Rahmen statt, den fragwürdige oder überkommene »Traditionen«, Selbstzweck von Institutionen und primitivste Rationalisierung gewähren. Man nimmt als Feier an, was eben vorgegeben oder (zeitlich gesehen) übrig ist; höchstens nimmt man sich noch das Recht heraus, den nie durchdachten Rahmen auszustaffieren, so prächtig, wie die finanziellen Mittel es erlauben oder die Schuldgefühle es nahelegen. Günstigstenfalls *darin* wird allgemein eine Chance zur Individualität, Trauerfeiern betreffend, gesehen. Wo Gefühle und eigene Haltung mangeln, herrscht auch hier nicht selten bloße Prächtigkeit. Trauerfeiern verkommen so zu einem Gerüst der Verdrängung des Eigentlichen, dem ein Mäntelchen aus »Persönlichem« übergehängt werden kann.

Man braucht es beinahe gar nicht zu erwähnen: Wo die soge-

nannten »großen« Kirchen eines ihrer »Schafe« nach strenger
Konfession »heimholen«, fällt der Abschied aus verschiedenen,
meist recht weltlichen Gründen besonders in Normen einge-
zwängt aus. Man hat auch hier die jahrhundertealte Erfahrung,
daß insbesondere Trauernde lenkbar sind; man nützt sie aus
und hat es auch in den letzten Jahrzehnten, den »Aufbruchs-«,
den »Mündigkeitsjahrzehnten«, verstanden, den kirchlichen Abschied, die »Aussegnung«, im Unterbewußtsein der Menschen als
notwendiges »Himmelstor« zu etablieren, ohne dessen Durch-
schreiten ein Toter verdammt sein wird, ganz gleich nun, ob er
selbst so recht daran glaubte oder nicht.

Natürlich gedieh die Macht der Kirchen auch hier auf dem
fruchtbaren Boden der jämmerlichen Tatsachen: Jeder Trauerfall
stellt jäh die Frage nach einem *persönlichen* Glauben, im Grunde
nach der individuellen, aus eigener Lebenserfahrung destillierten
Religion. Wo keine ist, muß in solch einem »Notfall« eine überge-
stülpt werden. Andernfalls wird der eklatante Mangel des einzelnen an errungenem Wesentlichen auf peinlichste Weise deutlich.
Besonders dankbar nehmen gerade jene Hinterbliebenen den professionell angebotenen Anstrich von Frömmigkeit an, die sich bis
zur »Stunde X« noch niemals mit den Fragen des Todes beschäftigt
haben.

Im Grunde genommen müßte ohnehin eine persönliche Verfügung des Toten, alle Fragen seiner Bestattung betreffend, vorliegen
oder bekannt sein – in den allermeisten Fällen ist das jedoch nicht
so. Man gibt also das unverstandene Geschehen, den Tod eines
Menschen, üblicherweise vollkommen ab – erst an den Bestatter,
dann an den Pfarrer, schließlich an das eigene Vergessen.

Der Pfarrer, so meinen wir, wird es verstehen, unseren verstorbenen Angehörigen zu verabschieden. Der Pfarrer macht, daß
wir selber nicht vom Glauben sprechen müssen auf einer Trauerfeier. Wir sprechen, auch das ist – wie der wirkungsvolle Einsatz
der Musik – im Ablauf einer kirchlichen Trauerfeier festgeschrie-
ben, dem Pfarrer *nach*, was es an Geistigem zu sagen gibt. Wir
sagen nichts, wir *können* gar nichts sagen. Wir sind nicht in der
Lage dazu. Wir hören, was der Pfarrer meint. Wie er uns und
den Toten *freispricht*, was er *lobt*, was er – sanft, es hilft ja nichts

mehr – tadelt, wenn überhaupt. Wir hören vom *Pfarrer*, wie ein
Toter gewesen ist. Nicht selten hat ein Berufsgeistlicher, hat ein
solcher *Stellvertreter* – nicht Gottes, sondern von unsereinem,
weil wir nicht mündig genug sind – den Toten, über den er spricht,
gar nicht gekannt. Das ist Routine und macht nichts. Beim Ge-
sprächstermin vorab mit den Hinterbliebenen, auch dies ein üblicher Deal der Jetztzeit und nicht selten eine telefonisch erledigte
Praktikabilität, werden Informationen der Angehörigen oder Vertrauten herübergereicht: »Die Mutter hat so gerne gesungen«;
»Der Vater hat sich aufgearbeitet für seine Familie«; »Herr
Schmidt hat vor allem unsere Fertigungshalle installiert und über-
wacht.« Der Pfarrer, immer unter Zeitdruck (der Vatikan, zum
Beispiel, denkt effizient, wie jede weltweit operierende und expan-
dierende Firma), notiert, schmückt aus und – liefert.

Die Bestattung eines Menschen ist übrigens eine der raren Gele-
genheiten für Berufsgeistliche, »Schäfchen« an sich zu binden.
Hier sind die Menschen tränenoffen, mit wenigem zufrieden und
zu überzeugen; hier kann sie auch der Seltsamste an die Hand
nehmen, sofern sein »Background« etabliert und ihnen seit Ewig-
keiten vertraut ist. Vergegenwärtigen wir uns noch ganz kurz: Die
Masse der Abgabenzahler ernährt diese Geistlichen, und so ganz
gleich ist's denen überdies nicht, in welcher Einkommensklasse
die bei der Stange gehaltenen oder gar neu hinzugewonnenen
»Gläubigen« sind ... Enthielte dieses Buch eine Sammlung
unschöner Anekdoten, so hätte ich hierzu einige zu berichten.
Aber man weiß all das heutzutage im Grunde genommen, man
weiß es oder ahnt es zumindest – und dennoch: Eine unkonfessio-
nelle, geistig freie, eine wirklich dem Leben eines Verstorbenen
angemessene, individuelle, vielleicht sogar offen gefühlsintensive,
selbst erdachte Feier scheint vielen Menschen ein Ding der Unmög-
lichkeit zu sein, unschicklich, nicht zu bewältigen, unerschwing-
lich zudem. Ich kenne zahllose Fälle, in denen Menschen trotz
größter grundsätzlicher Zweifel doch nicht aus der Kirche austreten oder, nach vollzogenem Austritt, in fortgeschrittenem Alter
schließlich wieder eintreten: nur wegen der »Trauerfeier dereinst«.
Ratlosigkeit findet immer einen, der sie gebrauchen kann. Und
gerne läßt sich vereinnahmen, wer selbst zutiefst ratlos ist.

Was uns Menschen uns noch an das vorhandene 08/15-Gerüst
der üblicherweise abgehaltenen und nicht wirklich durchdachten,
nicht wirklich realisierten Trauerfeiern lehnen läßt, ist die gene-
relle Ausblendung der gegebenen Situation in dem Moment, in
dem sie auftritt. Es geht »alles so schnell«, man »weiß gar nicht,
wie so was läuft«, man »hat ja nie damit Berührung«, denkt »ja
nie vorher darüber nach, daß das mal kommen kann«; man
»begreift gar nichts, ist wie paralysiert«. Fast keiner der Hinterbliebenen, mit denen ich im Laufe der letzten zwei Jahre sprach,
kann sich erinnern, wie er die Trauerfeier eines zu bestattenden
Toten organisierte (sofern er sie selbst anteilig organisierte, versteht sich); es war »ein einziges Durcheinander«, es ging alles
»irgendwie vorbei« und »wahnsinnig schnell«. Wiederholte sich
die Situation vergleichbar, stehen diese Hinterbliebenen *wieder*
vor einer Aufgabe, deren Lösung sie nicht kennen. Und wieder
werden sie, so wie ich es beinahe einhellig vernehmen mußte, die
»Anordnungen des Beerdigungsunternehmers«, die »Wünsche
des Herrn Pfarrer« befolgen.

An den genauen Ablauf der Totenfeier erinnerte sich gar keiner,
nicht ein einziger meiner Befragten, auch nicht an mehr als einen
Satz aus der Trauerrede. Der Pfarrer und der Betriebsrat hat
»schön« oder »vom ehrenden Andenken« gesprochen; die Musik
war »schön« oder »wuchtig«, die Blumen waren »schön« und
»farbig«. *Welche* Musik gespielt, *welche* Blumen gewählt wurden – man weiß es nicht mehr. Man hat geweint, oder man konnte
nicht weinen, man hat gesehen, welche anderen Anwesenden
geweint haben: Beobachtungen zur Kleiderordnung blieben haften, auch die Erinnerung an opulente Speisen im Anschluß an
die Feier.

Herkömmliche Trauerfeiern sind oft ein Spiegel unseres Egoismus, unseres Neides, unserer Unfähigkeit zum Wesentlichen.
Auch Erbauseinandersetzungen finden zwischen Kirchenportalen
und Chorälen statt, wenngleich vorwiegend im Kopf. Gedacht
wird an vieles, nur an den Toten nicht. Und wenn, dann meistens
nur im Hinblick auf die eigene Person: *Ich* bin verlassen. *Mir*
fehlst du so. *Warum* gerade *ich*? *Wieso* gerade jetzt? Geweint wird
aus mancherlei Gründen bei Trauerfeiern, zumeist aus Selbstmit-

leid und eigener Angst vor dem Tod. Und wenn geweint wird, werden die Tränen, so gut es geht, verborgen.

Verdrängungen jeglicher Art kommt die makabre Tatsache entgegen, daß Trauerfeiern heutzutage unglaublich schnell vonstatten gehen. Es sei denn, man lebt auf dem Land in einem Fünftausend-Seelen-Dorf. Doch Friedhöfe und Kapellen werden allerorten zusammengelegt, es wird rationalisiert, wie das unsere Gewohnheit ist, und demgemäß wird auch kaum ein Gedanke daran verschwendet, *was* da rationalisiert wird.

Auf den allermeisten – nicht nur den großstädtischen – Friedhöfen herrscht inzwischen ein sogenannter »Bestattungstakt«. Der »Bestattungstakt« bezeichnet die Zeitspanne, in der eine Bestattung (Trauerfeier, eventuell mit »Aussegnung« bei Verbrennung; Trauerfeier mit Beerdigung bei Erdbestattung) durchgeführt werden muß. Der »Bestattungstakt« ist der Rhythmus, in dem bestattet wird – in den vorgeschriebenen, gewerkschaftlich ausgehandelten Dienstzeiten, versteht sich, berechnet anhand der Anzahl des vorhandenen Personals. Dieser Bestattungstakt beträgt in Frankfurt am Main – um nur *ein* Beispiel zu nennen – zwanzig Minuten: Einmarsch – Hinsetzen – Orgel – Gebet – Orgel – Kurzpredigt – Orgel – Gebet – Segen – Ausmarsch.

In Japan, wo man uns Europäern technisch ja immer um einiges voraus zu sein scheint, bringt eine neue Erfindung, die mit großem Erfolg eingesetzt wird, präzise auf den Punkt, wie wenig persönliche Gestaltung, gefühlsmäßige Intensität und Unverwechselbarkeit bei einer Trauerfeier vermißt werden: Erdacht und entwickelt von einem Unternehmen in Kobe, wird dort seit einiger Zeit ein 200 000 Dollar teurer Geistlicher eingesetzt, der sieben Tage in der Woche 24 Stunden am Tag predigen und aussegnen kann, und zwar in allen Sprachen, mit allen Riten, auf die man ihn programmiert; insgesamt beherrscht er eine Vielzahl diverser Verabschiedungsprogramme. Der Herr ist aus lebensechtem Latex, er hat einen beweglichen Mund und so gütig wie lebensecht klimpernde Wimpern hinter lebensecht dreinblickenden und beweglichen Augen. Wahlweise kann er verschiedene Brillen und Gewänder tragen. Bisher gibt es noch keine Beanstandungen bezüglich der Arbeit des Roboters. Der reibungslose und extrem pünktliche

Ablauf seiner Arbeit wird als allgemein angenehm empfunden. Auch, daß der Gummikerl *überhaupt* keine eigenen Ansprüche und Meinungen hat, stört durchaus niemanden.

Verglichen damit scheint einem ein mit Weihrauch nebelnder Pfarrer, der im vorgeschriebenen Rahmen von dreißig Minuten sein zwar übliches, aber immerhin eigens einstudiertes Verabschiedungsprogramm herunterspult, garniert mit eventuell persönlichen Bemerkungen, passend herausgesuchten Gebeten oder Sprüchen und einer vielleicht noch gar von den Angehörigen als tröstlich empfundenen Musik, geradezu wohltuend und menschlich. Eine durchdachte Verabschiedung jedoch, die müßte allerdings gänzlich anders aussehen!

Aus purer Ratlosigkeit oder in Ermangelung einer eigenen Sichtweise werden auch die Bestattungen selbst nach einem gängigen Schema begangen – und wird alles gestaltet, was mit ihnen zusammenhängt. Proportional ansteigend mit der Abkehr von den traditionellen Kirchen, ist in den letzten Jahren eine neuartige Form der Normierung etabliert worden, die keineswegs eine bessere oder durchdachtere als die gemiedene zu nennen ist: Ich meine hier den Trend zur Abstraktion. So ist es zum Beispiel auffallend, daß sich auf immer mehr Todesmitteilungen oder Beileidskarten, die ja meistens gedruckt oder vorgedruckt sind, zunehmend »weltliche Motive« finden lassen, und zwar solche, die mit dem Tod in keinerlei Verbindung stehen. Landschaftsbilder werden gerne verschickt, Kinder- und Tierphotos, »stilisierte« Zeichen und abstrakte Zeichnungen, häufig auch Zeichnungen gänzlich situationsinadäquater Objekte. Kürzlich sah ich als Aufdruck einer Trauerkarte ein stilisiert gezeichnetes Raumschiff.

Der Tod wird also mitgeteilt und kommentiert mittels Objekten und Symboliken, die diesseitige Harmonie oder diesseitiges Interesse vermitteln sollen, die der Sphäre des Todes mithin nicht zugehörig sind. Hier wurde die in sich fragwürdige Kirche mit all ihren Symbolen durch das große *Nichts*, den Tod betreffend, ersetzt. Dem hohlen Ritual folgt nun gar keines mehr.

Desgleichen wird die Textformulierung in Traueranzeigen zunehmend verweltlicht oder banalisiert: »Wir werden Herrn … als engagierten Unternehmer in Erinnerung behalten«, oder

»Deine Kegelfreunde sagen tschüs!« und so weiter. Noch deutlicher wird die große Ignoranz dem Tod gegenüber – hier nun
zeigen sich die kirchlich gebundenen Hinterbliebenen genau
gleich unbedacht wie die »freigeistigen« oder »agnostischen« –
in einer Wortwahl wie: »Unser Vater mußte sterben. Wir werden
es nie begreifen.« Die am häufigsten verwendete und bei näherem
Hinsehen auch lächerlichste aller Versionen ist freilich folgende:
»Für uns alle unfaßbar und völlig überraschend verstarb in ihrem
87. Lebensjahr unsere ...« Das ist wirklich unfaßbar. Insofern hat
diese Formulierung einen erstaunlichen Wahrheitsgehalt. Auch
hierbei bereits also, bei Mitteilungen aller Art, die den Tod betreffen, ist die massive Verdrängung in unserer neuzeitlichen Gesellschaft auf den ersten Blick erkennbar – würde man sie erkennen
wollen.

Daß die Trauerfarbe, in unserer Kultur bekanntermaßen
Schwarz, in den letzten Jahren immer häufiger gemieden und,
zum Beispiel in der Kleidung, durch alle möglichen anderen
ersetzt wird, ist kein bewußtes Einführen einer zu überkommenen
oder kritisierten Traditionen alternativen Haltung – es ist eher
ein Akt der Beliebigkeit. Man »nimmt es eben nicht mehr so
genau«. Zudem ist es natürlich wiederum ein nahezu unbewußter
Teil der organisierten Verdrängung. Wer kann es sich heutzutage
schon beruflich leisten, einige Wochen die Farbe Schwarz zu
tragen? So könnte der erlittene Verlust ja sichtbar werden, nicht
zuletzt dauerhaft vor einem selber durch den Spiegel der Gesellschaft. Nein, man reiht sich lieber schnellstmöglich wieder ein in
das große »Weitermachen« ...

Passend dazu gibt es längst bunte Leichenkleidung für Verstorbene; auch einen schräg-fröhlichen Silvesterfrack beispielsweise
mit silbern-roter Fliege hat mittlerweile jeder dritte Bestatter im
Sortiment. Stimmungsaufhellende Leichenkleidung, man kann
das sehr schön bei den Fachmessen der Bestatterinnungen feststellen, ist eindeutig der Trend der Zukunft. Wobei edelste Materialien
mit fetzigen Accessoires der im Grunde genommen angemessenen
Schlichtheit den Rang ablaufen. Interessant ist hierbei, ganz dem
Trend unserer modewütigen Zeit folgend, daß es mit der Kleidung
allein sehr häufig schon getan ist.

Ganz allgemein ist in den letzten Jahren in der Bestattungs-
und Friedhofskultur eine deutliche Veränderung erkennbar.
Sofern man sich nicht »doch noch« von der Kirche oder der vagen
Vorstellung einer Tradition Vorschriften machen läßt – und sei
es nur, weil Verwandte oder »die Nachbarn« einen dazu drängen
oder weil man sich selbst für eine Eigenständigkeit diesbezüglich
zu unsicher fühlt –, verleiht man seinem Widerstand gegen *jeden*
Glauben, gegen *alle* Belange der Spiritualität häufig ganz bewußt
Ausdruck durch eine gänzlich pietätlose Pragmatik, die als »neue
Sachlichkeit« im Zusammenhang mit Bestattungen aller Art
daherkommt und den puren Entsorgungsgedanken (»Weg vom
Fenster, ab damit«) nicht einmal mehr zu kaschieren versucht.

»Cool«, gemäß der zeitüblichen, durch die »Wissenschaft« pro-
vozierten Deklaration des Menschen zum Zellhaufen, wird immer
öfter auf Zweckmäßigkeit, auf Nüchternheit der Bestattungen
Wert gelegt – und vor allem in den letzten Jahren immer häufiger
auf *Anonymität*. Feuerbestattungen werden zunehmend der Erdbestattung vorgezogen; wo es ein Grab gibt, wird dieses schmuck-
los gehalten. Die Anzahl derer aber, die sich anonym bestatten
lassen wollen (oder so bestattet werden), wächst beängstigend
und ist bezeichnend. Man *war*, so wirkt die sich verbreitende
Logik in meinen Augen, und war mehr oder weniger wichtig,
nur für sich selbst vielleicht, für das eigene *»Ego«* – und wenn
das *ausgelebt* ist, notgedrungen, dann ist es eben *vorbei damit*.
Dann ist man *weg*, so oder so, egal wie.

Aber auch aus genau gegensätzlichen Gedanken zum Tod kann
der Wunsch nach anonymer Bestattung entstehen: wenn das
Leben als ewiger Kreislauf gesehen wird, dessen Abschnitten kein
Denkmal gesetzt werden muß. Dies aber als Motiv für die
anonyme Bestattung ist nach meiner Erfahrung selten. Es wird
in diesen Fällen die anonyme Bestattung auch anders zelebriert.

Da durch die immer notwendiger und immer selbstverständlicher scheinende Mobilität in unserer Gesellschaft zudem noch
kaum jemand mehr an dem Ort begraben wird, an dem er geboren
wurde, ist der Tod neben der ungeistigen Angelegenheit, als die
er mittlerweile nur allzuoft betrachtet wird, auch eine mehr oder
weniger unfreiwillig *ortlose* Geschichte geworden. Die Zahl der

Familiengräber, die Zahl der *aufgesuchten* Gräber überhaupt, sinkt ständig. Auch im Bestattungswesen – wie überall sonst – verlieren sich die Zusammenhänge der Menschheit rapide.

Die Verwirtschaftung unserer Umwelt fordert gleichwohl ihren Tribut, und wenn es auch nur in den Köpfen ist: In beklemmender Weise schieben sich im Bewußtsein der meisten Menschen, auch was die Bestattung von Verstorbenen betrifft, *ökologische* Gedanken, der Begriff des *Recycling* in den Vordergrund: eben Entsorgung pur. Mag sein, daß in den Großstädten tatsächlich eine gewisse makabre Notwendigkeit für einen solchen Gedankengang besteht, dennoch: Hier haben wir unsere Misere wieder, in reinster Form – das durchmaterialisierte Denken hat keinen Platz mehr für Begriffe wie Seele, Barmherzigkeit, Würdigung, Menschenachtung vor Menschenleben, Selbstsicht und Wesentlichkeit, zweckfreie Liebe. »Pflegeleicht« und »unkompliziert«, »folgenlos«, »preiswert«, »zweckmäßig« und »unabhängig« (zusammenhanglos!), heißt die Devise. Und so sollen auch unsere Bestattungen sein. Wie sehr, wie tief wir uns damit belügen, merken wir kaum noch. Särge sind im Zeitalter der wiederkehrenden Maßanzüge, des verfeinerten Materialbewußtseins bei Essen, Wohnen und Arbeiten meist noch immer industriell vorgefertigte Billigware – auch die teureren unter ihnen. Wer verschwendet auch schon zu Lebzeiten einen Gedanken an eine so unheimliche Behausung? Und welcher der ohnehin mit einem Sterbefall gänzlich überforderten Hinterbliebenen hat die Zeit und die Nerven, länger als zehn Minuten über einen passenden Sarg nachzudenken? So bleibt es eben meistens bei der Auswahl zwischen den fünfzehn oder dreißig Sargmodellen, die der Bestatter in seinem Katalog hat.

Ich habe es bei »beratenden« Gesprächen zwischen herkömmlichen Bestattern und Hinterbliebenen noch nie anders erlebt, als daß über den jeweiligen Sarg binnen fünf bis zehn Minuten entschieden war. Wobei hier, es versteht sich beinahe von selbst, der Einfluß des Bestatters enorm sein kann: »Nehmen Sie Eiche, zum Beispiel den da, der bricht nicht so leicht ein« – ein geschickter Hinweis darauf, daß fortan nur noch unter den teureren Modellen, den »nicht einbrechenden« gewählt werden sollte. Folgerichtig lautet nach solcher Argumentation die Bitte der oder des Hinter-

bliebenen, ihnen oder ihm nur noch die »stabilen« Modelle zu
zeigen. Hier wird viel Schindluder getrieben. Den größten Teil
Schuld an solchen Mißständen trägt aber nicht der einzelne Bestatter, sondern eine Gesellschaft, die ein Thema derart verdrängt,
daß es im Bedarfsfall hudelig abgehandelt werden *muß*. Bei dieser
Gelegenheit, auch das wird nur allzu gerne verdrängt: *Jeder* Sarg,
der in Europa zugelassen ist, bricht ein.

Grabsteine sind meist ebenfalls industriell vorgefertigt und bil-
ligst (gewinnbringend) gearbeitet. Nur der Name des Toten muß
noch eingesetzt werden, wobei die Art der Schrift unter einigen
gewählt werden kann. So hat man zum Beispiel die Wahl zwischen einem am Computer entworfenen abstrakten Grabmal oder
-kreuz und ALBRECHT DÜRERS *»Betende Hände«*, die es in drei
verschiedenen Größen auf zwei verschiedenen Steinarten »gemei-
ßelt« gibt. Auch an der Vermassung und Entindividualisierung
von Särgen und Gräbern ist das System abzulesen, das wir uns
geschaffen haben.

Als letztes Glied in der Kette unserer Fehlentwicklungen
begann Anfang der siebziger Jahre die Friedhofskultur zu zerfal-
len. Und zu guter Letzt wird sie eines Tages (man sieht in Fach-
kreisen dort heute schon eine »Riesenmarktlücke«) wieder
fashionable gemacht werden – ohne jedes Bewußtsein ihrer eigentlichen Bedeutung.

Ich komme auf die zunehmende Anzahl der Feuerbestattungen
in unseren Breitengraden zurück. Es ist hierzu eine eingehendere
Betrachtung vonnöten. Die Anzahl der Feuerbestattungen – wieder bleibe ich beim Beispiel der Bundesrepublik Deutschland –
ist in den letzten Jahren derart gestiegen, daß ihr Anteil in einigen
Städten verschiedener Bundesländer inzwischen bei über neunzig
Prozent liegt. Dazu muß einschränkend gesagt werden, daß diese
Städte größtenteils in den sogenannten neuen Bundesländern liegen. Nach der »Wiedervereinigung« kam das bis dahin gelebte
und so schnell nicht verwischbare kommunistisch-materialisti-
sche Weltbild der DDR mit dem kapitalistisch-materiellen Weltbild des Westens zusammen; in Bestattungsfragen addierte sich
diese beidseitige Materialität. Es lohnt sich, diesem Gedankengang
einige Minuten weiterführend nachzugehen.

Aber auch in Flensburg oder in Kiel werden etwa siebzig bis achtzig Prozent aller zu Bestattenden verbrannt; das hat mit der Sozialisation der Einwohner, der überwiegend herrschenden Konfession sowie gesellschaftlichen und städtebaulichen Gegebenheiten zu tun. Abgesehen von solchen »Hochburgen der Totenverbrennung« ist ganz allgemein festzustellen: Im Durchschnitt werden derzeit (auf Deutschland bezogen) etwas über ein Drittel bis die Hälfte aller Toten verbrannt; die Tendenz ist stark steigend. Wobei zu sagen ist, daß die allgemein erhöhte und sich noch weiter erhöhende Prozentzahl der Feuerbestattungen rein gar nichts mehr mit konfessioneller Zugehörigkeit oder anderweitigen philosophischen Grundlagen zu tun hat.

Feuerbestattungen sind billiger als Erdbestattungen, ein Urnenplatz kostet überdies nur einen Bruchteil von dem, was ein normales Grab an Grundgebühr und auf längere Sicht kostet – die Grabpflege, die noch hinzukommt, einmal außer acht gelassen. Im Zeitalter der Rationalität und des permanenten Kosten-Effizienz-Denkens sind das schlagende Argumente.

Hinter der steigenden Anzahl der Feuerbestattungen verbirgt sich aber nicht nur die finanzielle Erwägung allein, obwohl diese für sich schon ausreichend Grund für die Entscheidung sehr vieler Menschen bildet, vor allem deshalb, weil sich über die von den meisten Krankenkassen automatisch in die Versicherungsprämien mit eingeschlossene Sterbeversicherung hinaus kaum einer Gedanken darüber macht, wie die nach einem Todesfall aufzubringenden Beträge finanziert werden könnten. Es verbirgt sich hinter dem vermehrten Wunsch nach Verbrennung vielmehr wiederum unsere gesellschaftsspezifische Art der Todesverdrängung in weiteren Variationen. Die neben dem Finanziellen liegenden Beweggründe für eine nichtkonfessionelle Feuerbestattung, soweit sie feststellbar sind und sich nicht im Verdrängen der Verdrängung verlieren, sind vielfältig.

Im Zeitalter narzißtischer Körperkulte ertragen es viele Menschen nicht, nach dem Tod »langsam und von Würmern zerfressen zu vermodern«. Auch möchte man nach seinem Ableben »niemandem mehr zur Last fallen«; die zunehmende Vereinsamung in unserer Gesellschaft bringt es mit sich, daß so manch einer

»überhaupt niemanden« zu nennen weiß, der nach seinem Tod eine Grabstätte pflegen könnte, oder mit denjenigen, die dafür pflichtgemäß in Frage kämen, seien es Verwandte oder sonstige Hinterbliebene, »überhaupt nichts zu tun« haben will. Ein schnelles *Wegsein* ist also gewünscht, ein »Keine-Spuren-Hinterlassen«, weil man sich selbst in keinerlei Zusammenhang, ob familiär, ob religiös, ob gesellschaftlich, mehr eingebettet sieht. Das langsame Wachstum eines werdenden Menschen, der gesamte Kreislauf des »Stirb und werde« in der Natur wird hier geleugnet: Der Mensch, der sich nicht mehr auf geistiger und natürlicher Ebene mit seiner Herkunft befassen kann oder will, übereignet sich jenem Selbsthaß im Tode, mit dem er, genau besehen, auch gelebt haben muß. Wie gesagt, diese Gedanken beziehen sich auf die steigende Anzahl jener Feuerbestattungen, hinter denen *keine* religiösen Motive oder persönlich-geistigen Überlegungen stehen.

Der vorhin schon erwähnte »Öko«-Gedanke trägt ebenfalls dazu bei, daß immer mehr Menschen wenige Stunden nach ihrem Tod verbrannt werden. Bei der Bevölkerungsdichte in Ballungszentren, dieser Masse Mensch auf dichtestem Raum, kann oder vielmehr muß diese rein ökologische Betrachtungsweise inzwischen mitunter sogar sachlich belegt werden. Denn die Überbevölkerung wird, wie in vielen anderen Bereichen so auch bei der würdigen Bestattung unserer Toten, verheerende Folgen haben.

Die rund eine Dreiviertelmillion Sargleichen, die derzeit in der Bundesrepublik jährlich beerdigt werden, produzieren insgesamt über 25 Millionen Liter Flüssigkeit, im Bestatterjargon »Ahnenbrühe« genannt. Diese »Ahnenbrühe« enthält von Zahnplomben verschiedenster Machart bis hin zu Medikamentenrückständen und »Ersatzteilen« (Schrauben, Gelenke aus Platin oder Titan; diverse Überbleibsel von Eingriffen modernster Medizin) und allgemeinen Körperrückständen (Verstrahlungen) so ziemlich alle Substanzen, die aus ökologischer Sicht hochgefährlich sind. Bei der Verbrennung eines Toten im Krematorium ist eine solche Grundwasserverschmutzung ausgeschlossen. Allerdings sind die Krematorien bei uns ganz allgemein auf die stetig steigende Zahl der Leichenverbrennungen noch nicht eingerichtet. Mitunter gibt es regelrechte »Verbrennungsstaus«, so daß die Toten in ihren

Särgen im Kühlraum nicht selten wochenlang übereinandergestapelt abgestellt werden und »warten«. Und die Dioxinemission so mancher alter Krematoriumsschlote übersteigt sehr häufig den erlaubten Wert um das Hundertfache.

Ich erwähnte es bereits: Mit der Anzahl der Feuerbestattungen in den letzten Jahren ist der Wunsch nach anonymer Bestattung stark angestiegen. Bei anonym Bestatteten handelt es sich ebenfalls um verbrannte, also »eingeäscherte« Tote, die allerdings nicht in einem namentlich genau bezeichneten Urnengrab, sondern auf freiem Feld, meist einer Wiese, bestattet werden – anonym eben. Diese Wiese oder dieses Feld muß nicht zwangsläufig innerhalb eines Friedhofes liegen; wenn dies aber der Fall ist, erkennt man den Bereich der anonymen Toten gelegentlich an einer Statue oder einer Skulptur, die ohne Beschriftung in der Mitte (oder auch seitlich) einer größeren Rasenfläche, in der sich keine Gehwege befinden, steht. Häufig allerdings fehlt selbst solch ein Zeichen. Selbstverständlich aber handelt es sich stets um amtlich registrierte Bestattungsflächen, die überdies in den kleineren Gemeinden ohnehin als »Totenfeld« bekannt sind. Eine persönliche, individuelle Kennzeichnung irgendwelcher Art entfällt hier jedenfalls generell ganz – und natürlich damit auch jegliche Art von Folgekosten und Grabpflege durch Privatpersonen. Wo noch bei der Urnenbestattung in einer sogenannten Urnenwand Platz für einen Schriftzug oder die Gestaltung einer kleinen Grabwandplatte war – hier ist nun gar nichts mehr. Zugegeben, die Umstände für die Hinterbliebenen sind bei beiden Bestattungsformen nach der Verbrennung eines Toten sozusagen kaum erwähnbar (es sei denn, die Urne wird in einem Einzelgrab bestattet); der entscheidende Unterschied bei der anonymen Bestattung jedoch liegt in der *Ortlosigkeit* des Toten.

Bei anonymen Bestattungen, wie sie üblicherweise durchgeführt werden, wird nicht einmal – wie es zum Beispiel bei (den gar nicht so ohne weiteres zulässigen) Seebestattungen der Fall ist – aus bestimmten Gründen ein bestimmter Ort, eine bestimmte Landschaft, ein bestimmtes Element gewählt. Es wird nur ganz einfach ein totales »*Wegsein*« gewünscht und durchgeführt, wie es deutlicher nicht geht. Günstigstenfalls verbirgt sich hinter einer

solchen Bestattung ein irgendwie gearteter philosophischer Ansatz, etwa vergleichbar mit dem Wunsch eines Schwerstkranken,
der mir einmal sagte: »Ich möchte, daß meine Kinder wissen: Ich
bin *überall*. Und das geht nur, wenn ich nirgends zu finden bin.«

Meist jedoch, ich entnehme das zahlreichen Gesprächen mit
Älteren, Schwerkranken und Angehörigen oder Nahestehenden,
sind profane, praktische oder verdrängerische Gedankengänge der
Grund für den Wunsch der Sterbenden oder Hinterbliebenen nach
einer anonymen Bestattung. Eine anonyme Bestattung kostet am
allerwenigsten, und man hat keine weiteren »Schererereien« damit.
Getrost kann man den Toten mit einem Mal loswerden, *abgeben* –
und dann sofort vergessen. Aus welchen Gründen auch immer –
hier scheint ein Menschenleben es nicht wert zu sein, daß ihm
ein Denkmal gesetzt, eine Stätte errichtet wird. Anonyme Bestattungen, die nicht Resultat einer klaren Auseinandersetzung mit
dem Thema Tod sind, muten fast so an, als wünsche hier jemand,
da wäre nie ein Leben gewesen. Auch dies ein Hinweis auf den
Mangel an Vertrauen in übergeordnete geistige Zusammenhänge,
in eine wie auch immer geartete Form des Weiterlebens nach dem
Tod: Man schließt den hinter einem Menschen liegenden Zeitraum
nicht mehr bewußt ab. Wo man keinen Weg sieht, werden Meilensteine überflüssig.

Zu den Bestattungsgebühren bei anonymen Bestattungen, diesen auf den ersten Blick offenbar immer mehr Menschen ins Auge
springenden »Preisvorteilen«, ist noch folgendes zu sagen, ganz
nüchtern: Nahezu jede Stadtverwaltung macht gute Geschäfte
damit, meine ich.

Gehen Sie einmal davon aus (nur als Beispiel – die Preise sind
von Kommune zu Kommune sehr unterschiedlich), daß die Gebühr für eine anonyme Bestattung einmalig DM 2500,– beträgt.
Sechs Hinterbliebenenfamilien (oder einzelne Bevollmächtigte
oder Verstorbene zu Lebzeiten) entrichten nun diese Gebühr,
die gemessen an der Gebühr für den Grabaushub zur Erdbestattung eines Menschen, welche in der Relation bei DM 4500,– bis
5000,– liegen würde, vergleichsweise niedrig erscheint, so ergibt
sich für die gebühreneinnehmende Stelle eine Summe von DM
15 000,–. Der Grabaushub für anonyme Bestattungen –, nur des-

wegen lasse ich Sie diese kleine Rechnung nachvollziehen – wird häufig nur als »Sammelauftrag« durchgeführt, für sechs bis acht Urnen. Daß das so ist, darüber waren sich die meisten Bestatter, mit denen ich sprach, mir gegenüber hinter vorgehaltener Hand absolut einig (»Aber wenn ich das laut sage, macht mir die Stadtverwaltung Ärger. Und dann krieg' ich meine Abmeldungen nicht mehr ohne Wartezeit durch, und dann ...«; »Vielleicht sollte man das wirklich mal schreiben, damit die Leute sehen, daß nicht nur wir kräftig abkassieren«). Im Klartext bedeutet das: Eine Friedhofsverwaltung (und durch sie natürlich die Stadt oder die Gemeinde, der sie untersteht) verdient mit einem einmaligen Aushub auf der »anonymen Wiese«, bei dem die Urnen offenbar auch schon einmal direkt nebeneinander beigesetzt werden – Fremde also *miteinander* – etwa dreimal soviel, als führte sie einen solchen (noch dazu etwas größeren und tieferen) einmaligen Aushub zum Zwecke einer individuellen Erdbestattung durch.

Ganz allgemein möchte ich mir an dieser Stelle den Hinweis erlauben, daß die Gebühren aller Städte und Gemeinden für Dienstleistungen, die das Bestattungswesen betreffen, gemessen an der tatsächlichen Leistung, stark überhöht sind. Man hat hier – ganz anders als bei Steuerzahlungen, die allerorten wachen Auges verfolgt werden – ein ruhiges Feld zum Abkassieren gefunden, das nicht versiegen kann und in dem keiner so schnell stöbern wird. Das Friedhofswesen *ist* bereits durch die »Abgaben« (ein unzutreffendes Wort, dies nebenbei) eines jeden Steuerzahlers nicht schlecht subventioniert. Fassen Sie es als einen mittleren Skandal auf, wie hoch dennoch die primitivsten Dienstleistungen in Rechnung gestellt werden – Tariflöhne und Gewerkschaft der Totengräber hin oder her, durch sie entstehen solche hohen Beträge wie die verlangten nicht. Die Rechnung wirft Gewinne für die Städte ab, wie man es dreht und wendet.

Einige grundsätzliche Bemerkungen über das Personal auf Friedhöfen scheinen mir nun am Platze. Handelt es sich schon bei allen auf Friedhöfen Arbeitenden mit Ausnahme der dort fest »gastierenden« Gärtner, die ein eigenes Geschäft außerhalb betreiben und meist fest zugeteilte Friedhöfe haben (bemessen nach maximaler Gräberanzahl pro Gärtnerei gemeinsam mit mehr oder weniger anderen selbständigen Kollegen), nahezu immer um Menschen ohne jede adäquate Ausbildung, so wird dennoch gerade an ihnen konsequent »gespart«. Die Städte und Gemeinden wollen von ihrem Verdienst durch die Toten besonders in Krisenzeiten etwas haben, man rationalisiert, wo man kann. Viel anderes bietet sich auf Friedhöfen ja auch nicht, also spart man vor allem beim Personal, bei den Angestellten wie Aushilfen, und, wo es irgend geht, bei der technischen Ausstattung.

Machen wir uns klar, was das heißt: Sparen an den Personalkosten auf Friedhöfen. Menschen, die kaum ein wirkliches Bewußtsein über die Thematik ihrer Tätigkeit haben können, die unter extremer Anforderung, physisch wie psychisch, stehen und die einen geordneten Arbeitsablauf meist nur als angelernte Kräfte kennen, sind nun »von oben« gezwungen, genau diesen Arbeitsablauf zu rationalisieren.

Ein Friedhofsaufseher einer mittleren Großstadt betreut inzwischen üblicherweise zwischen zwei und drei Friedhöfen gleichzeitig. Auch er hat keine spezielle Qualifikation, meist war er zuvor Gärtner oder Hausmeister oder ohne Arbeit. Nun ist er – bei mieser Bezahlung, versteht sich – unter massivem Zeitdruck für alle auf »seinen« Friedhöfen anfallenden Arbeiten verantwortlich: für eine korrekte Buchführung, für den korrekten technischen Ablauf aller zu verrichtenden Arbeiten, für die Instruktion und Überwachung seiner Hilfskräfte, von denen er zu wenige hat. Vor allem jedoch, was gegenwärtig völlig »untergeht«, ist der Friedhofsaufseher für die Betreuung der Hinterbliebenen und der Verstorbenen selbst zuständig.

Angehörige oder andere Hinterbliebene, die sich im Themenbereich der Totenbetreuung nicht wirklich auskennen oder zurechtfinden, begegnen dem Friedhofsaufseher in aller Regel nur einmal: wenn im Falle einer Erdbestattung ein Grabplatz ausgesucht werden muß oder wenn es Besonderheiten bei der Trauerfeier durchzusetzen gilt, sofern diese Aufgabe nicht der Bestatter wahrnimmt (zum Beispiel Intervention wegen offener Aufbahrung, besondere Gestaltungswünsche bei der Trauerfeier), vielleicht noch einige Zeit nach der Trauerfeier, wenn ein Platz für die Beisetzung der Urne gefunden werden soll. Mit dem restlichen Personal auf

Friedhöfen haben die Hinterbliebenen üblicherweise nur per Blickkontakt zu tun: Da sind die Sargträger (in letzter Zeit werden sie zunehmend durch Rollwagen ersetzt), die Helfer bei der Trauerfeier oder auch jener Friedhofsangestellte (oft ebenfalls nur eine Aushilfe), der den Sarg noch einmal öffnet, was ohne viel Kontrolle und Worte geschieht, wenn der Tote in letzter Minute doch noch rasch angesehen werden soll.

Alle Begegnungen mit dem Friedhofspersonal, da waren sich sämtliche Hinterbliebene, mit denen ich jemals sprach, einig, werden als unangenehm, als unheimlich und roh, sehr unsensibel empfunden; häufig werden auch gräßlich makabere Szenen erlebt oder unglaubliche Dialoge auf Friedhöfen geführt. Fröhlich pfeifend geht man ans Werk, um einen Sarg noch einmal zu öffnen; alkoholisiert wird der Sarg bei der Trauerfeier hochgehievt und getragen; unverschämt oder gereizt sind Auskünfte aller Art – in der sensiblen Situation, in der sich ein Hinterbliebener befindet, besonders schmerzlich. Einen Gedanken bitte ich Sie an dieser Stelle auch noch auf die eventuell doch noch vorhandene Wahrnehmung der Toten selbst zu richten.

Ohne die persönliche Unsensibilität des einzelnen auf einem Friedhof Arbeitenden in irgendeiner Weise entschuldigen zu wollen oder ihn der individuellen Verantwortung für sein Betragen entheben zu können – schuld auch an der Misere auf Friedhöfen hat grundsätzlich unser gesellschaftliches System, hat unsere kollektive Todesverdrängung. Solange es – wie zum Beispiel in der jüdischen Kultur vorhanden – in unseren Breitengraden keine geistige Lehre vom Umgang mit Toten und vom Tod als Lebenswahrheit gibt, solange die mit diesem Thema intensiv in Berührung Kommenden soziale Ächtung aller Art erfahren, von einer Gesellschaft, die nur immer kurzfristig und dann zwangsweise auf das Thema Tod gestoßen wird und sich ansonsten in todesleugnender Pose ehrgeizig weiterschraubt, solange es nicht überall und so auch auf Friedhöfen eine sorgsam eingerichtete und unideologische Supervision für die mit dem Tod Arbeitenden gibt – so lange wird das Personal auf Friedhöfen strukturell gezwungen sein, sich technokratisch-äußerlich, sich offensichtlich verdrängerisch, sich gänzlich situationsinadäquat zu verhalten.

Alkoholprobleme, dies nur noch als Nachbemerkung, sind bei allen auf Friedhöfen arbeitenden Menschen so sehr an der Tagesordnung, werden so achselzuckend und ignorant als »unveränderlich« hingenommen, daß die Frage nach dem Schlückchen zuviel hin und wieder bei den Einstellungsgesprächen für das Friedhofspersonal geradezu freundschaftlich gestellt wird: »Uns können Sie das doch sagen, natürlich verwenden wir Ihre mündlichen Angaben nicht.« Gelegentlich wird auch (»Wer will diese Arbeit schon machen?«) ganz unverhohlen mit einem gewissen Verständnis für Alkoholprobleme seitens der Arbeitgeber argumentiert: »Bei so einer Tätigkeit ist das doch ... sagen wir: *menschlich* – und diese Leute brauchen doch ganz dringend eine Arbeit, um nicht abzurutschen ...« Bewirbt man sich um eine Stelle oder Aushilfsstelle auf einem Friedhof, hat man also auch als Alkoholiker noch echte Chancen. Hinter solchen unhaltbaren Zuständen verbirgt sich eine Gesellschaft, die dem Problem nicht auf den Grund gehen will. Alkoholselbsthilfegruppen sind das einzige, was die Stadtverwaltungen und Kommunen für die Ausbildung ihrer Mitarbeiter auf Friedhöfen zu organisieren imstande sind. An die Ursachen des stark erhöhten Drogenkonsums und deren Behebung durch intensive Schulungen und Stärkung des einzelnen seiner Todesangst gegenüber wagt sich keiner – nicht einmal die Kirche. Hier wäre ihr Werbeetat richtig angelegt, wenngleich nicht sehr publicityträchtig.

Die Kirchen aber interessiert ein anderer Aspekt am Thema Bestattung. In den Zeiten massiver Kirchenaustritte sieht man augenscheinlich kirchlicherseits in der Angst der Menschen vor einer nichtkonfessionellen Trauerfeier und Bestattung einen handfesten und allerletzten, aber wirksamen Ansatzpunkt, um verlorengegangene »Schäflein« rasch noch mal eben zurückholen zu können. Mir sind Fälle zu Ohren gekommen, in denen Geistliche Schwerstkranken nach einigen wenigen Gesprächen, die zum Teil recht einseitig verliefen, einen raschen Kircheneintritt ermöglichten; bei Sonderzahlungen der Angehörigen scheinen auch Ansprüche auf kirchliche Leistungen ohne Mitgliedschaft üblich. So bekam ich den Fall eines aidskranken jungen Mannes erzählt, dessen Mutter ihn nach einem sündigen Leben, wie sie meinte,

»im Frieden des Herrn« wollte »heimgehen« sehen. Der junge Mann war mit achtzehn aus der Kirche ausgetreten, aber der Priester war sich gewiß, vom sich bereits in Agonie befindenden Sterbenden ein Zeichen des Einverständnisses empfangen zu haben, den Wiedereintritt betreffend. Und andererseits halten Geistliche offenbar für DM 1000,– überzeugte Aussegnungen von (für die Angehörigen peinlicherweise) ausgetretenen Kirchenmitgliedern ab.

Ich möchte hier auch die Vermutung wagen, daß etliche Bestatter der Kirche bei diesen merkwürdigen Machenschaften kooperativ zur Hand gehen, insbesondere die Eigner jener kleineren Bestattungsunternehmen, die bei steigender Zahl der gewerbetreibenden Bestatter in einige Existenznot geraten sind.

Die gegenseitige Möglichkeit der unguten Hilfestellung von Bestattern und Kirchenangehörigen (meist sind es Priester oder Pfarrer) besteht darin, einander – als einzig »Sachverständige« – die sich durch eine Extremsituation meistenteils hilflos empfindenden oder gebärdenden Menschen als »Schäflein« und als Kunden zuzuschanzen. Lassen Sie es mich polemisch sagen: Der kirchenfreundliche Bestatter, der seinen Kunden gerne mit der Bibel kommt, wird auch ans Bett der letzten Ölung gerufen. Und der dieserart seinen Kundenstamm Erweiternde wird Hinterbliebenen andernorts den schnellen Eintritt in die Kirche oder mindestens eine kirchliche Zeremonie empfehlen, über deren Anspruch auch noch nach der Feierlichkeit diskutiert werden kann ... Es gibt viele Vorgehensweisen, die in dieser Allianz denkbar sind und die tatsächlich zur Durchführung gelangen, so ganz unter der Hand. Bestatter haben, ich sprach davon in einem anderen Kapitel, nicht selten ihre große Not mit der Unwilligkeit von Berufsgeistlichen; zeigen sie sich aber kooperativ in gewissen Punkten, so wird auch kooperiert. Und seitdem den Kirchen die Felle derart wegschwimmen, daß Stellen eingespart werden müssen, hat so mancher Geistliche verschärft erkannt, daß eine solche Kooperation Chancen in sich birgt.

Es soll hier nicht der Eindruck entstehen, als wäre jede Zusammenarbeit zwischen Kirchen und Bestattern ungut. Diesbezüglich gibt es auch ein sehr sinnvolles Miteinander. Ich möchte an dieser

Stelle nur ausdrücklich darauf hinweisen, daß im Bereich des
Todes genau an den Stellen das größte »*Manus manum lavat*«
(Eine Hand wäscht die andere) praktiziert wird, wo Scham und
Angst der Bevölkerung, Geschäftsdenken und Vereinsamung der
»Bündnispartner« die Zwangsehe zweier Berufsstände kittet.

Es ist ein sensibles Verhältnis zwischen Kirchen und Bestattern.
Bestatter sind häufig noch unausgebildete Normalbürger. Sie
brauchen die Kirchen als »Gerüstgeber« im Grunde genommen
genauso wie die Hinterbliebenen, die sie zu betreuen haben. Mit
der geistig freien Gestaltung einer Trauerfeier oder Bestattung
wären Bestatter in vielen Fällen überfordert. Überdies sind sie
als sozial nicht anerkannte Menschen mitunter auch stolz darauf,
daß eine große und wichtige Institution, wie zum Beispiel die
evangelische oder katholische Kirche, sie unter die Gesprächspartner reiht.

So veranstaltete, dies nur ein Beispiel unter vielen, der Bundes-
verband Deutscher Bestatter e. V. im September 1992 in Braun-
schweig eine Tagung mit der – zuvor abgesprochenen – Aufforderung: »Kirchen und Bestatter an einen Tisch!« In der innungsinter-
nen Werbebroschüre für diese mehrtägige Tagung wurde denn
auch, bildungsadäquat versteht sich, ausformuliert, worum es bei
dem Zusammentreffen ging: »Nur so werden sie sich [gemeint
sind Kirche und Bestatter, Anmerkung der Autorin] besser kennenlernen und ihre beiderseitigen Möglichkeiten besser nutzen
können.« Die Kirche ließ sich übrigens nicht zweimal bitten und
erschien in Gestalt eines Abgesandten, der von der aus der Tradition gleitenden Bürgerschaft sprach, die »wirklich zu begleiten«
die gemeinsame Aufgabe sei. Die Kirchen wollen und sollen ihr
Marketing der Zeit anpassen – wie jedes andere Unternehmen
auch. Die Mittel sollten allerdings im helleren Tageslicht eingesetzt werden.

Kirchen, andere Volksvertreter und Bestatter hätten, wären sie
nicht allzuoft eigennützig, einige Aufgaben gemeinsam zu bewältigen. Nehmen wir nur den schon erwähnten »Bestattungstakt«:
in Frankfurt zwanzig Minuten (»Bitte verlassen Sie rasch die
Kapelle durch die rechte Vordertüre, damit hinten links eingelas-
sen werden kann«). Hier Veränderungen voranzutreiben, durch

gezielten Druck auf die Kommunen gemeinsam Entzerrungen im Dienste der Menschlichkeit zu bewirken, wäre eine zukunftsweisende Aufgabe.

Auch daß alles, was – unser Thema betreffend, geschieht, mehr und mehr auf die Formatierung des Todes abzielt, daß künftig zum Beispiel von den Kommunen maximal Sarggewichte und -maße vorgeschrieben werden sollen, was eine weitere Entindividualisierung der Bestattungen mit sich bringt, könnte von Kirchen und Bestattern thematisiert werden. Dialoge und Gesprächskreise solcher Intention sind aber selten, und wenn sie stattfinden, so beruhen sie immer auf Einzelaktivität einiger Engagierter – die als erstes engagierte Pressearbeit betreiben; Pressearbeit, die in einer scheinengagierten Gesellschaft rasch dupliziert wird. Ich will damit sagen: Es geschieht wenig auf Wesentlichkeit bedachtes Neues. Und das, was Sie aus der Presse oder Sendungen zum Thema entnehmen, ist in der Effizienz der Verbreitung nicht viel.

Das Gros der Bestatter und die Kirchen als Gesamtheit sind nicht wirklich an Veränderungen interessiert, was Bestattungsfragen betrifft. Rationalisierung aller Art wird sogar als Basis höherer persönlicher Profite begrüßt, wie immer man sich öffentlich auch darüber äußern mag. Solange sich nicht *Grundlegendes* in unserer Gesellschaft verändert, ist an der seriellen Bestattung mit schnell durchgezogener Trauerfeier mehr verdient und mehr »gewonnen«; solange sich nichts Grundlegendes ändert, werden Verdienst und Gewinn, wird rationelles Arbeiten das Hauptkriterium bei Leichenbestattungen sein. Und genau dieses *Grundlegende*, das sich ändern müßte – es ist *nicht* die breite Basis der Kommunikation zwischen Bestattern und Kirche.

In einem haben die Kirchen zweifelsohne recht und seit Jahrhunderten recht behalten: Solange der einzelne kein klares geistiges Bewußtsein hat über sich und sein Leben, so lange werden Vorgabe und Diktat benötigt, und nur *so* lange können Diktat, Vorgabe und Normierung funktionieren. Die Frage im Zeitalter des so schrill behaupteten Individualismus ist allerdings: Sind wir geistig überhaupt mündig für die Freiheit, die wir im Grunde genommen ja jetzt bereits haben?

Was geschieht, wenn wir kirchliche Bestattungsstrukturen und diese ganze Normierung in Frage stellen, wenn wir sie über den Haufen werfen, ganz und gar? Wie weit ist der freie Geist des Menschen der Jetztzeit entwickelt? Wie sieht ein Kind unserer Gegenwart die Gestaltung einer Bestattung, wenn es die Konditionierung durch die Kirchen und die Gepflogenheiten außer acht läßt? Welches Credo offenbart sich da – und ist es wesentlich?

Im August 1993 fand im Museum Ludwig in Köln eine Ausstellung zum Thema »Auf der Suche nach Afrika« statt. Es handelte sich um eine mehrteilige Ausstellung zeitgenössischer afrikanischer Kunst. Solche Ausstellungen werden bei uns in Europa vor allem immer deswegen veranstaltet, damit wir sehen können, was der Mensch sich frei von unseren Konditionierungen denkt, was sich da an Ursprünglichem, Originellem zeigt. Einer der afrikanischen Gegenwartskünstler hatte sich Gedanken über das Thema Tod gemacht. Sein Ausstellungsstück war ein weißer und luxuriöser Mercedes: ein Mercedes als *Sarg*. Eine solche Bestattung, so die Begründung des Künstlers, bedeute Befreiung beim Eingang ins Paradies. Bitte: Es darf hier nicht von unserer ironischen Sichtweise der Darstellung von Wohlstand ausgegangen werden, sondern von der Sichtweise desjenigen, dem (wahrscheinlich unter Wegnahme *wirklicher* kultureller Werte) ein »neuer Gott« erstanden ist, dem auch im Tod geheiligt werden soll. Der Künstler aus Afrika nahm, ganz gewiß ohne davon Kenntnis zu haben, die eventuell künftige Inhaltlichkeit europäischer, konfessionell und auch anderweitig philosophisch ungebundener, freigeistiger Bestattungen vorweg.

In einer Gesprächsstunde im Spätherbst 1994, der eine längere Diskussion mit Schülern über das Thema Tod vorausging, habe ich die direkte Frage gestellt: *Wie würdest du dich bestatten lassen, wenn es überhaupt keine Regeln gäbe?* Hier drei Antworten von sieben, die die insgesamt neunundzwanzig Schüler im Alter zwischen fünfzehn und neunzehn Jahren zu formulieren imstande waren:

»Ich würde Springerstiefel tragen, also, die sollen mir das dann anzieh'n, und eine Sturmjacke. Wenn's weitergeht, so wie in ›Frankenstein‹, kann ich dann abhauen.«

»Ich würde Hasch mitnehmen, kiloweise, das ist dann ja egal, wo ich das herhab'. Der Rest ist mir egal, vielleicht ein T-Shirt von FC Wattenscheid oder so.«

»Ich will mit meinem Fernseher bestattet werden.«

In den USA hat man sich bereits den persönlichen Wünschen der geistig Defizitären flächendeckend angepaßt. Die Erfüllung spezieller Bestattungswünsche ist ein zunehmender Marktfaktor, nicht zu unterschätzen. Es gibt Urnen in Form von Tennisbällen für Tennisfans; es gibt Särge mit anmontierten Autoreifen für Fahrspaßfreaks – und eine Frau in Beverly Hills *hat* sich mit ihrem Fernseher bestatten lassen. Bei uns sind inzwischen sogenannte »Designersärge« mit nobelsten Accessoires auf dem Vormarsch, für denjenigen, der sich denselben seriellen Luxus beim Sarg wie auch bei der postmodernen Wohnungseinrichtung leisten kann; und so manche Rockmusik, die bereits heute bei den wenigen unabhängig gestalteten Trauerfeiern aus dem Lautsprecher dröhnt, läßt den Verdacht aufkeimen, daß hier das Eigentliche nicht begriffen worden ist. Man feiert am Anlaß selbstverliebt und schmerzlustvoll vorbei, weil der Anlaß im Kern völlig unverstanden ist. Der Tote ist noch immer, bleibt »Teil dieser Welt«, Teil diesseitiger, schaler Romantik, eingebunden in Aktivität und Schnickschnack; man will und kann nicht loslassen – das ist es, was bei der Ausgestaltung der wenigen frei gestalteten Trauerfeiern ein um das andere Mal fast immer bedrückend deutlich wird.

Worum es aber gehen muß, auch bei den Fragen der Trauerfeier und Bestattung: um die Erarbeitung einer persönlichen, geistigen Haltung, die den Tod annimmt, die ihn *bezeichnet als Grenze* unseres diesseitigen Seins. Es geht um angemessene und verinnerlichte Schlichtheit, denn es geht um Wissen und Demut: Bis hierher, Tod, erkannte ich einiges, nun siehst *du* weiter. Und es geht um eine individuelle Würdigung des Toten und seines Lebenswerkes, gemessen an wesentlicher und freier Überlegung. Ich fasse zusammen: Es geht um Respekt, Bescheidenheit, um Klarheit und Liebe, um ein persönliches und geistiges Credo.

Es muß noch sehr viel gemeinsame und persönliche Arbeit geleistet werden, um der Aufgabe einer wirklichen Trauerfeier freisinnig gerecht zu werden. Erst wenn wir ihr gerecht geworden sind, hat die Trauerfeier einen wirklichen, einen metaphysischen

und die Identität des Toten erfassenden, einen gesellschaftlich
relevanten Sinn.

Einstweilen kennzeichnet unsere Trauerfeiern normierte Hektik mit beschönigenden Predigten, die das Bewußtsein nie erreichen. Man seufzt ehrlich erschüttert bei erschütternden Chorälen,
deren Text keiner mehr kennt; man sitzt anschließend – günstigstenfalls tränenbefreit, doch nicht wirklich getröstet – beim so
aufwendig wie nur möglich gestalteten Leichenschmaus beisam-
men, um in aller Regel nicht länger als noch eine Viertelstunde
von dem verstorbenen Menschen selbst zu sprechen. Der Alkohol
fließt leicht auf solchen Festen, willkommene Anlässe für sonst
nie zu bewerkstelligende Wiedersehen unter Verwandten oder
»engen« Freunden. Geschäfte werden bei Trauerfeiern besprochen, Ferienerlebnisse werden ausgetauscht. Es ist, als hätten wir
uns, als hätte sich die Gemeinschaft »Mensch der Neuzeit« stumm
geeinigt: daß die Wahrheit selbst da, wo sie besprochen werden
müßte, nicht besprochen werden darf, um das *Weitermachen* nicht
zu gefährden. Als läge über allem unserem Tun die stille Überein-
kunft, nie wirklich *wesentlich* zu werden, trotz allem. Trauer und
Zweifel, Geistigkeit und Stille gehören nicht in unsere Welt. Der
Tod, auch wenn er als Feierlichkeit »begangen« werden muß,
schon zehnmal nicht.

So wird eben beschönigt und ausgestattet, ein mit Gefühlsver-
satzstücken garniertes Klischee befolgt, es wird geweint und
gehaßt, was das Zeug hält. Es ist alles »furchtbar rührend«. Be-
schönigung und Normierung aber sind immer Kinder der Verdrängung. Und Sentimentalität verbirgt häufig genug Eiseskälte.
Unsere Abschiede sind so wie das Leben, das wir führen.

Hinsehen und nachdenken – und das tun, was zu tun ist

Widmen wir uns in diesem letzten Kapitel den Möglichkeiten eines individuellen, eines mutigen, durchdachten Festes zu Ehren eines Verstorbenen und einer würdigen Bestattung. Widmen wir uns den bereits bestehenden, aber größtenteils nicht wahrgenommenen, oder den eventuell zu erfindenden Alternativen zur normierten und verdrängerischen Verabschiedung und Bettung unserer Toten.

Vorab noch eine allgemeine Bemerkung: Da dieses Buch sich nur mit unserer gesellschaftlichen Gegenwart beschäftigt, also keinerlei geschichtliche Aufarbeitung des Themas darstellt, könnte bei der bisherigen Lektüre der Eindruck entstanden sein, zu keiner Zeit wäre in unserem Kulturkreis brutaler und gleichgültiger mit Toten verfahren worden als in unserer. Angesichts der noch gut erinnerten Kriegserlebnisse der Älteren unter uns und in Anbetracht von Teilen der Historie des europäischen Bestattungswesens könnte dies wie ein Hohn erscheinen. Deshalb muß es hier einmal ganz deutlich gesagt werden: Zu manchen früheren Zeiten ging man noch viel rüder mit Verstorbenen um – *verdrängender* jedoch kaum, denn die Omnipotenzvorstellung und Perfektion der Verdrängung in unseren Köpfen war (allein aufgrund des technischen Entwicklungsstandes der Gegenwart) noch zu keiner Zeit derart ausgeprägt.

Wolfgang Amadeus Mozart, um nur ein einziges Beispiel aufzugreifen, das jedermann geläufig ist, wurde nach seinem Ableben in ein Massengrab, ein sogenanntes Armengrab, gekippt, dort gemeinsam mit etwa zwanzig anderen Verstorbenen verscharrt und so lange achtlos liegengelassen, bis man sich eines Besseren besann und ihn exhumierte, um ihn seiner Lebensleistung gemäß beizusetzen. Mozarts Umbettung stellt selbstverständlich eine große Ausnahme dar.

Die Unkultur im Umgang mit Toten ist also bei weitem nicht neu, die gegenwärtige Ignoranz gegenüber Verstorbenen aber so entlarvend wie nie zuvor: Die Schicksalsgemeinschaft Mensch ist den *danebenliegenden* Weg gegangen – und hält ihn für den eigentlichen. Mit der ungeheuren äußeren Entwicklung wurde nicht nur parallel so gut wie keine Weisheit entwickelt, sondern die instinktive Klugheit des Menschen regelrecht *wegzensiert*. Der Mensch der Gegenwart ist sich längst *systembedingt* über sein Unwissen (und seine Untaten!) im unklaren. Mit Hilfe einer erst in diesem Jahrhundert perfekt ausgeklügelten und hochtechnisierten Maschinerie, die eben auch einen »schulmedizinischen« Motor hat, ist es ihm mühelos möglich, sich (eine Zeitlang natürlich nur) Unsterblichkeit als Realität vorzugaukeln. Die Medien tun ein übriges: Der in ihnen konservierte Mensch agiert auch als Verstorbener weiter, ununterscheidbar, selbst in seiner Jugend jederzeit vorführbar. Das große *Zurechtrücken* ist hier angesagt.

Nie war ein Nachdenken über das *Danach* und vor allem über das große, zu diesem Danach hinführende Tor – Tod, Abschied, Bestattung – also notwendiger als heute! Nie war es, bei auch nur einiger Hinterfragung, so klar, daß die Rückbesinnung auf unsere natürlichen Gegebenheiten, eine *Verinnerlichung* derselben, eine wesentliche Aussage für unser *Leben* haben kann. Unser Größenwahn, die Omnipotenzvorstellung unserer unbegrenzten Macht, beschleunigt den Tod übrigens mehr als alles andere – sie kann bereits jetzt schon in wenigen Minuten die ganze Welt vernichten.

Zudem, das möchte ich noch ganz lakonisch anmerken, können wir die Vergangenheit nicht ändern, keine Sekunde von ihr. Ändern können wir nur das, was vor uns liegt. Die Misere der Gegenwart ist also der sinnvollste Gegenstand der Betrachtung – und sie fordert unsere unmittelbare Verantwortung heraus.

Gehen wir demnach weiterhin ausschließlich von den gegenwärtigen Gegebenheiten aus – und suchen wir diese zu verbessern! In diesem Sinne hier erst einmal einige Gedanken zur Trauerfeier für einen Verstorbenen.

Machen Sie sich bitte *für immer* diesen schnell hingesagten, aber allgemein schwer wirklich zu begreifenden Umstand in all seinen Aspekten bewußt: Eine Trauerfeier für einen Verstorbenen ist eine Trauerfeier *für den Verstorbenen*. Es ist zuallerletzt also eine Feier für *Sie* oder die anderen Hinterbliebenen. Der oder die Tote ist Mittelpunkt der Feier. Sie nehmen nur teil, um Abschied von ihm oder ihr zu nehmen, so schwer das auch für Sie sein mag. Gestorben ist *er* oder *sie*. Es ist ein Akt ungeheuerlicher Ignoranz, wenn bei einer Trauerfeier der tote Mensch selbst nur für wenige Minuten, in einer Holzkiste verpackt, vor die Trauergemeinde gerollt wird, ehe man ihn vergräbt oder verbrennt, und die ganze Veranstaltung mehr oder weniger hektisch »durchgezogen« wird, vielen äußeren Zwängen folgend, die in keiner Weise irgend etwas mit dem Verstorbenen selbst zu tun haben.

Es muß uns grundsätzlich vor, während und nach der Trauerfeier bewußt sein, daß uns im Verstorbenen etwas *Menschliches*, etwas uns selbst *Gleiches* begegnet und *anvertraut* ist – und kein Gegenstand, zu dem unsere Verdrängung einen Toten so gerne und so leicht zu degradieren gewohnt ist.

Am Tag der Trauerfeier wäre es richtig, wenn Sie unter Zurückstellung anderer »Notwendigkeiten« auch vor oder nach der Trauerfeier soviel Zeit wie möglich beim Toten zubrächten: entweder, um die stille Zwiesprache mit ihm und den spirituellen Kräften zu suchen, oder auch um den Toten, sein Lebenswerk, zu würdigen und sich selbst in fortwährender Konfrontation mit dem Toten über den großen Abschied, in dem Sie stehen, klarzuwerden, um ihn *bewußt* zu erleben.

Deshalb plädiere ich mithin, obwohl das bei uns nicht Sitte ist, für die Durchsetzung der offenen Aufbahrung vor und bei Trauerfeiern. Eine denkbare Ausnahme bilden schwer entstellte Leichen, zu deren Behandlung aus bestimmten Gründen kein Thanatologe hinzugezogen werden soll.

Ich berichtete Ihnen bereits davon: Es existiert, was die offene Aufbahrung anlangt, zumindest in Deutschland inzwischen eine lose Interessengemeinschaft – vertreten durch einzelne Bestattungsunternehmen auf genossenschaftlicher oder gewerblicher Basis oder durch das Ansinnen der Thanatologen. Man kann allerdings nicht gerade sagen, daß dieser Intention Tür und Tor offenstehen. Entscheidend aber ist immer, was *Sie* wollen. Und wenn

Ihr Wunsch eine offene Aufbahrung ist, dann können Sie ihn, auch nach den gegenwärtigen juristischen Gegebenheiten, eventuell mit Unterstützung der genannten Interessenvertreter durchsetzen – ob das leicht ist oder nicht.

Diese Frage sollten Sie sich also stellen, wenn Ihnen daran liegt, den Toten bei einer Trauerfeier mit einzubeziehen: Was genau spricht gegen, was spricht für die offene Aufbahrung? Wenn Sie ein Unbehagen haben: Woran liegt das? An welchen Vorstellungen, ganz konkret, liegt es? Wenn Ihre Vorstellungen angstbeladen sind: Wer oder was würde Ihnen die Angst nehmen? Welche konkrete Lösungsmöglichkeit gibt es nach Ihrem bisherigen Wissen für jede einzelne Ihrer angstbeladenen Vorstellungen?

Haben Sie schon einmal die offene Aufbahrung eines Toten erlebt? Wenn ja, was waren Ihre Erfahrungen?

Was wären für Sie als Hinterbliebener – und eventuell auch Ihres Erachtens für den Verstorbenen selbst – die Vorzüge oder die wesentlichen Argumente *für* eine offene Aufbahrung bei einer Trauerfeier?

Würden Sie sich wünschen, daß die Ihnen Nahestehenden offen aufgebahrt werden? Unter welchen Umständen (genau sein!) ja – unter welchen Umständen nicht?

Wollen Sie selbst einmal, als Verstorbener, offen aufgebahrt sein, wenn sich die Ihnen Nahestehenden von Ihnen mit einer Feier von Ihnen verabschieden? Oder empfinden Sie die Vorstellung als angenehmer, durch einen Sargdeckel von den anderen abgeschirmt zu sein?

Halten Sie Ihre Überlegungen zu diesen Fragen schriftlich fest. Ihre Antworten werden Ihnen nämlich weitaus mehr beantworten als nur die jeweils gestellten Fragen – hinter Ihrer Antwort auf jede einzelne Frage verbirgt sich sehr viel, was mit Ihrer grundsätzlichen Haltung zum Tod zu tun hat. Sie können an Ihren Antworten auch sehr schön ablesen, ob Sie Eitelkeiten unterworfen sind, die zum Ereignis des Todes in keinerlei Verhältnis stehen. Suchen Sie – am besten nach der Auseinandersetzung mit Ihren eigenen Reaktionen – auch mit den Ihnen Nahestehenden, mit einem Bestatter Ihres Vertrauens, mit einem sich dieses Themenbereichs annehmenden Diskussionskreis oder einem auf genossenschaftlicher Basis arbeitenden Bestatterverein das Gespräch über die Frage der offenen Aufbahrung.

Finden Sie zu einer persönlichen Haltung in dieser Frage und schreiben Sie sie auf. Eine solche Erklärung kann natürlich auch Teil Ihrer persönlichen Verfügung für Ihre eigene Bestattung sein, die möglichst genau zu formulieren ist. Informieren Sie sich jedoch vor der eventuellen Festlegung Ihres Wunsches einer offenen Aufbahrung über die Möglichkeiten zur Durchsetzung desselben; am besten beim Friedhofsamt, einem Bestatter oder einer Rechtsberatung Ihres Wohnortes. Die Gesetze sind von Bundesland zu Bundesland verschieden – deshalb kann ich hier keine allgemeingültigen Rechtsinformationen geben. Der letzte Wunsch eines Verstorbenen wird auch in unserer Gesellschaft meist erfüllt, und es gibt zur Durchsetzung einer offenen Aufbahrung längst eine kompetente, wenn auch kleine Bewegung dieser Intention, wie gesagt: folglich bei Unklarheiten oder scheinbaren Hindernissen juristische Möglichkeiten.

Ein großes Dilemma der herkömmlichen Trauerfeiern liegt im vorgegebenen und mittlerweile längst durchrationalisierten Gerüst der Kirchen begründet. Wir haben Angst vor der Mündigkeit und beugen uns deswegen, Kinder der Verdrängung, den Institutionen – oder ganz allgemein den »üblichen, unumgänglichen Gepflogenheiten«. Dazu: alle Arten des *Abgebens* der Problematik Tod, ob an irgendwelche Institutionen oder an die »üblichen Gepflogenheiten«, sind von Übel.

Ich darf Sie hier noch einmal *im Grundsätzlichen* bitten, sich eine Mündigkeit zu erarbeiten, die Sie selbst, wem gegenüber auch immer, zu einem *selbständigen* Wesen macht, wann immer Ihnen der Tod begegnet.

Meine Auffassung, was Institutionen und die »üblichen Gepflogenheiten« betrifft, dürfte Ihnen nicht entgangen sein; ich möchte aber in diesem Zusammenhang anmerken, daß ich mich damit weniger *gegen* die Kirchen und Institutionen stelle als mich vielmehr *für* eine individuelle Freiheit des einzelnen einsetze, die eben meistenteils von Kirchen und Institutionen verwehrt wird. Mir geht es generell nicht um irgendeine Kampfansage an irgendwelche Einrichtungen, auch wenn vieles sehr drastisch geschildert werden mußte, sondern ausschließlich um die *Mündigkeit durch Nachdenken* des einzelnen, die sich *grundsätzlich* positiv niederschlagen würde.

Zum Thema Kirchen in der Bestattungsfrage ganz allgemein möchte ich hier noch erwähnen, daß auch in diesen Institutionen inzwischen vereinzelt zwar, aber entschieden ein Bewußtsein wächst, das dem eigentlichen Auftrag der Kirche, im Diesseits auf das Jenseits hinzuweisen und dadurch im Miteinander die spirituellen Kräfte zu stärken, im besten ethischen Sinne gerecht wird.

Ich habe bei meinen Nachforschungen zu diesem Buch zwei Pfarrer ausfindig machen können, die sich in ihren Gemeinden gegen den bereits erwähnten Bestattungstakt, jene programmierte Hektik bei Trauerfeiern also, durch die das »Ab-und-weg«-Denken (die Todesverdrängung) regelrecht unterstützt wird, mit allen ihnen zu Gebote stehenden Mitteln zur Wehr setzen. Der Kampf dieser Angestellten mit ihrem Arbeitgeber ist nicht leicht, aber sie kämpfen ihn. In einem der beiden Fälle gaben inzwischen die kirchlichen Vorgesetzten und aufgrund von deren Drängen schließlich die zuständige Friedhofsverwaltung nach. Die Bestattungen dieses Pfarrers werden nun grundsätzlich für die Dauer von eineinhalb Stunden anberaumt; zuvor betrug die angeordnete Zeitspanne im Tätigkeitsbereich dieses Geistlichen dreißig Minuten. Das ist doch immerhin ein Anfang, so beschämend das Ergebnis letztendlich in Anbetracht des Ereignisses immer noch ist.

Wenn *alle* Pfarrer oder Priester sich solchen Widerstand erlaubten, müßte übrigens deutlich mehr Personal auf den einzelnen Friedhöfen eingestellt werden; auch könnten die Friedhöfe nicht systematisch und immer häufiger zusammengelegt werden – der Rationalisierung des Todes könnte so, was Trauerfeiern und Bestattungen betrifft, langfristig ein gewisser Einhalt geboten werden. Natürlich müßten die Kommunen und letztendlich die maßgebenden Politiker »mitziehen«. Vielleicht tun sie es, wenn immer mehr Teile unserer Gesellschaft erkennen, daß die Verwirtschaftung ohnehin so weit vorangeschritten ist, daß ein unmittelbarer Totalzusammenbruch droht, es also mithin allerhöchste Zeit für ein Umdenken, eine neue *Ethik* vor allem ist. Warum aber nicht schon früher, freiwillig und aus klaren geistigen Überlegungen, als einzelner damit anfangen, etwas zu verändern?

Auch Symposien, Tagungen und Diskussionsrunden zum Thema Tod veranstalten die Kirchen in letzter Zeit häufiger. Die Gründe hierfür sind zwiespältig; ich berichtete Ihnen davon. Jedoch tauschen sich auf solchen Symposien immer auch Menschen aus, die *anderer* Auffassung als der allgemein gängigen und »von oben« vorgegebenen sind; da werden Verbindungen entdeckt und gefestigt und sogar Alternativen zum Bestehenden entwickelt, die ein Anfang sind.

Die Thomas-Morus-Akademie zum Beispiel, eine katholische Akademie des Erzbistums Köln (Adresse im Anhang), veranstaltet regelmäßig Begegnungen, die ausschließlich mit dem Thema Tod zusammenhängende Fragen zum Inhalt haben; hier wird zumindest ein offenes Gesprächsforum geboten. Die evangelischen Kirchen, dies wiederum nur ein Beispiel, initiieren in jüngster Zeit vermehrt Gesprächskreise zur Trauerbewältigung und unterstützen Vorhaben, die den Tod thematisieren. Allerdings sieht man hier, ganz gleich in welcher Konfession, auch eine Plattform zur Prestigeaufbesserung, die pressebewußt genutzt wird. Die Ergebnisse von manch einer solchen Veranstaltung sind eher zweifelhaft zu nennen. Mir blieb öfters der Eindruck haften, hier habe sich ein Referent oder auch ein »Moderator« oder Gruppenseelsorger einfach gerne reden hören. Ein gewisses »Klubdenken« herrscht auch, was die Anregungen oder den Einsatz Außenstehender anlangt: So konnte ich mit meinem Ansatz, aus der Sicht einer unparteiischen Interessierten ein Buch über die Mißstände und Fragen, über Verbesserungsvorschläge und Zukunftsmöglichkeiten, die Themenkomplexe Sterben und Tod betreffend, sehr plötzlich nur noch wenige offene Türen finden, als deutlich wurde, daß ich in keiner Kirche Mitglied bin. Die Frage nach meiner Qualifikation als Mensch und Autorin stellte sich dabei gar nicht.

Diese Seitenbemerkung trifft nicht auf diejenigen Angehörigen der Kirchen zu, die in der praktischen und täglichen Arbeit mit Sterbenden und Verstorbenen stehen. Hier möchte ich einen deutlichen Unterschied machen. Auf den kirchlich getragenen Palliativstationen oder in den kirchlich getragenen Hospizen hat unter dem kirchenzugehörigen Personal die Frage nach den individuellen Motiven und der persönlichen Qualifikation sehr häufig Vorrang. Hier allerdings steht die Kirche nicht als Dogma, sondern eher als Schirmherrin im Vordergrund, wobei wiederum festzustellen ist, daß viele Ordensschwestern, die von ihrer Kirche samt Papst überzeugt sind, eine Ausnahme bilden. Sie leisten aus wirklicher Mission einen aufopferungsvollen Dienst am Nächsten, sind sehr offen, aber genauso überzeugt in die Kirche eingebunden, an deren Regeln sie sich strikt halten.

Abgesehen von dieser Ausnahme kann man es aber so sagen: Je näher ein Kirchenangehöriger an der Basis arbeitet, desto mehr praktischen und harten Überprüfungen muß seine persönliche Überzeugung standhalten – und um so weniger ausgeprägt ist sein »Klubdenken«. Es wird den Sterbenden und Verstorbenen egal sein, habe ich oft gedacht, welchen geistigen Hintergrund einer hat, der ihm beisteht und ihn begleitet. Die Hauptsache ist, da *ist* ein geistiger Hintergrund; alles andere hilft nicht wirklich in dieser extremen Situation.

Das persönliche Wissen des einzelnen also entscheidet, nicht die Satzung einer Gemeinschaft. Nehmen Sie das als persönliche Aufforderung an sich selbst, ganz gleich, ob Sie nun Mitglied in einer Kirche sind oder nicht.

In den sogenannten neuen Bundesländern ist man übrigens seitens der Kirchenfunktionäre ganz allgemein sensibler und interessierter an eigenständigen Gläubigen und mündigen Hinterbliebenen; das fällt im Umgang mit den kirchlichen Institutionen dort auf. Vielleicht hängt das damit zusammen, daß die Kirchen in der ehemaligen DDR notwendige Fluchtorte vor einem totalitären, diktatorischen und materalistischen System waren. Das Geistige – und zwar *aller* Couleur – sollte wenigstens in den Kirchen frei leben. In den alten Bundesländern ist der Materialismus ein freiwilliges Credo und hat mittlerweile fast jeden dort Lebenden ausgehöhlt. Dementsprechend leiden die Kirchen des Westens an dem gleichen, wenn auch verheimlichten Werteverfall wie die gesamte Gesellschaft um sie herum. Es fällt ihnen schwer, aus wirklicher Überzeugung eine allgemeine Rückführung auf wesentliche Werte, noch dazu unter Berücksichtigung des einzelnen

Individuums, einzuleiten. Man ist verfettet und strengt sich nicht mehr so fürchterlich an; man ist selbst Teil der Lottergesellschaft und will sich seine Pfründe sichern.

Aber, wie gesagt, der Umgang mit dem Tod in unserer gegenwärtigen Gesellschaft wird in letzter Zeit, aus welchen Gründen auch immer, kirchlicherseits zumindest thematisiert – und diesem Umstand kann sich der einzelne zunutze machen.

Auf die langsame Entwicklung der Allgemeinheit aber und auf die noch langsamere Veränderung in den Institutionen – auch in den Behörden! – sollten Sie sich auf gar keinen Fall verlassen. Sie leben *jetzt* – und wenn *Sie* nicht aufbegehren, so verzögert sich jede denkbare Veränderung.

Ehe ich mit Anregungen zur Gestaltung einer zu den herkömmlichen Trauerfeiern alternativen Feier fortfahre, will ich Ihnen wieder ein paar Fragen stellen. Machen Sie sich bei ihrer Beantwortung Notizen, halten Sie Ihre Gedanken fest. Später, nach Beendigung dieses Kapitels, nehmen Sie diese Notizen wieder zur Hand und arbeiten mit ihrer Hilfe weiter, beispielsweise, um die persönliche Verfügung, die nach Ihrem Tode wirksam werden soll, auszufeilen. Es kann auch sehr interessant für Sie sein, den jetzigen Stand Ihrer Meinung mit demjenigen *nach* der vollständigen Lektüre des Buches zu vergleichen. Vielleicht ist Ihnen bislang noch gar nicht so recht klar, wie frei Sie in Ihren Möglichkeiten, was die Bereiche Trauerfeier und Bestattung ganz allgemein betrifft, in Wahrheit sind. Also, nun sind Sie persönlich gefragt:

o Was verbinden Sie mit den Worten *Abschied* und *Trauer*?
o Was ist das genau: eine *Trauerfeier*? Was markiert sie: Ende, Durchgang, Anfang?
o Ist das Wort *Trauerfeier* grundsätzlich passend? Was wäre die Alternative dazu?
o Glauben Sie an eine Wahrnehmung nach dem Tod, an eine Art des Weiterlebens?
o Was folgt daraus für eine Trauerfeier, idealerweise, in Ihren Augen? (Sie können für sich selbst, Ihre eigene Trauerfeier betreffend, antworten – oder auch ganz allgemein. Diese Anmerkung gilt auch für die nachfolgenden Fragen.)

○ Wie sollte eine solche Feier, wenn Sie sie sich ganz frei vorstellen, sein? (Antworten Sie hier am besten mit Adjektiven, wie »ernst« oder »gut besucht«; bei Vorstellungen des Ablaufes der Trauerfeier kommen Sie sich an dieser Stelle mit zu vielen Gedanken ins Gehege.)

○ Wo sollte eine solche Feier sein, an was für einem Ort (Kirche, Privathaus, gemieteter Saal)?

○ In welcher Beziehung sollten Verstorbener und Ort der Trauerfeier stehen?

○ Wieviel Zeit wäre Ihrer Meinung nach günstigstenfalls angemessen, um eine Trauerfeier zu gestalten?

Zwei weiterführende Behelfsfragen, um Sie näher an die Imagination heranzuführen:

○ Wenn Sie sich vorstellen, Sie müßten Ihre Wohnung oder Ihr Haus für immer verlassen und es gäbe kein irdisches Weiterleben daran anschließend – welche Dinge wollten Sie bei sich haben?

○ Was wollten Sie als Kleidung tragen?

Nun wieder weiter mit direkten Fragen:

○ Wenn Sie sich nun vorstellen, die Ihnen Nahestehenden könnten sich in einer Feierstunde von Ihnen für immer, was dieses Erdenleben betrifft, verabschieden – was würden Sie sich von ihnen wünschen?

○ Wie können Sie diesem Wunsch wirksam Ausdruck verleihen?

○ In welcher Kirche oder Religionsgemeinschaft sind Sie Mitglied?

○ Welche Haltung haben Sie zu dieser Gemeinschaft?

○ Wie sehen in dieser Gemeinschaft die Trauerfeiern üblicherweise aus?

○ Welcher Vertreter dieser Gemeinschaft wäre, falls Sie jetzt stürben, für Ihre Trauerfeier zuständig? Wer würde also die Trauerfeier abhalten? Wann haben Sie diesen Menschen zum letzten Mal gesehen? Was weiß dieser Mensch von Ihnen?

○ Wenn Sie in keiner Kirche oder Religionsgemeinschaft Mitglied sind, wer würde Ihre eigene Trauerfeier abhalten, falls Sie jetzt stürben?

o Wann haben Sie diesen Menschen zuletzt gesehen; was weiß
  er von Ihnen? Kennen Sie diesen Menschen überhaupt?
o Wer ist, abgesehen von allen Üblichkeiten oder Praktikabilitä-
  ten, der »Wunschzeremonienmeister« Ihrer eigenen Trauerfeier?
o Welcher wäre der Wunschort für Ihre eigene Trauerfeier, wenn
  Sie ihn in Gedanken ganz frei wählen?

Vertiefen Sie nun die Gedanken an eine Zeremonie. Befragen Sie
sich weiter:

o Wenn Sie bei der Verabschiedung durch die Ihnen Nahestehenden noch individuelle letzte Wünsche frei hätten, welche genau
  wären das?
o Wenn Sie noch einen Literatur- oder Zitatwunsch (Lesung,
  Vortrag) frei hätten, welcher wäre das?
o Welcher Musikwunsch wäre es? Von wem interpretiert? (Ist
  Musik, die von Band abgespielt wird, passend?)
o Wie gehen Sie lieber von etwas weg – mit Worten oder ohne
  Erklärung?
o Möchten Sie selbst (durch einen anderen) noch letzte Worte
  an Ihre Hinterbliebenen richten? Welche? (Schreiben Sie sich
  Gedanken dazu auf oder entwerfen Sie einen ganzen Text.)
o Soll derjenige, der die Trauerfeier hält, sie ganz aus seiner eigenen Sicht planen und halten, oder möchten Sie eigene Elemente eingefügt wissen? Welche?
o Soll dieser Mensch die wesentlichsten Stationen Ihres Lebens
  für die bei der Trauerfeier Anwesenden in seiner Rede nach-
  zeichnen? Wenn ja, welche sind die wesentlichsten?
o Sind Beschönigungen des Gewesenen oder Ermahnungen an
  Ihre Hinterbliebenen in einer Trauerrede situationsadäquat?
  Wenn nein, wie könnten Sie dem wirksam vorbeugen?
o Wer steht im Mittelpunkt einer Trauerfeier?
o Und noch eine abschließende Frage: Was mißfiel Ihnen an den
  Trauerfeiern, die Sie bisher miterlebt haben, was war gut daran?
  (Machen Sie sich Notizen!)

Nun also zu den Anregungen, Ratschlägen und Hinweisen, was
die mögliche freie Ausgestaltung einer Trauerfeier angeht. Es

sollte unbedingt, obwohl das in unserer Gesellschaft unüblich ist, eine persönliche Verfügung des Verstorbenen geben, die er zu Lebzeiten (eventuell als Teil seines handschriftlichen Testaments) bezüglich seiner Wünsche für Trauerfeier und auch Bestattung handschriftlich, datiert und unterschrieben erstellt hat. Es sollte gesichert sein, daß zumindest eine Abschrift dieser Verfügung für die Hinterbliebenen sofort nach dem Eintritt des Todes zugänglich ist. Sollte also das Testament beim Notar oder beim zuständigen Nachlaßgericht hinterlegt sein, so ist es sinnvoll, wenn die Verfügung für Trauerfeier und Bestattung abgesondert und so hinterlegt wird, daß sie sofort nach Eintritt des Todes eingesehen werden kann. Denn eine notarielle Testamentsöffnung oder die Einsichtnahme in das Testament beim Nachlaßgericht finden, wie gesagt, meist erst etliche Wochen *nach* der Bestattung statt.

Die Beschäftigung mit einer solchen Verfügung zu Lebzeiten muß durchaus keine grausame und unglückbringende Angelegenheit sein. Im Gegenteil, sie kann für unser Leben *bereichernd* wirken, weil sie den einzelnen Menschen zur Auseinandersetzung mit seinen persönlichen Wertvorstellungen bringt. Wie wir mit der Freiheit umgehen, die wir in Wahrheit nämlich haben, was Trauerfeiern und Bestattungen betrifft, das ist eine bedeutsame Angelegenheit, die uns in ihrem Ergebnis besser und bewußter zu leben lehrt. Auch für den überzeugten Anhänger einer religiösen Gemeinschaft ist es mithin sinnvoll, wenn er die ihm bekannten Vorgaben einmal außer acht läßt oder sie bewußt realisiert und hinterfragt, um *sich selbst* dadurch näherzukommen.

Gehen wir nun einmal davon aus, Sie sind willens, eine völlig selbständig erdachte Trauerfeier zu planen – ob für Ihre persönliche Verfügung oder auch, natürlich nach Möglichkeit in Absprache mit ihm, zur Ehrung eines Ihnen Nahestehenden, wenn er gestorben sein wird. Was sind nun die elementaren »Bausteine« dazu, die Sie kennen müssen, damit Ihre Hinterbliebenen oder eben Sie selbst dereinst in der Lage sein werden, eine solche Feier auch praktisch zu organisieren und durchzusetzen?

Zunächst einmal ist es mir wichtig, daß Sie sich ganz klar vergegenwärtigen: Es gibt ein Anrecht des Verstorbenen bzw. seiner bevollmächtigten Hinterbliebenen auf präzise Durchführung der gewünschten Trauerfeierlichkeiten, wie immer diese auch aussehen – es muß nur energisch genug vertreten werden. Selbst wenn die Lebensauffassung eines Verstorbenen eher der Zweifel an jedem geistigen Zusammenhang und am Sinn des Lebens überhaupt war, kann in einer Trauerfeier genau diesem Umstand Ausdruck verliehen werden. So etwas wie einen Zwang zur Geistigkeit, Frömmigkeit oder gar einen kirchlichen Zwang, der in letzter Minute »doch noch« greift, gibt es im Grunde genommen überhaupt nicht für den, der sich solcherart nicht vereinnahmt wissen will. Man muß nur genau diesen Umstand rechtzeitig und energisch deutlich machen und die Dinge nicht »einfach laufen« lassen. Umgekehrt kann auch eine sehr individuelle, speziell geistige Auffassung Hauptelement der Gestaltung einer Trauerfeier sein.

Im Zeitraum zwischen Tod und Bestattung kann übrigens nicht nur durch die bevollmächtigten Hinterbliebenen »in letzter Minute« sozusagen noch in die Kirche eingetreten, sondern es kann in diesem Zeitraum auch ausgetreten werden, sofern das den Wünschen des Verstorbenen entspricht oder auch – bei genauer Überprüfung – entsprochen hätte und bisher, aus welchen Gründen auch immer, versäumt worden ist.

Wünschen Sie grundsätzlich eine kirchliche Trauerfeier und Bestattungszeremonie, sind Sie aber mit diesem oder jenen Segment der vorgegebenen Feier nicht einverstanden, so setzen Sie Ihre Wünsche beim betreffenden Pfarrer oder Priester durch. Wenn der Berufsgeistliche sich den Änderungswünschen verweigert, suchen Sie sich einen Kollegen. Es geht hier nicht um ein Dogma, es geht um Sie, respektive den Verstorbenen.

Erkundigen Sie sich bei der Besprechung für eine Trauerfeier in jedem Fall, wieviel *Zeit* dafür anberaumt wird. Überlegen Sie, ob Sie diese Zeitspanne für ausreichend empfinden – gegebenenfalls intervenieren Sie. Natürlich stellt eine solche Intervention in der akuten Situation für einen Hinterbliebenen eine Zumutung dar; es ist also auch hier von Vorteil, wenn die Dinge rechtzeitig bedacht und eventuell mit Hilfe eines vertrauten Bestatters im Vorfeld bereits geklärt worden sind.

Nehmen Sie bezüglich des Bestattungsaktes, der auf einem Friedhof vorgegeben wird, den Priester oder Pfarrer in die Pflicht, denn er hält die Feier als Vertreter einer immer noch großmächtigen Institution ab. Mithin ist er die richtige Ansprechperson, wenn es darum geht, bessere Bedingungen für die Feierlichkeiten auszuhandeln. Der Bestatter kann hier höchstens vermittelnd tätig werden. Im Falle einer konfessionslosen Feier und Bestattung ist das zuständige Friedhofamt der Ansprechpartner, sofern nicht eine direkte Einigung mit dem Friedhofaufseher erzielt werden konnte. Notfalls kann auch der Sozialreferent oder der Sozialbürgermeister der Stadt mobil gemacht werden. Bedenken Sie immer, daß in einer so intimen und persönlichen Angelegenheit wie einer Trauerfeier keinem freien Bürger irgend etwas aufgedrängt werden kann. Innerlichen Beweggründen, die zu einer wie auch immer gearteten Intervention, zu einem vehementen Einspruch führen, wird sich, was zumindest Trauerfeiern und Bestattungen anbelangt, so schnell keiner dauerhaft widersetzen. Voraussetzung ist freilich, daß diese Beweggründe nicht fadenscheinig behauptet oder halbherzig vorgetragen werden. Die unhaltbaren Zustände in Sachen Trauerfeier und Bestattung sind in der Gleichgültigkeit und Verdrängung unserer Gesellschaft, also in *unserer* Gleichgültigkeit und *unserer* Verdrängung begründet.

Sollten Ihnen aber dennoch, was die wunschgemäße Zeitspanne für eine Ihrer persönlichen Auffassung nach würdige Trauerfeier angeht, enorme Schwierigkeiten, unter welchen Vorwänden auch immer, bereitet werden, so besteht immer noch die Möglichkeit, eine Trauerfeier (mit oder ohne Kirchenvertreter) privat und ganz nach Ihrem persönlichen Empfinden abzuhalten und die Feier auf dem zuständigen Friedhof dann eben nur noch als »Schlußlicht« der Feier zu betrachten. Ich möchte an dieser Stelle noch einmal darauf hinweisen, daß die engsten Angehörigen oder Bevollmächtigten eines Toten über den Aufenthaltsort des Verstorbenen in aller Regel selbst und frei bestimmen dürfen (Ausnahme: Seuchenverdacht oder Seuchenbefund mit eventueller oder tatsächlicher Ansteckungsgefahr, Verdacht auf Mord oder Selbstmord).

Eine grundsätzliche Bemerkung sei Ihnen hier schon einmal eingeprägt: Einen wie auch immer gearteten, zwangsweisen Ablauf einer Trauerfeier gibt es nicht, es sei denn, Sie hätten sich diesbezüglich bereits durch die Zugehörigkeit zu einer religiösen

Gemeinschaft, deren Gepflogenheiten Sie unwidersprochen hinnehmen möchten, gebunden. Es kann also ganz und gar Ihnen überlassen sein, wie Sie eine Trauerfeier auszugestalten wünschen, bzw. begangen wissen möchten. Wir kommen darauf noch zurück.

Zuerst möchte ich Ihnen nun einen Berufsstand vorstellen, den Sie vielleicht noch nicht kennen, bzw. noch nicht so richtig als Berufsstand wahrgenommen haben: Den des konfessionslosen Trauerredners. Dieser Berufsstand ist in den neuen Bundesländern derzeit übrigens noch häufiger anzutreffen als in den alten. Das hängt mit dem gewesenen DDR-System zusammen; die Mehrzahl aller Bestattungen wurde in der DDR ohne jeglichen Bezug zu irgendeiner Kirche durchgeführt. Es wäre aber falsch, anzunehmen, es handle sich demnach bei den freien Trauerrednern des Ostens um lauter »alte Genossen«. Auch in der DDR gab es neben den sich in der Kirche organisierenden sehr viele nicht organisierte, freigeistige Menschen, und gerade bei den Trauerrednern hat sich nach meiner Beobachtung sogar eine Enklave des Individualismus erhalten. Im Angesicht des Todes fiel es nämlich schwerer, die politisch indoktrinierten Floskeln herunterzusagen – und zwar zunehmend mit dem aufsteigenden Widerstand gegen die herrschende Diktatur. Bewußt wurden die hohlen DDR-Phrasen *nicht* mehr verwendet – hier zeigte sich der Aufbruch der individuellen Menschlichkeit nicht selten als eine Art offen und unwidersprochen zur Schau gestellter »Underground«. Der Umgang mit Verstorbenen, Trauerfeiern und Bestattungen in der ehemaligen DDR wären natürlich ein aufschlußreiches Thema für sich.

Nichtkonfessionelle Trauerredner, ganz gleich in welchem Bundesland oder Land deutscher Sprache, können über das Branchenbuch (auch unter »Institute« schauen!) oder über liberale Bestattungshäuser kontaktiert werden; je früher das geschieht, desto besser ist es. Man muß schließlich wissen, wen man vor sich hat. In diesem Berufsstand finden sich häufig Menschen mit einem (nicht beendeten) Philosophie- oder Theologiestudium, die sich jeder Schablone verweigern.

Freie Trauerredner, die sich auch »Grabredner«, »Trauerfestgestalter« oder auch nur »freigeistige Redner« nennen, verfügen –

je nach persönlicher Qualifikation und Anzahl ihrer Berufsjahre – über sehr viel Erfahrung mit allen möglichen Bevölkerungsgruppen; durch das Spezielle ihrer Arbeit können sie besonders mit Individualisten gut umgehen. Sie sind in der Lage, nach Wunsch der Hinterbliebenen oder auch des Verstorbenen selbst, weisungsgemäß zu sprechen, können aber natürlich genauso nach einem Vorbereitungsgespräch das Anvertraute (oft sind das »eher so unklare Gefühle« und sehr persönliche Lebens- oder Persönlichkeitsbeschreibungen) in einer selbstgestalteten, meist sehr einfühlsamen und unverwechselbaren Rede zusammenfassen. Sie haben keinerlei »Gerüst« hinter sich; sie legen ihrer Arbeit kein starres Reglement zugrunde, und somit sind sie fähiger als alle vergleichbaren Redner, auf eine einzigartige Situation, den Tod eines unverwechselbaren und individuell geliebten Menschen, in wunschgemäßer oder eben im besten Sinne des Wortes auch einzigartiger Weise einzugehen. Allerdings verfügen freie Trauerredner selbstverständlich auch über eine gewisse Routine, über erprobte Gewohnheiten oder die üblichen, »gern genommenen« Zitate – mehr als ein Angebot, meist an Ratlose, ist das alles aber nicht.

Die Dienste eines freien Trauerredners müssen eigens bestellt und zusätzlich zu den Bestattungskosten honoriert werden; in aller Regel werden sie, verglichen an der zur Verfügung stehenden Fähigkeit und der angebotenen Leistung, aber eher bescheiden in Rechnung gestellt.

In letzter Zeit organisieren sich die freien Trauerredner untereinander, tauschen Erfahrungen aus, gründen freie Kultur- und Rednerinstitute. Man »professionalisiert sich« – und es sieht so aus, als ob diese Professionalisierung hauptsächlich positiv zu nennen und sehr zukunftsträchtig ist. Der Nachwuchs wird mittlerweile rhetorisch ausgebildet, man ist zunehmend am Niveau, an der Qualität und der persönlichen Kraft der Redner interessiert. Viele hauptberufliche Trauerredner unterziehen sich regelmäßiger Supervision, um für die, die sie aufsuchen, auch gleichzeitig ein stabiler, geistiger Beistand zu sein und vor allem, um sich nicht zu verbrauchen in ihrer Arbeit; der Volksmund würde sagen, um sich nicht »abzunudeln«.

Toleranz steht bei den freien Trauerrednern als oberstes Prinzip über der angebotenen Tätigkeit. Auch sogenannte Randgruppen und Vertreter von Minderheiten sind, was die Begleitung eines Verstorbenen durch Feierlichkeiten anlangt, hier gut aufgehoben. Die Trauerfeiern und Bestattungszeremonien von Aidskranken oder von Homosexuellen mit deutlichem Selbstverständnis sind also, nur zum Beispiel, beim freien Trauerredner in guten Händen, desgleichen Trauerfeiern und Bestattungen von Menschen, die – aus welchen Gründen auch immer – bewußt und vorbereitet durch eigene Hand aus dem Leben schieden. All solche »Fälle«, die nach meiner persönlichen Ansicht immer mehr zunehmen werden, berühren ja Themen, derer sich die Kirchen nur halbherzig, eher notgedrungen und vor allem unter beständigem Aufdrängen ihrer vorgegebenen Rituale annehmen. Unsägliche Dinge habe ich schon auf kirchlichen Trauerfeiern und Bestattungen hören müssen oder sind mir von Hinterbliebenen berichtet worden: »Er hätte doch bleiben können! Gott, sei nun gnädig seiner Schuld!« als Ausruf eines Pfarrers am Grabe eines Selbstmörders – oder auch: »Dieses schwere Los ist nun *abgebüßt* ...« bei der Trauerfeier für einen Aidstoten. Als ein homosexuell lebender Freund von mir starb, schlug der zunächst konsultierte Priester, der die Trauerfeier dann natürlich nicht abgehalten hat, mit milder Stimme eine »versöhnliche Trauerfeier« vor. Der Verstorbene war Professor der Bildenden Künste und bei seinem Tod etwa zwanzig Jahre älter als der »versöhnliche« Pfarrer.

Zurück zum Ablauf einer Trauerfeier, den es als Vorschrift gar nicht gibt. Also, noch einmal: Sie können sich einzelne, Ihnen wichtige Elemente einer solchen Feier erdenken und diese nach Belieben und reiflicher Überlegung anordnen.

Demzufolge existiert auch keinerlei vorgeschriebene Musikauswahl. Die Musikauswahl, die bei den »üblichen« Trauerfeiern getroffen wird, ist zumeist so eine »Ja, warum nicht ...«-Geschichte. Der Bestatter schlägt etwas vor (»Wenn Sie nur einen Organisten haben wollen, wie wäre dann ›So nimm denn meine Hände‹?«), und der Hinterbliebene sagt: »Ja, warum nicht.«

Selten wird nach einer bestimmten Musik *verlangt* – eigentlich unglaublich, denn bei jedem Wunschkonzert im Rundfunk ist man besser vorbereitet. Eine gezielte Musikauswahl, die wirklich

einen Bezug zum Leben des Verstorbenen hat und nicht nur
»irgend etwas Tröstliches« sein soll, ist also sinnvoll – möglichst
sehr rechtzeitig und möglichst handschriftlich vom Verstorbenen
zu Lebzeiten festgelegt. Zu wissen, daß diese oder jene Melodie
der individuelle Wunsch des Toten und eine persönliche Botschaft
an die Hinterbliebenen ist, *das* kann trösten.

Eine vorgeschriebene äußere Gestaltung des Raumes, in dem
die Trauerfeier stattfindet, gibt es ebenfalls nicht. Die Ausgestaltung der Räume von Trauerfeiern ist üblicherweise eine »Wenn's
eben da ist«-Geschichte. Man akzeptiert den Raum, die Kirche,
die Friedhofskapelle oder Aussegnungshalle so, wie sie »eben da
ist«, und ordnet den Verstorbenen damit einer Räumlichkeit unter,
die so gut wie nichts mit ihm selbst zu tun hat. Werden dann
doch einmal Einwände laut, so wird seitens der Friedhofsverwaltung gerne mit dem Bestattungsakt argumentiert: »Ja, wenn das
jeder machen würde! Wo denken Sie hin! In einer halben Stunde
ist der nächste dran!« Und schulterzuckend sagen sich die Hinterbliebenen dann meist sehr rasch: »Ja, wenn's eben so ist …«‚ Tun
Sie das nicht! Keine Institution, die Sie aufgrund von irgendwel-
chen Äußerlichkeiten zum Nachgeben zwingt, gibt Ihnen den
unverwechselbaren Moment, das unwiederbringliche Bild der Verabschiedung von einem geliebten Toten zurück.

Ich fasse zusammen: Der Ablauf einer Trauerfeier und deren
einzelne Elemente, die Trauerrede (samt Interpret), die Musikauswahl (samt Interpreten) und die Ausgestaltung des Raumes
sind *frei wählbar* oder – wenn im kirchlichen Rahmen bestattet
werden soll – genau zu überprüfen und mitzugestalten oder zu
korrigieren.

Ich bin der Ansicht, daß der einzige Richtwert bei der Auswahl
all dieser Elemente einer Trauerfeier die Frage sein muß, ob sich
das Ausgewählte am Wesentlichen des Anlasses wird messen lassen können. Bei der Ausgestaltung des Raumes zur Trauerfeier
können Sie die persönlich wichtigsten Gegenstände eines Verstorbenen, über die er sich definierte, oder auch von ihm selbst
geschätzte Bilder mit einbeziehen. Falls eine offene Aufbahrung
nicht möglich oder nicht gewünscht ist, könnten Fotografien vom
Verstorbenen den Raum unverwechselbarer machen.

Die persönlichen Stationen des Lebens des Verstorbenen könnten in einer Trauerfeier noch einmal bewußt von den Hinterbliebenen durchdacht und bedacht werden; seine persönliche Arbeit ließe sich im Rückblick auf sein Leben nach den Kriterien der Wesentlichkeit charakterisieren; auch die wesenhaften *individuellen* Farben seiner Persönlichkeit und Ausstrahlung könnten hervorgehoben werden. Der Tod zieht den Menschen das Sonntagskleid aus. Wie *arm* viele von uns in Warheit sind, merken sie selbst oder die Hinterbliebenen erst im Angesicht des Todes. Oder aber auch dies: wie *reich* ein Leben in Wahrheit gewesen ist.

Es ist denkbar, daß nicht nur ein bestellter Trauerredner bei einer Totenfeier spricht, der den Toten günstigstenfalls gut gekannt hat, sondern daß auch die engen Freunde oder Verwandten des Verstorbenen sprechen und daß sie der Fragen nachgehen, wer ihnen der Verstorbene war. Persönliche Zeugnisse der Verbundenheit mit dem Verstorbenen könnten sichtbar, hörbar, nachvollziehbar werden – um so, zwischen Tod und Leben, eine Brücke zu schlagen.

Die direkte Hinwendung zum Verstorbenen scheint mir, neben der offenen Aufbahrung, für eine Trauerfeier ganz allgemein und besonders für die Ansprachen unabdingbar. Nicht die Hinterbliebenen sollten hauptsächlich angesprochen werden – an den Verstorbenen sollten sich die Reden einer Trauerfeier richten. Das allgemein übliche Am-geschlossenen-Sarg-Vorbeireden und das Über-den-Kopf-des-Toten-hinweg-Sprechen sind unerhörte Unsitten, die den ego-verliebten Mitgliedern unserer Wegwerfgesellschaft jedoch gar nicht mehr auffallen. Es geht bei einer Trauerfeier um einen Abschied vom *Du*. Und dieses *Du* muß *angesprochen* werden. Ein Nachruf in der dritten Person (»Herr Schulz war Leiter unserer Außenstelle für Schwerkrafttransporte«) ist im Angesicht eines Sarges, in dem der verstorbene Herr Schulz liegt, unerträglich. Vor allem, da man davon ausgehen kann, daß Herrn Schulz in seiner Situation kaum mehr interessieren wird, daß er Leiter der Außenstelle für Schwerkrafttransporte war. Da, wo er sich jetzt befindet, ist *anderes* oder *gar nichts* wichtig. Auf keinen Fall muß das, was er war, an ihm vorbei, noch dazu rein äußerlich, heruntersummiert werden.

Es ist da schon viel sinnreicher, persönliche Aufzeichnungen eines Toten zu verlesen, sofern er einverstanden damit war oder nach bestem Wissen der Hinterbliebenen gewesen wäre, und es kann auch sehr viel sagen, wenn Briefe des Toten für sich sprechen dürfen.

Das Element aber des Dankens und Wünschens durch die Hinterbliebenen ist genauso wichtig wie die persönliche Identität der Verstorbenen, die es im *Wesenhaften* zu erfassen gilt. In der Regel besuchen Hinterbliebene eine Trauerfeier, weil *sie* Trost brauchen und es nicht fassen oder glauben können, daß *sie* einen nahestehenden Menschen verloren haben. Umgekehrt müßte es aber sein! Die Hinterbliebenen gestalten oder vollziehen den Abschied und sollen *dem Toten* ihre Achtung erweisen und ihre Liebe zeigen. Es ist eine Frage des persönlichen Formats, ob Hinterbliebene, so wie das in vielen anderen Kulturen ganz üblich ist, einem Toten Wünsche für seine Reise durch die Nacht und Wünsche für sein Wiedererwachen, wo immer das sein mag, zuteil werden lassen können. Es gibt viele Arten, sich mit dem individuellen und immateriellen Selbst eines Verstorbenen während der Gedenkfeier für ihn zu beschäftigen. Auch die gemeinsame Meditation der Hinterbliebenen im Andenken an den Toten kann eine solche Möglichkeit sein.

Nun noch zu den eher äußerlichen Utensilien einer Trauerfeier und Bestattung, die aber sehr wohl Symbolcharakter haben können: zu der Bekleidung des Toten und zur Frage der Sargauswahl oder -gestaltung.

Auch hier läßt sich alles so individuell gestalten, wie Sie das wünschen und es der Persönlichkeitsehrung des Toten gerecht wird. Was einem Verstorbenen als letzte irdische Bekleidung angelegt wird, muß keinesfalls zwangsläufig die vom Bestatter angebotene »Leichenwäsche« sein, zumeist eine entlarvend verkitschte, das »Antlitz durch Rüschenbeiwerk verjüngende« (Zitat aus dem Verkaufsgespräch eines Bestatters) oder auch »schlicht schillernde« (dito) Kollektion mittelmäßig gestylter Nachthemden, für Damen wie Herren, schnell verrottend, made in Hongkong und furchtbar überteuert. Warum nicht einen Toten in der Kleidung bestatten, in der er auch gelebt hat? Dabei kann selbstverständlich entweder Alltagskleidung oder, je nach persönlicher Haltung, Festtagskleidung angelegt werden.

Bedenken Sie auch, daß nach der gängigen Methode der Bestattungen mit handelsüblicher Leichenwäsche der Verstorbene zumeist nur »obenherum« bekleidet wird; ein Leichenhemd ist ein Leichen*hemd*. Fragen Sie sich, ob Sie das wirklich wollen, ob für sich selbst dereinst oder auch für den Ihnen nahestehenden Verstorbenen.

Die Bekleidung eines Toten sollte ebenso wie das Einsargen des Verstorbenen durch die nahestehenden Hinterbliebenen erfolgen. Ein guter und ethisch orientierter Bestatter ermöglicht das den Angehörigen oder Bevollmächtigten durch Hilfestellung gern, sofern diese Leichenbesorgungen (in anderen Kulturen ein Liebesdienst, eine Ehre für die Hinterbliebenen) nicht sogar gänzlich ohne ihn geschehen können.

Die Auswahl des Sarges, in dem die sterblichen Überreste eines Menschen bestattet werden, ist ebenfalls nicht auf die in den Bestatterkatalogen angebotenen Modelle beschränkt; oft sind das schnell zusammengezimmerte 08/15-Versionen, die keiner sich näher ansehen mag; der Blick bleibt höchstens am Preis haften, der nicht selten erstaunlich ist.

Sosehr auch mit der Handelsware Sarg, wenn schon ein Individualist nach mehr Ausgestaltungsmöglichkeiten fragt, im Zwischenmenschlichen und Finanziellen Schindluder getrieben werden kann (»Designen Sie mit, seien Sie kreativ«), sosehr in letzter Zeit »Gag«-Modelle zu ultrahohen Preisen angeboten werden – sinnvoll ist es dennoch, wenn sich ein Mensch zu Lebzeiten (oder wenn sich seine Hinterbliebenen näher als allgemein üblich) mit der Gestaltung der letzten Umhüllung des menschlichen Körpers befaßt (befassen). Diese Beschäftigung sollte nie ohne engen Bezug zur Persönlichkeit des zu Bestattenden angegangen werden. Ein weiterer Aspekt bei der Auswahl oder den Plänen zur Anfertigung eines individuell passenden Sarges könnte auch sein, ob die anvisierte Wahl einer Überprüfung nach den Kriterien der Wesentlichkeit standhält. *Weder* der landläufig »kurze Prozeß«, der mit der Sargauswahl gemacht wird, *noch* die Ausgestaltung eines Sarges zum Prestigeobjekt oder die Degradierung einer solchen letzten

»Behausung« zur individuell verspielten Schnickschnacktruhe werden dem eigentlichen Thema gerecht.

Es bestehen seit einiger Zeit in Deutschland ein paar gewiß richtungweisende Bestattungshäuser (Kontaktadresse im Anhang), die eine vorbereitende Auseinandersetzung mit Sargentwürfen und -modellen gezielt anregen und die damit nicht zuletzt dafür plädieren, daß *jeder* sich seinen eigenen Sarg zu Lebzeiten ersinnen könnte – und das ohne die vordergründige Animation zur »Kreativität«. Die Intention dieser Bestatter liegt klar auf der Hand: Es geht hier um die Enttabuisierung eines Themas und den Abbau von Berührungsängsten mithin, es geht um das *memento mori* zu Lebzeiten und »nebenbei« eben auch um die längst fällige Revolutionierung der althergebrachten und altbackenpompösen oder einfach nur schlecht gearbeiteten Sargmodelle. Bei der Suche nach der jeweiligen Alternative zu diesen sollte nichts so sehr im Vordergrund stehen wie die Persönlichkeit des zu Bestattenden selbst. Einen Vertreter dieser neuen Alternative möchte ich mit einem bezeichnenden Satz zitieren, der einige Erläuterung erspart: »Einen Architekten, der sein Leben lang mit Formen umgegangen ist, kann man doch nicht im Gelsenkirchener Barock enden lassen.«

Da die Auswahl der üblicherweise vorrätigen und seriell hergestellten Sargmodelle zwar nicht sehr groß ist, es aber immerhin eine Auswahl *gibt*, wäre die Gefahr zwar nicht zwangläufig die, daß der Architekt im »Gelsenkirchener Barock« endet, aber einen bewußt gestalteten Sarg im Sinne des Verstorbenen wird die Witwe des Architekten kaum unter den angebotenen finden. Und genau um einen solchen, ob nun für einen Architekten oder einen anderen Menschen mit persönlicher Identität, könnte es doch idealerweise künftig überhaupt gehen.

Bei Bestattern mit neuen Denkansätzen können Sie also Särge nach individuellen Entwürfen oder Vorstellungen anfertigen lassen, auch kurzfristig nach Todesfällen, sofern das betreffende Bestattungshaus über feste Verbindungswerkstätten oder Designer als freie Mitarbeiter verfügt, die ausführend und helfend auch rasch zur Seite stehen können.

Ein anderer Weg wäre, die Dinge ohne Bestatter und nur mit

Hilfe eines Entwerfers zu Lebzeiten anzugehen (auch hierzu Kontaktadresse im Anhang).

Die Totenbekleidung, Hilfen zur räumlichen Ausgestaltung bei Trauerfeiern sowie der Grabplatz und das Grabmal können oder vielmehr *sollten* (nach meiner persönlichen Auffassung) ebenfalls mit ganz auf die Eigenheiten des zu Bestattenden ausgerichtetem Bewußtsein erdacht und individuell gestaltet werden, ob mit oder ohne Hilfe eines Bestatters.

Allzu gewagte und eher auf Oberflächlichkeit beruhende oder auf das Spektakel bedachte Bestattungsformen (Auto als Sarg, mit Stereoanlage oder Fernseher versehene Särge, wie in den USA gestattet) läßt das Gesetz im deutschsprachigen Raum berechtigterweise nicht zu. Aber gegen eine individuelle und *geistig bewußte* Gestaltung von Särgen oder auch Urnen (desgleichen selbstverständlich ebenfalls im Angebot der Möglichkeiten bei innovativen Bestattern zu finden) kann so schnell gesetzlich gar nichts eingewendet werden, sofern nicht aus ökologischer Sicht gänzlich unvertretbare Materialien verwendet werden (Zinn oder dergleichen). Aber auch hier, meine ich, entscheiden immer die Beweggründe und die Art und Beharrlichkeit Ihres Vortrages über eine entsprechende Bewilligung.

Auch was diese Neuentwicklung in unserer Gesellschaft betrifft, die Möglichkeit zu wirklich individuell gestaltbaren Särgen, Urnen, Totenkleidern, so steht freilich zu befürchten, daß hier ohne Besinnung und Verstand ein »Marktzweig aufbricht«, der eine positive Absicht in ihr Gegenteil verzerrt: daß individuelle Särge und andere Bestattungsutensilien also *»fashionable«* werden, zum Statussymbol, daß die Auseinandersetzung mit dem Thema Tod sozusagen hinter einem solchen Boom verschwindet. Hier aber werden sich jene Bestatter, die gezielt individuelle Särge und Urnen anbieten, durch ihr sonstiges Angebot, die Heranführung der Interessenten nämlich an die Auseinandersetzung mit dem Tod an sich, von den bloßen Abzockern der Branche unterscheiden. Und hier ist es auch die *geistige Orientierung der einzelnen,* die eine Fehlentwicklung aufhalten kann.

Individuelle Lösungen sind häufig noch immer recht kostspielig. So kostspielig wie manch ein serieller Sarg zu Märchenpreisen aber nun auch wieder nicht ... Als Alternative böte sich allerdings noch die gänzliche Eigeninitiative an; und wer den ganz eigenen Entwurf scheut, für den gibt es das sogenannte »Baukastensystem«, das sich zunehmend im Angebot auch kleinerer Bestattungshäuser findet: Durch bei mehreren Modellen untereinander austauschbare Rahmen, Füllungen, Reliefschnitzereien und Sarg- oder Urnenbeschläge kann individuell variiert und die Farbe des Sarges oder der Urne wunschgemäß aufgetragen werden.

Denken Sie bei alledem bitte immer daran, daß »die Konventionen«, die Sie vielleicht doch einhalten zu müssen glauben, in unserer gesellschaftlichen Gegenwart in keiner bewußten Tradition verankert sind, die weise überlieferte, was einmal gut durchdacht worden wäre. Dort, wo in unserer Kultur noch ein Nachklang großer früherer Totenkulte mitschwingt – die es, wenn auch nicht für alle Bevölkerungsschichten, so doch immerhin einmal gegeben hat –, ist er im Laufe der Zeit mehr oder weniger wegrationalisiert worden. Was wir nun als »Tradition«, als Konvention der Bestattungen vor uns haben, ist der Rest einer undurchdachten Normierung. Höchste Zeit also, der Kultur eine Gasse zu brechen, neue Wege zu gehen, – *überhaupt* erst einmal wieder in unseren Breitengraden eine neue Bestattungskultur zu *begründen*!

Zur Toleranz gegenüber bestehenden Totenkulten noch ein Wort: In San Francisco passen sich die meisten Bestattungsunternehmer schon seit geraumer Zeit den kulturtraditionellen Trauerfeier- und Bestattungsbräuchen der dort lebenden ethnischen Minderheiten an. In der »Zugvögelzeit«, in der wir heute leben, ist das eine sehr interessante Beobachtung; gewiß wird eines Tages überall dort, wo viele Zuwanderer leben, einmal ähnlich verfahren werden.

Ganz gleich, ob es unsereinen vielleicht sonderbar anmutet, wenn bei einer Beerdigung bündelweise Papiergeld verbrannt wird, wie das bei den traditionellen chinesischen Beerdigungen ein übrigens durchaus nachdenkenswertes Brauchtum ist, oder ob bei einer Trauerfeier riesige Platten mit Speisen den Göttern geopfert werden – es handelt sich um eine nach Wertfragen überprüfbare und jahrhundertealte Kultur. – Es wird so kommen, eines Tages, daß wir von den in unseren Ländern lebenden Ausländern einen Bezug zu Totenriten neu erlernen müssen.

Es ist übrigens der Initiative einzelner Bestatter der Bundesrepublik Deutschland zu verdanken, daß in jüngster Zeit auch
hierzulande immer öfter die Diskussion aufkommt, ob man den
in den deutschsprachigen Ländern über Jahrzehnte arbeitenden
und dort auch sterbenden ausländischen »Mitbürgern« mit der
Einführung der Möglichkeit, bei Trauerfeiern und Bestattungen
ganz nach ihrem eigenen Brauchtum zu verfahren, nicht einräumen kann, in dem Gastland, in dem nicht selten die gesamte
hinterbliebene Familie weiter wohnen bleiben wird, auch so
bestattet zu werden – wie *sie* das möchte. Vielfach dürfen die
ausländischen Menschen, die mit uns unseren Alltag geteilt haben, einfach deswegen nicht in unseren Ländern bestattet werden,
weil sie dafür nicht den »richtigen Paß« besitzen. Ihre Gräber
sind dann für die Angehörigen oft mehrere tausend Kilometer
entfernt.

Einige Mitglieder des Bestattergewerbes im deutschsprachigen
Raum sind überhaupt sehr auf die Veränderung der gesamten
beschriebenen Misere zum Besseren hin bedacht. Daß es noch
nicht viele sind, liegt in der zwangsläufigen Begriffsstutzigkeit
des verdrängerischen Menschen begründet und demzufolge darin,
daß die breite Bevölkerung sich die Misere noch bieten läßt. Somit
wird das Gros der Bestatter, das noch immer um nichts anderes
als um seine Pfründe kämpft und es sich quasi in Absprache
gegenseitig ermöglicht, die Preise möglichst hoch und die Leistungen allgemein niedrig zu halten, Tag für Tag aufs neue unterstützt.
Aufbegehrende, positive Kräfte aber *gibt* es, geistig und ethisch
orientierte Bestatter, die vieles erneuern und *öffnen* wollen. Aber
gerade diese innovativen Bestatter sind es, nach meiner Einschätzung, die von der zuständigen Innung, dem zuständigen Verein
unter Druck gesetzt werden oder bereits »zurückgepfiffen« wurden. Helfen Sie diesen Erneuerern der Branche, indem auch Sie
Mut zeigen. Nehmen Sie die Bestattungshäuser in Ihrer Umgebung einmal »unter die Lupe«, und zwar eingedenk aller Kriterien,
die Sie sich bisher geistig wie praktisch erarbeitet haben. Es mag
eine kurze Zeit dauern, aber Sie werden – gewiß in nicht zu weiter
Ferne – ein Haus finden, in dem neue Ansätze und ein neues
Bewußtsein, eine andere Offenheit spürbar sind.

Innovative Bestatter finden Sie häufig im Umfeld der Thanatologen oder der nicht im Bestatterverein eingetragenen Häuser.

Immer mehr Bestatter eröffnen auch in oder nahe bei ihren Gewerberäumen sogenannte »Begegnungsräume«, in denen vorerst ohne jeden akuten Anlaß Bestattungsfragen und persönliche Möglichkeiten diskutiert werden können und eine erste Berührung mit den zu einer Bestattung gehörenden Gegenständen ermöglicht wird. Diese mitunter zwar recht locker, etwa als »Café« geführten Begegnungsstätten sind streng zu unterscheiden von den in USA auflühenden »Death-shops«, den rein kommerziellen Supermärkten für alle möglichen Bestattungsutensilien. Bei den von mir gerade eben beschriebenen neu eingerichteten Bestatterräumen handelt es sich vorrangig um Begegnungsstätten. Hier kann das Gespräch geführt werden, das in unserer Gesellschaft sonst immer vermieden werden soll. Hier können Sie einen Bestatter als Mensch kennenlernen und gemeinsam mit ihm ein breites Spektrum des insgesamt zu Bedenkenden erörtern.

Eine weitere gute Entwicklung der jüngsten Zeit ist auch, daß auf Initiative einzelner, im Bestatterverband nicht organisierter Menschen, allen voran eine Frau übrigens, Fachmessen für Bestatter abgehalten werden, bei denen an einigen Tagen auch die interessierte Bevölkerung Zutritt hat. Hier ist ein Ort der Begegnung mit breitem Überblick über Verhalten und Angebot vieler einzelner Bestatter geboten.

Was die Unausgebildetheit der Bestatter anlangt, so habe ich im vorigen Kapitel bereits vieles gesagt – ich erzählte Ihnen auch davon, daß durch Eigeninitiative hier Abhilfe geschaffen werden soll. So möchte ich auch noch erwähnen, daß es in Unterfranken (Deutschland) auf Betreiben der Verbände als Pilotprojekt einen sogenannten »Lehrfriedhof« gibt, der in praktischen wie theoretischen (Brauchtum, Erbrecht etc.) Bereichen eine Ausbildung anbietet, die mit der Bescheinigung »Fachgeprüfter Bestatter« abgeschlossen werden kann. Diese Lehrgänge werfen – vor allem in den Betrieben – viele organisatorische und andere Fragen auf. Eine Anerkennung des Berufsbildes Bestatter (zum »Vollhandwerk«) bedeuten sie nicht.

Ganz allgemein möchte ich hier noch auf diejenigen Bestatter hinweisen, die nach 1989 in den neuen Bundesländern eröffnet haben. Es fällt auf, daß unter ihnen die meisten zu finden sind, die neue, positive und auf, das Geistig-Seelische des einzelnen Menschen bezogene Ansätze vertreten. Ich erkläre mir das damit, daß diese Bestatter aufgrund der politisch gegebenen Situation, des »Wegfalls« eines ganzen staatlichen Systemzwangs, in der bemerkenswerten Lage waren und sind, einen echten Neuanfang zu wagen. Überdies handelt es sich bei diesen in den neuen Bundesländern verbliebenen Menschen um Bestatter, die nach der »Wende« nicht sofort alles stehen und liegen ließen, um dem Konsum hinterherzurennen. Ich habe hier die positivsten Erfahrungen sammeln dürfen. Nach meinen diversen Vorträgen zum Thema erreichten mich von diesen Bestattern nach den Veranstaltungen immer die meisten Briefe; seitenweise und sehr angeregt setzte man sich mit den bei der Veranstaltung aufgeworfenen Fragen auseinander. Einige schrieben mir auch unaufgefordert von ihrer grundsätzlichen Motivation, die neben dem verständlichen Wunsch, etwas zu verdienen, vorrangig unverlogen in dem Bestreben begründet scheint, die bestehenden Zustände zu analysieren und beständig daran weiterzuarbeiten, sie zu verbessern. Interessant ist in diesem Zusammenhang, daß mir mehrere dieser Bestatter aus den neuen Bundesländern schrieben, sie stellten mit Vorliebe Personal ein, das zuvor noch niemals im Bestattungswesen gearbeitet hat. Nun hat gerade das Bestattungswesen der ehemaligen DDR eine ungute Vergangenheit. Stasi und der gesamte staatliche Vollstreckungsapparat sprangen nach allem, was man weiß, nicht gerade zimperlich mit »ihren« Leichen um. Es mußten wohl auch Spuren verwischt werden. Und insgesamt ging man ja »staatlicherseits« davon aus, daß jeder Menschenkörper ein »Material« zu sein hat …

Trotz all dieser genannten Umstände liegt der übergeordnete Grund für die überraschende Personalpolitik vieler »ostdeutscher« Bestatter darin, daß man ein deutliches Bewußtsein darüber entwickelt hat, daß hier die Möglichkeit eines wirklichen Neubeginns besteht. Hier kann etwas Neues seinen Anfang nehmen, eine Art Aufbruch. Hier *soll* vieles anders werden.

Mit einer Erschwernis aber haben die Bestatter im ehemaligen

»Drüben« zu kämpfen: Sie müssen tatsächlich noch immer mit den Ländergesetzen arbeiten, die die ehemalige DDR als Staatsträger verfaßt hat, und diese Gesetze lassen wenig Spielraum im Umgang mit Verstorbenen, viel weniger als die gar nicht voll ausgeschöpften Gesetze in den alten Bundesländern. *Alles* ist nach der »Wende« angegangen worden, jedwede Veränderung und alle Gesetze, sogar das Gesetz zur Abfallbeseitigung, die Gesetze zur *Müllentsorgung* sind angeglichen worden – Bestattungsgesetze aber blieben liegen, und es ist gegenwärtig nach all meinen Informationen noch kein Zeitpunkt abzusehen, an dem man sich mit ihnen ausführlich beschäftigen wird.

Die neue Gesetzgebung in den neuen Bundesländern, diese fällige Angleichung, bietet auch eine Chance: nämlich die, die Gesetzgebung *eben nicht* einfach anzugleichen, sondern, wenn man schon einmal dabei ist, die gesamte Gesetzgebung, die Bestattungen betrifft, von der Ländersache zur Bundessache zu machen, also die Gesetze zu vereinheitlichen – und zwar ausschließlich zum festgeschriebenen Wohl des Individuums, unter dem Gesichtspunkt einer individuellen, würdigen und nicht allseits eher notgedrungen durchgeführten Bestattung. Interessenten und Sachverständige aus den verschiedensten »Lagern« sollten sich dafür stark machen: die Chance der Angleichung, die Chance der Umwandlung sollte zur Schaffung von Neuem, generell Erweitertem umgemünzt werden, und Forderungen müßten allseits laut werden nach einem Platz für alle Fragen des Todes in unserer Gesellschaft.

Nun zu der Frage der Bestattung selbst.

Die Entscheidung, ob ein verstorbener Mensch verbrannt oder in der Erde beigesetzt wird und wie lange das Grab nach Ablauf der »normalen« Ruhezeit von fünfzehn bis zwanzig Jahren weiterbestehen (und weiterbezahlt) werden soll, hängt von sehr vielen persönlichen Umständen ab. Es wäre vermessen von mir, Ihnen hier Empfehlungen zu geben. Mir ist nur wichtig, daß die in dieser Frage zu treffende Entscheidung nach reiflichen persönlichen – und demnach möglichst von anderen Menschen oder Menschengruppen unabhängigen – Überlegungen getroffen bzw. noch einmal genau hinterfragt wird. Das bloße Befolgen einer Erwartungshaltung der Umgebung oder eine Entscheidung, die gar keine ist (»Das ist hier so üblich ...«), wäre gerade in dieser Frage, ob eine Erd- oder Feuerbestattung durchgeführt werden soll, ein Armutszeugnis für Ihre bisher erarbeitete Haltung. Einige Gedanken und Informationen auch zu diesem Bereich unseres Themas darf ich Ihnen aber jedenfalls gewiß anbieten.

Auf den ökologischen Aspekt, unter dem unsere Bestattungen mittlerweile auch zu sehen sind und von dem schon die Rede war, möchte ich zuerst noch einmal näher eingehen. Immer mehr Menschen sind auf immer kleinerem Raum zu bestatten. Immer mehr Friedhöfe werden zusammengelegt oder aus den Städten »ausgelagert«. Auch an der zunehmenden Entfernung unserer Toten aus den Städten können wir übrigens die in diesem Maße nie zuvor vollzogene Omnipotenzgebärde unserer Gesellschaft ablesen: Unsere Städte werden systematisch zu Zentren der Unsterblichkeit deklariert. Banken, Versicherungen, Kinopaläste ...: In unserer »Erlebniswelt« ist nicht nur geistig, sondern auch rein praktisch kein Platz mehr für die Toten.

Jeder Friedhof, der sich noch in der unmittelbaren Nähe eines Stadtkerns befindet, und jedes unbebaute Stück Erde, das sich umgekehrt zur Schaffung einer Totengedenkstätte eignen würde, *kann*, so wie wir denken, nur über kurz oder lang in einen Rummelplatz mit Shopping-Zeile oder zumindest in eine Grünanlage *ohne* das lästige Mahnmal des Todes umgewandelt werden. Eine sehr kurzsichtige Vorgehensweise. Denn gerade Friedhöfe könnten unseren Innenstädten viel Weisheit geben.

Es lohnt sich, darüber nachzudenken: Die Toten *auch räumlich nicht* zu verdrängen, sie nicht wegzudrängen, sondern sie als einen Teil unserer Existenz, als beständige Konfrontation in unserem Dasein auch in den Kern unserer Städte mit einzubeziehen. Es würde das wesentliche Leben in unserem Alltag befördern.

Ein Problem aber bleibt: Die Bestattung von immer mehr Menschen auf unserer Erde macht, vor allem so, wie wir unsere Umwelt verwirtschaftet und unsere Feldflächen gerodet haben, immer mehr ökologische Überlegungen notwendig.

Was Leichenverbrennungen betrifft, so ist eine Alternative zu den städtischen Krematorien, in denen es Verbrennungsstaus und

durch die Verbrennungen (bei älteren Krematorien) einen enormen Schadstoffausstoß geben kann, bereits in Sicht. In den neuen
Bundesländern haben sich private Unternehmen formiert, die
Feuerbestattungen (also Totenverbrennungen) für jedermann anbieten, und zwar kostengünstiger, schneller und vom Emissions-
wert her gesehen vertretbarer (modernste Technik und größere
Kapazität wird eingesetzt) als die Kommunen und Städte. Bei
einigen dieser Anbieter kann vor der Verbrennung eines Verstorbenen eine Andacht für ihn und die Hinterbliebenen gehalten
werden. Obwohl mit ortsansässigen Bestattern kooperiert wird,
handelt es sich bei diesen Instituten aber um *keine* betreuenden
Einrichtungen, sondern um »rein praktische«.

Unter sehr vielem anderen ist es die Beobachtung solcher und
ähnlicher Firmengründungen, die mich zu der Aussage bringt,
daß nach und nach immer mehr, was die Dienstleistungen der
städtischen Friedhöfe und Krematorien überhaupt betrifft, priva-
tisiert werden wird – bis eines Tages gewiß das gesamte Bestattungswesen in privater Hand ist. Das ist so schlecht nicht, sofern
zeitgleich damit eine neue Orientierung einsetzt. Die Misere unseres Umgangs mit Toten ist *auch* eine Misere unserer »Verwal-
tungsbeamten«, an die wir freilich gerne unsere Toten *abgeben*
und die ohne jedes persönliche Engagement und ohne jedes persönliche Interesse an diesen mit ihnen so verfahren oder verfahren
lassen, wie es eben das Eigeninteresse der Bequemlichkeit und
die gleichgültig betrachteten »Gepflogenheiten« nahelegen. Es
wird Zeit, daß hier Verantwortung umgeschichtet, von Privatmen-
schen, von Gewerbetreibenden entdeckt und übernommen wird,
die schon allein aus Gründen der Kundengewinnung nicht so
gleichgültig wie die Behörden werden vorgehen können.

Genauso im Umbruch wie die gegenwärtig noch kaum zu
bemerkende Umwandlung der Feuerbestattungen zur Dienstlei-
stung auf privatem Sektor befinden sich nach meiner Beobachtung
auch der Betrieb und die Organisation von Friedhöfen, genau
gesagt also die Trägerschaft der Orte, an denen unsere Toten
bestattet sind. Kleine Gesetzesänderungen weisen hier bereits auf
eine mögliche Privatisierung hin; aufgrund der komplexeren Auf-
gabenstellung aber werden hier langsamer als im Bereich der Feu-

erbestattungen private Betriebe entstehen. Es geschieht aber auch hier in letzter Zeit einiges. Was die Ausführung von Erdbestattungen anlangt, so könnte es ebenfalls in nicht ferner Zukunft völlig neue Formen geben, die aus dem Problembewußtsein einzelner privater Betreiber heraus entwickelt wurden. Herausgreifen möchte ich hier, um auch zur allgemein praktizierten – und, wie Sie wissen, aus ökologischer Sicht betrachtet nicht fraglosen – Art der Erdbestattungen eine Alternative anzubieten, die Erfindung eines schwäbischen Friedhofsutensilienhändlers, der das sogenannte »Betongrab« entwickelt hat, das bei einer äußerlich wie gewohnt vollzogenen Erdbestattung dennoch die bisher notwendige Ruhezeit des Toten von fünfzehn bis zwanzig Jahren, nach der üblicherweise die Verwesung der Weichteile vollständig abgeschlossen ist, deutlich verkürzt.

Die Ruhestätte des Toten besteht hierbei aus zwei »Partien«: einer, in der der eingesargte Verstorbene bestattet wird, und darüber einer zweiten, auf der Blumenerde neben ihrer Eigenschaft, dem Grab ein gewohntes Aussehen zu verleihen, auch die Funktion einer biologischen Abluftreinigung hat – ein im Beet verborgenes Drainagesystem garantiert die grundwasserschonende Ableitung von Sickerwasser (»Ahnenbrühe«), und Luftlöcher, die Sauerstoff in die Grabkammer einlassen, fördern eine schnellere Verwesung des Verstorbenen. In den Gutachten, die sich auf diese Erfindung beziehen, sind keinerlei Beanstandungen oder Korrekturen zu finden – im Gegenteil, in ihnen ist es bestätigt, daß die Verwesung der Weichteile eines Verstorbenen in einem »Betongrab« nach maximal zehn Jahren vollständig abgeschlossen ist; dies vor allem natürlich auch deshalb, weil die Substanz der Grabwände nicht feucht, sondern weitgehend trocken ist. »Betongräber« könnten überdies in einer Reihe, also sozusagen »auf Reserve« angelegt werden. Weil keine Grubenwände mehr einbrechen können, ist eine Wiederbelegung der Grabkammern ohne jeden weiteren größeren Aufwand möglich. Wird die Ruhezeit des Verstorbenen bei einem solchen Grab nicht durch Antrag und Fortzahlung der Grabgeführ verlängert, werden die sterblichen Überreste, also die Knochen des Toten, entweder – wie bisher üblich – auf die sogenannte »Erddeponie« gebracht oder aber in eine Gebeinkammer verlegt, die eigens zum Zweck einer würdigen Verwahrung der Gebeine von Toten ebenfalls in der Werkstatt des Erfinders dieses Betongrabes entwickelt wurde. Schon in früherer Zeit gab es ja solche »Beinhäuser«.

Es geschieht also in jüngster Zeit einiges, um dem ökologischen Problem unserer Bestattungen – soweit dies, eben auch durch die räumliche Verdrängung der Toten in unserer Gesellschaft bedingt, einmal wirklich akut werden sollte – Lösungen entgegenzuhalten. Ein jeder muß freilich selbst wissen, inwieweit für ihn eine solche Alternative in Frage kommt.

Der Sinn einer Bestattung ist in meinen Augen, daß *Erde zu Erde wird*. Und ich meine hierbei jedes einzelne Wort im vollen Sinne seiner Bedeutung. Ich finde auch eine Exhumierung der Knochen nach zehn, fünfzehn oder zwanzig Jahren menschenunwürdig. Und das bei weitem nicht nur, weil sich für mich der Begriff »Erddeponie«, wie er im Zusammenhang mit der weiteren Verwendung von Menschenknochen benutzt wird, beim besten Willen nicht aufhellen läßt. Aber, wie gesagt: Sie finden zu Ihrer ganz eigenen Haltung in diesen Fragen.

Noch – trotz ökologischer Überlegungen und Probleme, die durch die Überbevölkerung entstehen werden – können wir unsere Toten so bestatten und werden auch selbst dereinst so bestattet, wie wir es wählen. Davon handelt dieses Buch vor allem: daß Sie sich einen Überblick verschaffen über das, was *denkbar,* durchführbar und eben dadurch auch *durchsetzbar* ist, sofern es ehrlichem Wollen und wahrhaftigen Motiven entspricht. Was uns heute als Sepulkral-Kultur vorgesetzt wird, was wir durch unsere Passivität und Verdrängung daraus gemacht haben, ist eine *Unkultur* im Umgang mit Toten, die alles Wesentliche hysterisch und somnambul zugleich verdrängt. Im vorigen Kapitel gab ich Ihnen im Zusammenhang mit der Erwähnung und Erläuterung der anonymen Bestattungen den Begriff der Ortlosigkeit dessen, was vom Tode eines Menschen zeugt, zu bedenken: ein Begriff, den ich hier noch einmal aufnehmen will, und zwar mit dem Ziel, daß Sie sich auch hierzu eine persönliche Haltung ausarbeiten, sofern Sie sie nicht bereits haben. Dazu ein paar Fragen:

Wäre es sinnvoll oder nicht sinnvoll (sehen wir von den spirituellen Erwägungen nun einmal ab, die für oder gegen eine Totenverbrennung sprechen; eine anonyme Bestattung setzt die Verbrennung des Toten voraus), wenn die nach Ihrem Tode Hinterbliebenen einen Ort hätten, also ein Urnenerdgrab oder einen namentlich bezeichneten Platz in einer Urnenwand, an dem sie das, was Sie ihnen zu Lebzeiten auf Erden waren, in erinnernden Gedanken zusammenfassen könnten? Einen Ort, an dem sie vielleicht, aus Liebe zu Ihnen, zusätzlich zu dem in ihrem eigenen Leben Geschehenden immer wieder die Endlichkeit des Lebens neu begreifen lernen könnten?

Würde es der Trauer dieser Hinterbliebenen helfen, wenn sie einen Ort hätten, der als die letzte Ruhestätte Ihres Körpers bezeichnet wäre?

Stellen Sie sich diese Fragen bitte auch umgekehrt, also indem Sie der oder die Hinterbliebene sind. Beides wird Sie auch dafür vorbereiten, als Bevollmächtigter oder naher Angehöriger für einen anderen Verstorbenen die richtige Lösung zu finden, sofern er selbst ihr keinen Ausdruck verlieh.

Machen Sie sich bei den Gedanken dazu bitte grundsätzlich klar, daß es der Körper eines Verstorbenen ist, der – wie auch immer – bestattet wird. Seine Seele kann es nicht sein, sie ist im Körper auch bei allergrößter Anstrengung unserer Medizin und Technik nicht ortbar. Bestattet wird also das (ganz gleich, woran Sie nun glauben, ob an eine Seele oder nicht), was von dem, das Sie unter dem Namen eines Verstorbenen zusammenfassen können, physisch *übriggeblieben* ist. Und da ist die Frage die, ob dem ein andenkendes Ehrenmal gesetzt werden soll, als Zäsurzeichen sozusagen. Selbstverständlich schließt ein solches Mal nicht aus, daß, wenn Sie an ein Weiterleben nach dem Tode glauben, die weitere Existenz des Verstorbenen *woanders* ist. Denn es wird ja nur dem *Instrument* dieser Seele, unter dem Namen, unter dem sie wirksam wurde, ein abschließendes Wegzeichen gesetzt.

Ich persönlich plädiere grundsätzlich *nicht* für eine anonyme Bestattung, mit der einzigen Ausnahme, die in der übergeordneten geistigen Entscheidung eines Verfügenden liegt (»Ich möchte überall sein und deshalb keinen Ort haben«), die es selbstverständ-

lich zu akzeptieren gilt. Für mich liegt die freiwillige Namenlosig-
keit und Ortlosigkeit unserer verbrannten Toten aber größtenteils
nicht in einer solchen Entscheidung begründet – sondern vielmehr
in einer allgemein geistig unorientierten Beliebigkeit und vielleicht
auch in der Ahnung, daß manch einer nicht so gelebt hat, daß er
dem ein bleibendes Namenszeichen gesetzt wissen will. Für mich
haben zwei der Bibel entlehnte Sätze eines Rabbiners, die er mir
einmal in einer für mich sehr schweren Situation sagte, allergrößte
Bedeutung gewonnen: »Der Herr hat dich bei deinem Namen
gerufen«, und: »Du sollst Zeugnis legen.« Was immer unser Name
ist, denke ich seither oft, er wird zu dem werden, was er werden
soll, wenn wir uns ihm, jeder in seiner Art, verpflichtet glauben.
Und so mutet es mich fremd an, wenn dieser Name eines Menschen ausgelöscht werden soll, die Stufe seines hiesigen Lebens
ungenannt sein will.

»Ja, was hat denn mein Leben damit zu tun, wie ich bestattet
werde?« hat mich einmal ein Sterbender gefragt. Ich war versucht
zu sagen: »Sehr viel, für diese Stufe alles.« Aber ich schwieg, der
Tod war zu nahe, es wurden wahrlich andere Kräfte wirksamer,
als noch irgendein Gespräch es hätte sein können. Ich sehe in
einer solchen Äußerung aber den Fluch unserer Gegenwart: Der
Mensch glaubt sich ganz am Ende angelangt, er steht vor dem
großen Nichts – und will sich wegwerfen. In dieser Zusammen-
hanglosigkeit liegt es begründet, daß Menschen sich so unauffällig
wie möglich entsorgt wissen möchten, daß sie sich zu Müll dekla-
rieren und sich in ihrer Zerrissenheit wegwerfen.

Wir werden anders leben, wenn unsere Gräber *Orte* für uns
sind, die *Namen* tragen.

Zum Abschluß des Erarbeitungsmaterials, das dieses Buch für
Sie darstellen will, möchte ich Ihnen gerne noch einige zusammen-
fassende Gedanken zum Themenkomplex Trauerfeier und Bestattung ganz allgemein ans Herz legen.

Richten Sie Ihr Bewußtsein und damit Ihre Vorbereitung auf
ein sehr persönliches und selbst erdachtes Fest zu Ehren der
Persönlichkeit des Verstorbenen aus, unter Umgehung der vorgegebenen (und bequemeren!) »Gepflogenheiten«, sofern Sie nicht
wirklich bewußt mit ihnen einig sind.

Verlieren Sie bei all den praktischen Verrichtungen, die sein müssen, niemals, sofern Sie sie nicht kategorisch verneinen, die geistig-seelischen Vorgänge des Sterbens und damit den Gestorbenen selbst aus dem Bewußtsein.

Die Einbeziehung einer eventuell noch vorhandenen Wahrnehmung des Toten sollte in allem Vorrang haben, Ihr ganzes Fühlen und Denken sollte sich gerade während der Tage von Trauerfeier und Bestattung immer auf den Toten selbst richten.

Nichts darf nach einem Sterbefall für die Hinterbliebenen wichtiger sein als der tote Mensch selbst.

Die Wünsche eines Verstorbenen sind zu erfüllen. Je länger zu Lebzeiten über das Lebensende nachgedacht wurde, um so leichter ist für *alle* die Zeit des Sterbens, die Bestattung als Ganzes – und auch die Trauer.

Halten Sie sehr rechtzeitig alle nötigen persönlichen Unterlagen bereit, oder besorgen Sie sie sich. Erkundigen Sie sich rechtzeitig, was diesbezüglich alles auf Sie zukommt. Bei der Freigabe eines Toten zur Feuerbestattung ist, zum Beispiel, seitens der Behörden ein zusätzliches Formular nötig, das eine Verbrennung genehmigt. Den Bestatter »das alles« machen zu lassen, heißt, nicht zu wissen, was geschieht. Verschaffen Sie sich Klarheit, was in Ihrem speziellen Fall an bürokratischen Dingen auf Sie zukommen kann – und tun Sie das einzig und allein nur darum, um in der betreffenden Situation ruhiger und dadurch geistig freier zu sein.

Es stünde uns gut an – so oberflächlich und verwirtschaftet, wie unsere Gesellschaft geworden ist –, wenn wir nach den äußeren Kriterien *bescheidene* Feierlichkeiten wählten und nicht durch Pomp und Aufwand, auch noch da schlechten Gewissens halb unbewußt, dokumentierten, welche Versager wir gegenüber allem Geistigen und besonders gegenüber dem Mysterium des Todes geworden sind.

Bei einer Trauerfeier und einer Bestattung könnte es immer auch darum gehen, eine übergeordnete Hoffnung auszudrücken und das intuitive und weit weggedrängte Wissen der noch hier lebenden Menschen zu schulen. Eine Trauerfeier ist immer auch ein möglicher Zeitpunkt der Erkenntnis für andere; sie ist eine Art Botschaft, die in die Herzen geht. Egoismus und Verbitterung sind bei Trauerfeiern die falschen Gäste. Der Angesprochene bei einer Trauerfeier sollte der Verstorbene selbst sein. *Sie* verabschieden sich von einem Toten, die Nahestehenden verabschieden sich. Keinesfalls – es sei denn, er wäre ein enger Freund – verabschiedet sich der Pfarrer oder irgendein Organisator von dem Toten. Tut er es in Ihrem Auftrag, so sprechen Sie auch durch ihn.

Sorgen Sie also im Vorfeld für eine ehrliche Ansprache des beauftragten Redners, sofern Sie nicht selbst sprechen wollen. Es ist unglaublich und für unsere Gesellschaft ganz und gar signifikant, wieviel ausgerechnet bei Trauerfeiern gelogen wird. Das falsch verstandene und geistig gar nicht erfaßte Ritual muß »gefüllt« werden; alles, nur kaum etwas Echtes, ist dafür gut genug. Es muß ein entsetzliches Leben gewesen sein, wenn am Ende nur noch gelogen und abgehudelt werden kann, sobald etwas Gutes oder Schönes gesagt werden will. Besinnen Sie sich also rechtzeitig und eben bei weitem nicht erst kurz vor dem Tod, wer Ihnen ein anderer ist, wer Sie den anderen sind.

Sorgen Sie grundsätzlich energisch für die *Zeit*, die Sie zu einer individuellen Verabschiedung brauchen.

Wählen Sie sorgsam alle Elemente, die Sie als zu einer Trauerfeier zugehörig empfinden. Wählen Sie sorgsam jedes einzelne Element. Blenden Sie Ihr Bewußtsein *ein*, nicht aus.

Wählen Sie unter Erwägung all Ihres Wissens die individuell dem Verstorbenen am gerechtesten werdende Form der Bestattung, mit allem, was ihr angehört. Denken Sie genauso über die Grabplattengestaltung nach, sofern nicht anonym bestattet werden soll.

Halten Sie ohne Irritation Andacht beim Toten und Verbindung zum Toten, solange Sie können. Darum geht es vor allem bei einer Trauerfeier, und das ist der überpersönliche Aspekt einer Bestattung überhaupt. Es muß durchaus nichts Düsteres sein.

Jeder Abschied, der uns nicht für immer gilt, auch wenn er uns Schmerzen bereitet und uns wehmütig macht, ist ein Fest. Feiern Sie, wenn Sie es irgend können, ein heiteres Fest, ein Fest des Hinübergehens. Warum wollen Sie weinen? Tränen bei Trauerfeiern und Bestattungen, wie sie allerorten so reichlich und meist nur kurzfristig fließen, sind selten mehr als ein verzweifeltes Dokument der eigenen Ratlosigkeit, des eigenen Versäumnisses, ein Beleg für Selbstmitleid und große Angst. Tränen aus Mit-Leiden, weil ein hingegangenes Leben so hart, so falsch geführt, eine letzte Prüfung in der Art des Sterbens so schwer war – solche Tränen weinen nur wenige Menschen. Ich denke, es sind aber *nur* diese Tränen, die wirkliche Liebe und wirkliches Wissen verraten.

Nichts ist gewiß in unserem Leben. Nur, daß wir sterben werden. Der Tod kommt für jeden, zu jedem von uns. Er ist das zweite Tor in unserem Leben. Bereiten wir uns vor, auf das, was kommen wird. Es ist sehr persönlich – und deshalb müssen unsere Gedanken dazu es auch sein.

Wir brauchen den Tod, um wissende Menschen zu werden.

Zeigen wir uns ihm gerecht.

Nachbemerkung

»*Der verdrängte Tod*« berührt viele Bereiche, mit denen in unserer Gesellschaft kaum einer »etwas zu tun« haben möchte und spricht Mißstände an, für die sich keiner verantwortlich zeigen will. Noch während der Überarbeitung baten mich immer wieder Menschen, nicht genannt oder erkennbar gemacht zu werden. Zum Teil auch konnten sie von mir nicht mehr befragt werden.

Die Fälle, die in diesem Buch geschildert werden, setzen sich aus persönlich Erlebtem zusammen. Die einzelnen Personen wurden »codiert«, um nicht decouvriert zu werden. Auch, weil mitunter ihre Existenz davon abhängen kann. Von mir aus schien Chiffrierung oder auch Diskretion dort geboten, wo intime Belange eines Menschen berührt werden.

Ich habe mein Möglichstes getan, um niemandem persönliches Leid zuzufügen – und werde es weiter so halten. In Bewegung aber muß das Thema in allen seinen Bereichen geraten – und zwar *anders* als bisher. Es würde ansonsten genau jener Mechanismus des Schweigens greifen, den es ja *abzustellen* gilt.

Wenn dieses Buch dem Mut des einzelnen dient, der erforderlich ist, um *von sich aus* zu reden zu beginnen, hat es seinen Sinn nicht verfehlt.

Im März 1995   *Regina Faerber*

Anhang

Die nachfolgende Adressenliste konzentriert sich auf das Gebiet der Bundesrepublik Deutschland; über die einzelnen Stellen können aber auch entsprechende Institutionen in Österreich oder in der Schweiz erfragt werden. Die Auswahl der Adressen stellt keine Empfehlung der Autorin dar, wenngleich sie von ihr getroffen wurde. Sie dient allein dazu, den Lesern für die einzelnen Bereiche des Umgangs mit dem Tod eine erste Kontaktadresse zu nennen, über die Weiteres (auch bezüglich des individuellen Wohnortes) in Erfahrung gebracht werden kann. Der Vermerk der Adressen erfolgte kostenlos und nur in Einzelfällen mit Absprache.

Der Modellversuch der *Palliativstationen* in Krankenhäusern ist teilweise seit Ende 1994 als Fördermodell der Bundesregierung ausgelaufen, teilweise besteht er weiter, auch durch Gründung privat finanzierter Fördervereine. Palliativstationen befinden sich unter anderem im:

Krankenhaus der Barmherzigen Brüder
Romanstraße 93
80639 München

Allgemeinen Krankenhaus Barmbeck
Rübenkamp 148
22307 Hamburg

Krankenhaus Spandau
Lynarstraße 12
13585 Berlin

Marienhospital Stuttgart
Böheimstraße 37
70199 Stuttgart

Auskünfte über Sterbebegleitung auf privater Basis, über entsprechende Vereine und Institutionen erteilt:

Deutsche Hospizhilfe e. V.
Renate Wiedemann
Reit 25
21244 Buchholz
Tel.: 0 41 81 / 3 88 55
Fax: 0 41 81 / 3 94 95

Die Deutsche Hospizhilfe nennt auch themenspezifisch Aus- und Fortbildungsmöglichkeiten sowie Kriterien zur Überprüfung von Vereinen und Institutionen.

Das jeweilige Jahresprogramm des Hospizbildungswerkes können Sie anfordern bei:

Hospizbildungswerk (HBW) der IGSL e. V.
Im Rheinblick 16
55411 Bingen am Rhein

Informationen über Bestattungen (und Beratung in Trauerfragen) auf genossenschaftlicher Basis bekommen Sie bei:

Begleitung eG
Eifelstraße 29
50677 Köln
Tel.: 02 21/33 12 07-08
Fax: 02 21/33 12 04

Hilfestellung bei der Ausformulierung einer sogenannten Patientenverfügung oder fertig vorformulierte Verfügungen erhalten Sie bei:

Verein »Omega«
Postfach 1407
34346 Hann Münden
(Die Informationsmappe ist kostenpflichtig)

Den Verband der Deutschen Thanatologen e. V. können Sie kontaktieren über:

Udo Geier
Coerdestraße 44
48147 Münster
Tel.: 02 51/9 27 84 55
Fax: 02 51/2 50 45

Für frei (konfessionslos) gestaltete Trauerfeiern ist der Ansprechpartner bundesweit:

Klaus Behner
Interim Institut für Ritus, Fest und Feier
Rappstraße 24
20146 Hamburg
Tel.: 040/44 53 83 und 4 10 34 26
Fax: 040/4 10 34 29

Ebenfalls Ansprechpartner und Ausführende:

Kultur-Institut zur Betreuung Konfessionsloser und Freidenker
Direktor Walter Kurz
Egelsbergstraße 65
73235 Weilheim Teck
Tel.: 0 70 23/45 25

Individuelle Sargmodelle und Urnen befürworten und vermitteln:

Peter Tiedt/Maren Schmidt
Firma Styx
Am Tegeler Hafen 28 c
13507 Berlin (Tegel)
Tel.: 030/4 34 64 16
Fax: 030/4 31 45 17 und 4 34 64 16

Ein auch als Hochschuldozent tätiger freier Designer, der sich gerne für Sie mit der individuellen (wunsch- und maßangefertigten) Gestaltung in Bestattungsfragen sowie der eingehenden Beratung (Sargentwürfe, Grabplatzgestaltung) befaßt, ist:

Holger Scheel
Alexanderstraße 153
70180 Stuttgart
Tel.: 07 11/6 40 12 16
Fax: 07 11/6 40 98 08

Für die Bestatter in den sogenannten neuen Bundesländern fungiert als Ansprechpartner:

Bestattungsinstitut Uta Schilder
Bautzener Straße 33
02694 Pließkowitz
Tel.: 03 59 32/835 und 0 35 91/4 51 89 (Filiale Bautzen)

Die Adresse der im Buch erwähnten katholischen Akademie des Erzbistums Köln:

Thomas-Morus-Akademie
Overather Straße 51-53
51429 Bergisch Gladbach
Tel.: 0 22 04/40 84 72
Fax: 0 22 04/40 84 20

Messen und Konzepte zur Bestattungskultur entwickelt und veranstaltet:

Maren Schmidt
Firma Styx
Am Tegeler Hafen 28 c
13507 Berlin (Tegel)
Tel.: 030/4 34 64 16
Fax: 030/4 31 45 17

SACHBÜCHER ANGEWANDTER PSYCHOLOGIE

KRAFTQUELLE MENTALTRAINING – EINE UMFASSENDE METHODE, DAS LEBEN ZU GESTALTEN
Von Kurt Tepperwein

Prof. Kurt Tepperwein versteht es, Uraltwissen mit neuesten Erkenntnissen der Wissenschaft in eine erfolgssichere Methode der Persönlickeitsentfaltung und Lebensmeisterung einzubinden. Die Schritt für Schritt erklärten Techniken seiner Methode sind einfach, aber wirksam. Sein Buch begeistert und motiviert den Leser, die Leserin, umzudenken, zu handeln und sein Leben nach seinen Wünschen zu gestalten. 250 Seiten, 10 Abb., geb., ISBN 3-7205-1341-6.

Zu diesem Buch gibt es zur Umsetzung der Kernlehren dieses Buches ins praktische Leben auch ein Kassettenprogramm »Kraftquelle Mentaltraining«: 2 Audio-Suggestionskassetten in Box, Spieldauer 1 Stunde 40 Minuten, ISBN 3-7205-1342-4.

DAS BILDERBUCH DER TRÄUME
NEUE MÖGLICHKEITEN DES VERSTEHENS
Von Hildegard Schwarz und Norbert Teupert

Im Traum kommen wir in Verbindung mit unserer Seele, mit dem individuellen inneren Reichtum wie auch mit dem kollektiven Erfahrungsschatz unserer Kultur. Träume können uns inspirieren, ermutigen, trösten oder warnen, und sie können uns helfen, richtige Entscheidungen zu treffen. Oft sind die verschlüsselten Botschaften der Träume Hilferufe, oft auch wichtige Impulse für unsere Lebensgestaltung. Dieses Buch einer Traumtherapeutin und eines Sozialpädagogen bietet Ihnen neue Methoden, um Träume zu deuten und fürs Leben zu nutzen. 260 Seiten, geb., ISBN 3-7205-1715-2.

LEXIKON DER TRAUMSYMBOLE – DIE SYMBOLSPRACHE
DER TRÄUME IN STICHWÖRTERN VON A BIS Z
Von Hanns Kurth

Mit 2300 Begriffen und den Deutungen von mehr als 6250 Symbolen hat der Publizist Hanns Kurth dieses unentbehrliche Nachschlagewerk für Psychologen, Mediziner, Pädagogen und vor allem für den interessierten Laien geschaffen. Dieses Sachbuch, das in seinem einführenden Teil über die physiologischen Vorgänge während des Schlafens und Träumens berichtet und an zahlreichen Beispielen die einzelnen Traumgruppen unterscheidet, ist eine Hilfe für alle, die mehr über sich und ihre Träume wissen wollen. 324 Seiten, 24 Abb., geb., ISBN 3-7205-1141-5.

DIESE BÜCHER UND KASSETTEN ERHALTEN SIE IM BUCHHANDEL

Ein umfangreiches, farbiges Bücher-Magazin mit sämtlichen Titeln unseres auf Medizin, angewandte Psychologie und Esoterik spezialisierten Verlagsprogramms können Sie gratis anfordern bei

ARISTON VERLAG · GENF/MÜNCHEN

CH-1211 GENF 6 · POSTFACH 6030 · TEL. 022/786 18 10 · FAX 022/786 18 95
D-81379 MÜNCHEN · BOSCHETSRIEDER STRASSE 12 · TEL. 089/724 10 34